高等院校"十二五"规划教材

U0683365

系统仿真及其在物流领域中的应用

刘同娟 编著

中国发展出版社
CHINA DEVELOPMENT PRESS

图书在版编目（CIP）数据

系统仿真及其在物流领域中的应用/刘同娟编著. —北京：
中国发展出版社，2014.12
ISBN 978 - 7 - 5177 - 0066 - 1

Ⅰ.①系⋯ Ⅱ.①刘⋯ Ⅲ.①物流—系统仿真—研究
Ⅳ.①F252 - 39

中国版本图书馆 CIP 数据核字（2014）第 280623 号

书　　　名	系统仿真及其在物流领域中的应用
著作责任者	刘同娟
出 版 发 行	中国发展出版社
	（北京市西城区百万庄大街 16 号 8 层　100037）
标 准 书 号	ISBN 978 - 7 - 5177 - 0066 - 1
经 销 者	各地新华书店
印 刷 者	北京明恒达印务有限公司
开　　　本	787mm ×980mm　1/16
印　　　张	15.25
字　　　数	310 千字
版　　　次	2014 年 12 月第 1 版
印　　　次	2014 年 12 月第 1 次印刷
定　　　价	38.00 元

联 系 电 话：(010) 68990625　68990692
购 书 热 线：(010) 68990682　68990686
网 络 订 购：http：//zgfzcbs.tmall.com
网 购 电 话：(010) 68990639　88333349
本 社 网 址：http：//www.develpress.com.cn
电 子 邮 件：121410231@qq.com

　　系统建模是使用计算机描述一个系统的行为，系统仿真则是系统在整个时间内运行的模仿，利用模型复现实际系统中发生的本质过程，并通过系统模型的实验来研究存在的或设计的系统。系统建模与仿真是现代科学技术的主要内容，其技术已渗透到各学科和工程技术领域，已经成为任何复杂系统，特别是高技术产业不可缺少的分析、研究、设计、评价和决策的重要手段。"系统建模与仿真"技术在其近50年的发展中，"推动了几乎所有设计领域的革命"，被喻为20世纪下半叶"十大工程技术成就之一"。如今，系统建模与仿真技术已成为现代工程技术人员应该掌握的基本技能之一，其应用范围在不断扩大，应用效益也日益显著。

　　现代物流是物品从供应地向接收地的实体流动过程，它存在于社会经济的各个方面和环节中。在社会经济的活动中，现代物流不仅能够创造时间和空间价值，而且也能够创造信息价值，使社会价值增值。现代物流系统也是一个区别于传统物流系统的复杂大系统，它是一个动态的网络系统，包含了交通运输、仓储、包装、信息等多个子系统。如何对物流系统进行整体优化，使其低成本、高效率、高质量地实现物品的移动是现代物流中的一个亟待解决的课题。因此，研究此类系统必须采用有效可行的方法，其中最引人注目的研究领域为系统仿真与优化理论。系统建模与仿真技术能够在系统规划、运作等物流管理的各个层面进行建模、仿真分析、评价和对比不同的系统方案，达到系统优化的目的。根据国外应用经验，应用建模仿真分析方法改进物流系统方案后可使总投资减少30%左右。因此，对物流系统的建模和仿真的研究，已经受到普遍的关注和重视。

　　全书从实用角度出发，理论联系实际，图文并茂，首先给出了系统建模与仿真的基本理论和基本方法，然后给出了现代物流系统优化概述，最后给出了生产物流、自动化立体仓库、配送中心分拣系统和农产品物流配送几个典型物流系统的应用。书中列举的方法和案例都是作者在长期教学、科研以及校企合作中积累的具有代表性的成果，可以充分培养学生使用系统仿真软件综合设计和优化物流节点的能力，强化学科特色，对培养学生理论联系实际的能力具有很好的指导作用，对促进学科特色发展具有一定的推动作用。

全书共分 10 章。第 1 章是系统仿真概论，介绍了系统仿真的基本理论与基本方法；第 2 章是物流系统仿真基础，介绍了离散系统仿真、排队系统建模与仿真、库存系统仿真、生产物流系统建模与仿真和手工仿真案例；第 3 章是物流系统仿真中的概率理论，介绍了概率统计基本概念、离散事件系统仿真中常用的概率分布形式和随机数与随机数发生器；第 4 章是仿真输入数据模型的确定，介绍了仿真输入数据分析概述、数据的收集与处理和数据分布的分析与假设；第 5 章是物流系统仿真输出数据分析，介绍了仿真输出数据概述、终态仿真的结果分析和稳态仿真的结果分析；第 6 章是现代物流系统优化概述，介绍了优化问题概述、现代物流系统的复杂性、物流系统优化的原则及必要性和物流系统优化方法；第 7 章是系统仿真在生产物流系统中的应用，介绍了生产物流系统概述，生产物流系统的建模方法，生产物流系统的仿真步骤和基于 Flexsim 的生产物流系统仿真实例；第 8 章是系统仿真在自动化立体仓库中的应用，介绍了自动化立体仓库概述，自动化立体仓库的设计原则和设计步骤，基于 Flexsim 的自动化立体仓库仿真及优化；第 9 章是系统仿真在配送中心分拣系统中的应用，介绍了拣货流程分析、Flexsim 建模仿真、关于 A 配送中心的假设、仿真的执行和仿真运行与结论；第 10 章是系统仿真在农产品物流配送中的应用，介绍了农产品物流配送理论概述、系统动力学相关理论概述、农产品物流配送系统动力学分析、我国农产品物流配送 SD 模型分析和农产品物流配送 SD 模型实例仿真模拟。

本书由刘同娟副教授编著，朱杰教授主审。本书在编著过程中得到了智能物流系统北京市重点实验室 Beijing Key Laboratory（NO：BZ0211）资助，还得到了北京物资学院信息学院领导、同事们的热情支持，在此一并表示感谢。同时感谢物流工程专业研究生李金涛、计算机应用技术专业研究生段衍林在本书编著过程中给予的协助。

本书的出版得到了中国发展出版社的大力支持，在此特别感谢本书的责任编辑为本书的出版所做的辛勤努力。

在编写过程中，作者参考了大量的资料和文献，由于篇幅所限，没有一一列出，在此对这些资料的作者深表谢意。

由于编写时间仓促，加之作者水平和精力有限，许多内容未能完善和进一步深入，书中难免有错漏之处，恳请读者批评指正。欢迎读者来邮件交流探讨，作者邮箱 ltj7905@163.com。

目　录

第 *1* 章

系统仿真概论

1.1 系统、建模与仿真

1.1.1 系统

1. 系统的定义

半个多世纪以来，"系统"作为一个研究对象，在国际上引起了很多学者的注意，同时也吸引了众多领域的专家从事"系统"研究和应用。

系统这一概念来源于人类长期的社会实践。人类认识现实世界的过程，是一个不断深化的过程。客观世界中一切事物的发生和发展，都是矛盾的对立和统一，科学的发展也不例外。在古代，自然科学界往往把世界看成一个整体，寻求共性和统一，但由于缺乏观测和实验手段，科学技术理论又很贫乏，所以对很多事物只能看到一些轮廓及表面现象，往往是只见森林、不见树木。随着科学技术的发展，理论丰富了，工具更先进了，认识逐步深化了，但受到当时科学技术水平的限制和世界观的局限，人们往往又只看到一些局部现象而不能综观整体，以致只见树木而不见森林。只有当认识不断深化，在对个体、对局部有了更多、更深的了解以后，再把这些分散的认识联系起来，才看到了事物的整体，以及构成整体的各个部分之间的相互联系，从而形成了科学的系统观。

系统（System）一词源于拉丁文的"Sytema"，表示群体、集合等。系统的定义有很多，其中具有代表性的是我国著名系统工程学家钱学森给出的定义："把极其复杂的研究对象称为系统，即由内部相互作用和相互依赖的若干组成部分（称为子系统）结合而成的，具有特定功能的有机整体——集合，而且，这个整体又是它所从属的更大的系统的组成部分"。在美国的韦氏（Webster）大辞典中，"系统"一词被解释为"有组织的或被组织化的整体；结合着的整体所形成的各种概念和原理的综合；由有规则的相互作用、相互依存的形式组成的诸要素集合，等等"。在日本的 JIS 标准中，"系统"被定义为"许多组成要素保持有机的秩序，向同一目的行动的集合体"。一般系统论的创始人 L. V. 贝塔朗菲（L. V. Bertalanffy）把"系统"定义为"相互作用的诸要素的综合体"。美国著名学者阿柯夫（Ackoff, R. L.）认为：系统是由两个或两个以上相互联系的任何种类的要素所构成的集合。

一般我们采用如下的定义：系统（system）是具有特定功能的、相互间具有有机联系的许多要素（element）所构成的一个整体。系统用数学函数式表示为：

$$S = f(A_1, A_2, A_3, \cdots, A_n \cdots)$$

式中：S——系统；$A_n (n \geqslant 2)$——单元元素。

每一个单元也可以称为一个子系统。系统与系统的关系是相对的，一个系统可能是另一个更大系统的组成部分，而一个子系统也可以继续分成更小的系统。在现实中，一个配送中心、一个工厂、一个部门、一项计划、一个研究项目、一辆汽车、一套制度都可以看成是一个系统。由定义可知，系统的形成应具备下列条件：

①系统是元素的多元函数，由两个或两个以上要素组成；

②各要素间相互联系，使系统保持相对稳定；

③系统具有一定结构，保持系统的有序性，从而使系统具有特定的功能。

随着科学技术的不断进步，人们对系统含义的理解和认识也在不断深化，其定义也不断完善，但从上述几个定义中，我们仍然不难看出其共同的特征，即：

第一，系统是由两个以上的要素组成的整体。要素是构成系统的最基本的部分，没有要素就无法构成系统，单个要素也无法构成系统。

第二，系统的诸要素之间、要素与整体之间以及整体与环境之间存在着一定的有机联系。要素之间若没有任何联系和作用，则也不能称之为系统。

第三，由于系统要素之间的联系与相互作用，使系统作为一个整体具有特定的功能或效能，这是各要素个体所不具备的。

系统表达的本质是复杂的研究对象。在现实生活中，很多问题是复杂的系统问题，比如卫星系统、核能系统、汽车动力系统、物流系统，又比如教育系统、法制系统、农业系统，等等。采用"系统"这个概念和相应的一系列研究方法，是一种认识世界的角度和方法，强调了客观对象的整体性、层次性、交互性和协调可控性。系统思想是进行分析和综合的辩证思维工具，它在辩证唯物主义那里吸取了丰富的哲学思想，在运筹学、控制论、各门工程学和社会科学那里获得定性与定量相结合的科学方法，并通过系统工程充实了丰富的实践内容。

2. 系统的特性及三要素

一般系统都具有以下几点特性。

①集合性。系统的集合性表明，系统是由两个或两个以上的可以相互区别的要素所组成的。例如，一个计算机系统，一般都是由中央处理机（CPU）、存储器、输入与输出设备等硬件所组成，同时，还包含有操作系统、程序设计、数据库等软件，从而形成一个完整的集合。

②相关性。组成系统的要素是相互联系、相互作用的。相关性说明这些联系之间的特定关系。

③阶层性。系统作为一个相互作用的诸要素的总体，它可以分解为一系列的子系统，并存在一定的层次结构，这是系统空间结构的特定形式。在系统层次结构中表述了不同层次子系统之间的从属关系或相互作用关系。在不同的层次结构中存在着动态的信息流和物质流，构成了系统的运动特性，为深入研究系统层次之间的控制与调节功能提供了条件。

④整体性。系统是由两个或两个以上的可以相互区别的要素，按照作为系统所应具有的综合整体性而构成的。系统整体性说明，具有独立功能的系统要素以及要素间的相互关系（相关性、阶层性）是根据逻辑统一性的要求，协调存在于系统整体之中。就是说，任何一个要素不能离开整体去研究，要素间的联系和作用也不能脱离整体的协调去考虑。系统不是各个要素的简单集合，否则它就不会具有作为整体的特定功能。脱离了整体性，要素的机能和要素间的作用便失去了原有的意义，研究任何事物的单独部分不能使你得出有关整体的结论。系统的构成要素和要素的机能、要素的相互联系要服从系统整体的目的和功能，在整体功能的基础之上展开各要素及其相互之间的活动，这种活动的总和形成了系统整体的有机行为。在一个系统整体中，即使每个要素并不都很完善，但它们可以协调、综合成为具有良好功能的系统；反之，即使每个要素都是良好的，但作为整体却不具备某种良好的功能，也就不能称之为完善的系统。

⑤目的性。通常系统都具有某种目的，要达到既定的目的，系统都具有一定的功能，而这正是区别不同系统的标志。系统的目的一般用更具体的目标来体现，比较复杂的系统都具有不止一个目标，因此需要一个指标体系来描述系统的目标。为了实现系统的目的，系统必须具有控制、调节和管理的功能，管理的过程也就是系统的有序化过程，使它进入与系统目的相适应的状态。

⑥环境适应性。任何一个系统都存在于一定的物质环境之中，因此，它必然也要与外界环境产生物质的、能量的和信息的交换，外界环境的变化必然会引起系统内部各要素之间的变化。系统必须适应外部环境的变化。不能适应外部环境变化的系统是没有生命力的，而能够经常与外部环境保持最佳适应状态的系统，才是理想的系统。

系统是相对外部环境而言的，并且与外部环境的界限往往是模糊过渡的，所以严格地说系统是一个模糊集合。

系统由输入、处理、输出三要素组成。首先，外部环境向系统提供劳力、手段、资源、能量、信息，称为"输入"；其次，系统以自身所具有的特定功能，将"输入"的内容进行必要的转化和处理，使之成为有用的产品；最后，将经过处理后的内容向外部输出供外部环境使用，从而完成"输入、处理、输出"的基本功能要素。如生产系统就是先向工厂输入原材料，经过加工处理得到产品这样一个循环过程。

3. 系统的分类

系统的分类方法很多，按照不同分类方法可以得到各种类型的系统。如根据性质的不同，系统可以分为工程系统和非工程系统两大类。工程系统是航空、航天、核能、电气、机械、热工、水力等工程技术系统，它们通常是用微分方程描述的连续系统。虽然从原则上来讲这类系统是允许在实际系统上进行试验的，但是利用仿真技术对它们进行分析研究，既可以保证安全，又能节省大量费用。非工程系统是社会、经济、交通、管理、农业、生态环境等系统，它们属于离散系统。这类系统就更离不开仿真技术的帮助，因为这类系统往往不允许在实际系统上进行试验，如经济系统中一般不允许随意改变销售和供给以避免对市场的冲击。

（1）确定型系统和随机型系统

这两种系统是根据系统的输出结果来划分的。确定型系统是指系统在某一时刻的状态完全由系统以前的状态所决定，因而其输出结果完全由输入而确定。随机型系统是指相同的输入经过系统转换后得到不同的输出结果，这些结果虽不确定，但服从一定的概率分布。

确定型系统和随机型系统的区别如图 1.1 所示。

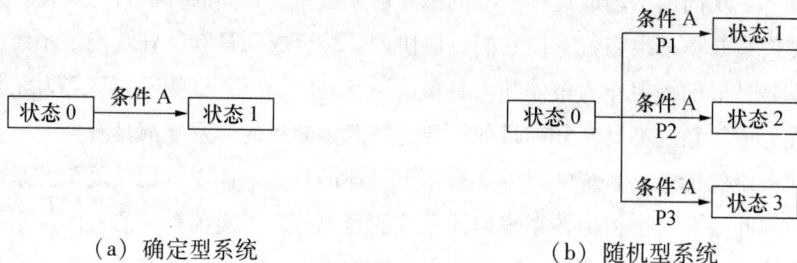

（a）确定型系统　　　　　　（b）随机型系统

图 1.1　确定型系统和随机型系统

图中（a）为确定型系统。条件 A 使状态 0 确定地变化为状态 1。

图中（b）为随机型系统。条件 A 使状态 0 分别以概率 P1、P2 和 P3 转换到状态 1、状态 2 和状态 3，转换的结果是随机的。如一个检测员检测产品合格与否的过程所需时间就是随机型系统，系统的输出不能完全确定，但是遵循一定的统计分布规律。

（2）连续型系统和离散型系统

根据系统状态的变化与仿真时间的关系，可以将系统划分为连续型系统、离散型系统、连续 - 离散复合型系统。

连续型系统是指系统状态随仿真时间呈连续性的变化；离散型系统是指系统状态随仿真时

间呈间断性的变化，即系统状态仅在有限的时间点发生跳跃性的变化；连续－离散复合型系统中变量可以呈连续性及离散性变化，或在连续变化中作离散性突变，仿真时间可以是连续的，也可以是离散的。图 1.2 给出了连续型系统和离散型系统的仿真变量随仿真时间的变化关系。

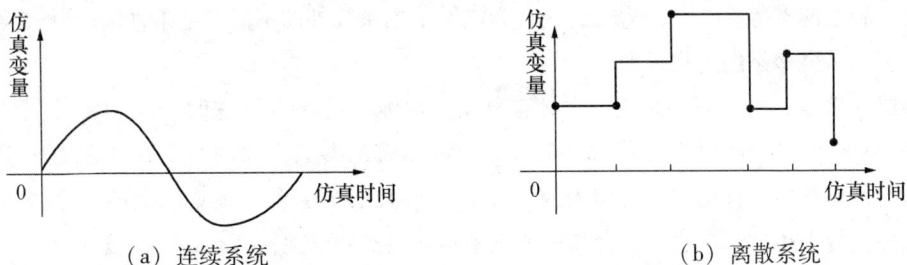

（a）连续系统   （b）离散系统

图 1.2   连续型系统和离散型系统的仿真变量随仿真时间的变化关系

在连续－离散复合型系统中，变量既可以做连续性变化，也可以做离散性变化；或者在连续性变化中作离散性突变，仿真时间可以是连续的，也可以是离散的。图 1.3 表示了一个典型连续－离散复合型系统——库存控制系统。

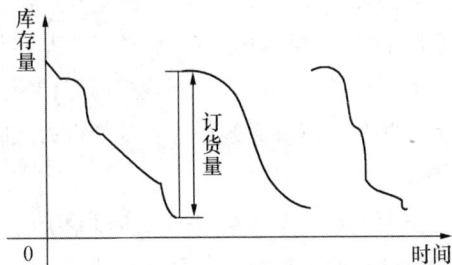

图 1.3   典型连续－离散复合型系统

（3）简单系统和复杂系统

根据系统转换的复杂程度，可将系统分为简单系统和复杂系统。简单系统是指组成系统的元素彼此之间有着紧密的因果连续性的联系，这种因果连续性的联系使得系统是一个完整的整体。简单系统具有系统水平上的定量确定的系统量，因此可以用数学来定量地研究它；复杂系统是指具有大量交互成分，其内部关联复杂、总体行为具有不确定性的非线性系统，即不能通过系统的局部特性形式地或者抽象地描述整个系统特性的系统。复杂系统的主要特征有以下几点。

①非线性和非平衡。复杂性是事物特定结构中的外部联系和表面特征，是事物的外在表现。而线性和非平衡性是事物特定结构中的内在联系和根本性质，是事物本身所固有特殊矛盾决定的产生系统复杂性的主要根源。一个复杂系统通常都是由许多子系统组成，它们之间以某种或多种方式发生复杂的非线性相互作用，或开放系统在远离（非）平衡态下产生复杂的耗散结构即非线性和非平衡导致了不仅在时间上而且在空间上产生各种复杂形式的相关。只要系

统存在非线性和非平衡因素，就会产生复杂的动态行为特性。

②多样性。客观世界许多系统的行为既不是完全有序的和可以预测的，也不是完全随机的和绝对不可预测的，经常处于模糊的边界或介于二者之间。一个复杂系统中共同存在着有序态、随机态和混沌态等多样性行为。这些行为能够依据系统外的不同参数条件随时间和空间而变化，表现出多姿多态的优化行为。

③多层（多重）性。复杂系统通常具有分岔、混沌和有序以及它们之间的错综复杂的相关性。一个复杂性系统同时存在着有序的元素。在系统的参数空间内经常存在多重吸引子结构。事实上，复杂性具有不同的等级及层次结构，而且宏观层次和微观层次的复杂性也不一样，在人类社会中还包含自然、社会和精神三种不同层次的属性，都有各自的复杂性。三种层次混合在一起更加错综复杂。

④多变性。多变性是复杂系统极其重要的特征之一。在复杂的动力学系统中，集和排斥集经常相互作用导致丰富的可变的动力学。通常一个复杂系趋向于在许多不同的行为中"凸显"出某种行为，或某种行为在竞争中占主导地位，或由合作效应产生出复杂的整体图像。其中吸引集和排斥键作用是促使各种状态之间发生转变。

⑤整体性。对于一个复杂的非线性系统，系统的整体行为并非与子系统的局部在简单的联系，必须从整体上去把握系统的发展趋势和特点，不能拣局部行为的细节去判断。系统的整体行为绝不是所有局部行为的简单相加。复杂系统中子系统的行为之间充满着竞争，其行为往往是共同竞争协同效应，或是优胜劣汰的结果。

⑥统计性。由于复杂系统是由大量子系统组成的，所以系统的基本动力学行为是大量子系统统计的平均行为。表征系统复杂性的各种物理量具有统计性，应能够很好地描述和处理复杂性问题。

1.1.2　建模

1. 建模的概念

在自然科学、工程技术和社会科学的许多领域中，定量的系统分析、系统综合已受到人们愈来愈多的重视。模型是开展这些工作的有效工具，而模型化则是开展这些工作的前提和基础。

所谓模型，就是对实际系统的一种抽象、本质的描述。首先，模型必须是对现实系统的一种抽象，它是在一定假设条件下对系统的简化。其次，模型必须包含系统中的主要因素。模型不可能与实际系统一一对应，但至少应当包含那些决定系统本质属性的重要因素。第三，为了进行定量分析，模型中必须反映出各主要因素之间的逻辑关系和数学关系，使模型对系统具有代表性。仿真模型同样必须符合以上各项要求，并且适合于仿真环境下，通过模仿系统的行为来求解问题。

系统模型是对实际系统的一种抽象，反映系统内部要素的关系。系统某些方面的本质特征，以及内部要素与外界环境的关系，是系统本质的表述，是人们对客观世界反复认识、分析，经过多级转换、整合等相似过程而形成的最终结果，它具有与系统相似的数学描述形式或物理属性，以各种可用的形式，给出研究系统的信息。

建模就是建立模型。建立系统模型的过程，又称模型化。建模是研究系统的重要手段和前提。凡是用模型描述系统的因果关系或相互关系的过程都属于建模。

建立和运用系统模型的目的在于指明系统的主要组成部分以及它们之间的主要关系，以便于人们对系统进行深入的分析和研究。系统建模主要用于 3 个方面：第一，分析和设计实际系统；第二，预测或预报实际系统某些状态的未来发展趋势；第三，对系统实行最优控制。

2. 模型的分类

按表达形式，模型一般可粗略地分为实体模型和抽象模型两大类。

实体模型包括实物模型（如城市规划模型、作战沙盘等）和模拟模型（如地图、电路图、电路模拟机械运动等）。

抽象模型也称符号模型，是模型中最丰富多彩的部分。其中包括数学模型、结构模型、仿真模型及诸如化学、音乐、美术等学科的符号模型，也包括用自然语言表达的直观描述式模型。

除上述分类外，还可按其形式、结构、用途和对象等分类。在众多分类的模型中，数学分析模型是发展最快、内容最丰富、最受人偏爱的一种。它又可以细分为以下几种：

①按变量分为确定模型或随机模型；

②按变量之间的关系分为线性模型或非线性模型；

③按变量取值分为连续模型或离散模型；

④按时间分为动态模型或静态模型；

⑤按功能用途分为结构模型、评价模型、工程设计模型和预测模型等。

3. 建模的原则

对于同一个实际系统，人们可以根据不同的用途和目的建立不同的模型。所建模型只是实际系统原型的简化，因此既不可能也没必要把实际系统的所有细节都列举出来。一个理想的数学模型应该既能反映实体的全部重要特性，同时在数学上又易于处理，即原则上要满足：

①现实性：即模型需充分立足于对现实问题的描述上。

②简洁性：模型中的变量的选择不能过于繁琐，模型的数学结构不宜过于复杂。

③适应性：模型应易于数学处理和计算。

④强壮性：模型对现实问题的变动不敏感，对问题的描述和解释具有一般性。

4. 建模的步骤

建构数学模型需要想象力和技巧。有人说,数学模型是应用数学的艺术。要掌握一门艺术,需见多识广,善于揣摩别人的思想方法,多实践,多体会。这里从方法论的角度总结建模步骤如下:

①形成问题。在明确目标、约束条件及外界环境的基础上,规定模型描述哪些方面的属性,预测何种后果。

②选定变量。按前述影响因素的分类筛选出合适的变量。

③变量关系的确定。定性分析各变量之间的关系及其对目标的影响。

④确定模型的数学结构及参数辨识。建立各变量之间的定量关系,主要的工作是选择合适的数学表达形式,数据来源是该步骤的难点,有时由于数据难以取得,不得不回到步骤②甚至步骤①。

⑤模型真实性检验。数学模型构建过程中,可用统计检验的方法和现有统计数字对变量之间的函数关系进行检验。模型构建后,可根据已知的系统行为来检验模型的计算结果。如用计算结果解释现实世界尚能令人接受,不致相悖,便要判断它的精确程度和模型的应用范围。如精度比期望的要低,则需弄清其原因,可能是原先的设定错误或者忽略了不该忽略的因素。

经过以上 5 个步骤,数学模型便可在实际中应用,但不能离开检验过的情况太远,每应用一次模型都应看成是对模型的一次检验。有些模型,特别是社会经济系统的模型难以实际检验;另一些模型虽可检验,但花费太大或需要特殊条件,这时,个人经验很重要,凭着对原型对象的认识而对模型的真实性作出判断。然而,在能够实际试验的场合总应力求进行实验,不经过试验的建模过程总是不完整的。

1.1.3　仿真

1. 仿真的概念

当前,仿真技术已经成为分析、研究各种复杂系统的重要工具,它广泛用于工程领域和非工程领域。

仿真(simulation)是真实过程或系统在整个时间内运行的模仿。利用模型复现实际系统中发生的本质过程,并通过对系统模型的实验来研究存在的或设计中的系统,又称模拟。在研究、分析系统时,对随着时间变化的系统特性,通常是通过一个模型来进行研究。在某些情况下,所研究的模型足够简单,可以用数学方法表示并求解,这些解通常由一个或多个成为系统性能测度的数学参数组成。但是许多真实系统是非常复杂的,无法用数学关系或数学方法来求解。这时利用仿真就可以像观察、测试真实系统那样,在仿真模型中得到系统性、能随时间而变化的情况，从仿真过程中收集数据，得到系统的性能测度。所以，仿真包括两个过程：建立模型和对模型进行实验、运行。

2. 仿真的作用

总的来说，管理系统仿真扮演着管理试验手段的角色。仿真模型已经在描述、设计和分析系统中充分显示了它的作用，具体地说有以下几个方面。

①作为解释手段去说明一个系统或问题。对于现有的实际运行的系统，如果为了深入了解它以及改进它，但在实际的系统中进行实验，则往往花费大量的人力、物力、财力和时间，有时甚至是不可能的，而通过计算机仿真，可以使现有系统不受干扰，经过分析仿真结果，对现有系统做出正确评价，并可预测其未来的发展趋势，提出改进方案。

②作为设计准绳去综合分析和评价所建议的决策措施。对于所设计的新系统，在未能确定其优劣的情况下，先不必花费大量的投资去建立它，而是采用计算机仿真，对新系统的可行性和经济效果做出正确的评价。

③作为决策支持系统辅助决策。在管理决策中，针对具有不同的决策变量或参数组合的不同决策方案，进行计算机仿真的多次运行，按照既定的目标函数，对不同的决策方案进行分析比较，从中选择最优方案，从而辅助管理决策。

④作为预测方法去预报和辅助计划系统的未来发展。

⑤作为分析工具去确定系统的关键组成部分或项目。

3. 仿真与解析方法的比较

在系统模型不太复杂的情况下，往往可能运用数学方法，如线性代数、微积分、数学规划等求解问题。但是，大多数的实际系统是如此复杂以至于它的模型不可能采用上述解析方法求得解决。这时，仿真就能发挥它应有的作用。在这种情况下，系统设计与分析人员运用计算机仿真，求解系统模型，并收集相应的资料以估计所研究的系统的各项特征。

与数学解析方法相比，仿真有着以下优点：

①对于复杂系统具有良好的适应性。大多数具有随机因素的复杂系统无法用准确的数学模型表述从而采用解析方法评价，于是仿真通常就成为解决这类问题的好方法。

②它允许对一段系统工作时间进行压缩，用一小段时间仿真出大量时间段的工作情况。

③不需要打乱真实系统就可以使人们能对现有系统在重新设计的工作条件下的工作成果做出分析判断。

④能帮助人们选择最优的系统设计方案。

与此同时，仿真也存在着如下缺点：

①它需要花费大量的费用和时间，这是由仿真系统开发的复杂性及仿真所需的计算机存储

量大和计算时间长所造成的。

②对于现实生活的复杂性，不能完成全部仿真只能是其中一部分，所以会影响到仿真结果的可信度。

③仿真的精度受到许多方面因素的影响，较难控制和测定。

④模型的参数设定是非常困难的，也难以确定合适的系统仿真初始条件。

系统、模型与仿真三者之间有密切的关系。系统是研究的对象，模型是系统的抽象，仿真是通过对模型的实验以达到研究系统的目的。三者的关系如图 1.4 所示。

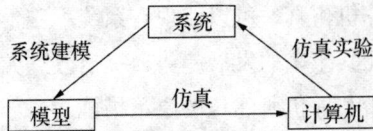

图 1.4　系统、模型与仿真的关系

1.2　系统仿真的基本概念

系统仿真是 20 世纪 40 年代末以来伴随着计算机技术的发展而逐步形成的一门新兴学科。最初，仿真技术主要应用于航空、航天、原子反应堆等价格昂贵、周期长、危险性大、实际系统试验难以实现的少数领域，后来逐步发展到电力、石油、化工、冶金、机械等一些主要工业部门，并进一步扩大到社会系统、经济系统、交通运输系统等一些非工程系统领域。可以说，现代系统仿真技术和综合性仿真系统已经成为任何复杂系统，特别是高技术产业不可缺少的分析、研究、设计、评价、决策和训练的重要手段，其应用范围在不断扩大，应用效益也日益显著。

1.2.1　系统仿真的定义

系统仿真是指利用计算机来运行仿真模型，模仿实际系统的运行状态及其随时间变化的过程，并通过对仿真运行过程的观察和统计，得到被仿真系统的仿真输出参数和基本特性，以此来估计和推断实际系统的真实参数和真实性能。相似论是系统仿真的主要理论依据。

任何系统都存在三方面需要研究的内容，即实体、属性和活动。实体是存在于系统中的每一项确定的物体。属性是实体所具有的每一项有效的特性。活动是导致系统状态发生变化的一个过程，是在一段时间内发生的情况，反映了系统的变化规律。存在系统内部的实体、属性和活动组成的整体称为系统的状态。处于平衡状态的系统称为静态系统，状态随时间不断变化着的系统称为动态系统。

1.2.2 系统仿真的分类

根据模型种类的不同，系统仿真可以分为三种：物理仿真、数学仿真、半实物仿真。

①按照真实系统的物理性质构造系统的物理模型，并在物理模型上进行实验的过程，称为物理仿真，其优点是直观、形象化。计算机问世以前，基本上是物理仿真，也称为模拟。物理仿真的缺点是：花费的投资较大，周期一般也比较长，并且在物理模型上做实验，很难修改系统的结构，实验受到一定的限制。

②对实际系统进行抽象，并将其特性用数学关系加以描述而得到的系统的数学模型，对数学模型进行试验的过程称为数学仿真。计算机技术的发展为数学仿真创造了环境，使得数学仿真变得方便、灵活、经济，因而数学仿真亦称为计算机仿真。数学仿真的缺点是受限于系统建模技术，即系统的数学模型不易建立。

③半实物仿真，即将数学模型和物理模型甚至实物联合起来进行实验。对系统中比较简单的部分或对其规律比较清楚的部分建立数学模型，并在计算机上加以实现；而对比较复杂的部分或对其规律尚不十分清楚的系统，由于其数学模型的建立比较困难，则采用物理模型或实物。仿真时将两者连接起来完成整个系统的试验。

在三种类型中，计算机仿真根据被研究系统的特性可以分为连续系统仿真、离散事件系统仿真和离散-连续复合系统仿真三大类。

（1）连续系统仿真

连续系统是指系统中的状态变量随时间连续变化的系统。由于连续系统的关系式要描述每一实体属性的变化速率，所以连续系统的数学模型通常是由微分方程组成。当系统比较复杂尤其是引进非线性因素后，此微分方程经常不可求解，至少非常困难，所以采用仿真方法求解。

连续系统计算机仿真的中心问题是将微分方程描述的系统转变为能在数字机上运行的模型。用于该类系统的数学方法可以分为以下两种：常微分方程的数值积分法和连续系统的离散化方法。

①数值积分法。在连续系统仿真中，系统模型数学描述的最基本形式是微分方程，所以微分方程的数值计算方法即数值积分法的基本算法是主要研究内容。

数值积分法主要可分为单步法、多步法和预测校正法等。单步法中最简单的是欧拉（Euler）法，常用的是龙格-库塔（Runge - Kutta）法。多步法中则以阿达姆斯（Adams）法用得最为普遍。

对连续系统进行数字仿真时，首先应保证这一数值解的稳定性，即在初始值有误差，计算机在四舍五入误差影响下，误差不会积累而导致计算失败。所以，在进行仿真时必须正确选择积分步长，积分步长过大将影响计算稳定性及计算精确度，而积分步长过小则大大增加计算量与计算时间，故应在保证计算稳定性与计算精度的要求下，选最大步长。

②离散相似法。离散相似法是将连续系统进行离散化处理，用离散化的模型直接代替连续系统的数学模型，其数字描述是以常系数差分方程来近似"等效"原来的常系数微分方程，这样就可以方便地用迭代方法在数字计算机上直接求解差分方程。

采取了合理的算法，就可以将数学模型转为仿真模型，然后编程、运行，得到连续系统的仿真结果。

（2）离散事件系统仿真

离散事件系统是状态变量只在一些离散的时间点上发生变化的系统，这些离散的时间点成为特定时刻。在这些特定时刻系统状态发生变化，在其他时刻系统状态保持不变，而在这些特定时刻是由于有事件发生所以引起了系统状态发生变化。常见的离散事件系统有排队系统、库存系统等。

总体说来，离散事件系统具有如下特点：

①不连续性，离散事件系统的物理状态在本质上都是离散的；

②性能测度的连续性，如平均输出、等待时间等；

③随机性，系统在运行过程中总有诸如失效等不可预知的因素在起作用；

④层次性，这是产生系统复杂的原因之一；

⑤动态性，在对离散事件系统进行动态控制时尤其要注意所选模型必须能充分描述系统的动态性；

⑥计算的复杂性，这是因为离散事件系统物理状态呈指数增长；

⑦应用的广泛性，离散事件系统的应用领域十分广泛，如 FMS 分布式系统、计算机系统、军事 C31 系统等等。

（3）离散－连续复合系统仿真

在离散－连续复合系统仿真中，参变量可以做连续性及离散性的变化，或者做连续性变化并具有离散性突变。它的自变量——仿真时间可以是连续性的或离散性的。

（4）连续系统与离散事件系统的区别

比较连续系统与离散事件系统，可以看出二者存在如下几方面的区别。

①时间基。连续系统的时间基是一个确定的值。离散事件系统的时间基则是可变的，而且随着时间基的变化，仿真结果也各不相同。这两种仿真，系统的初始状态不同，仿真的结果也不相同。离散事件系统仿真的结果是一个统计结果，它与统计的区段大小有关。

②输入变量和输出变量。连续系统的输入变量通常是一个确定性变量，而离散事件系统的变量往往带有随机性，因此离散事件系统的模型也被称为随机模型。输出变量与输入变量情况相同。

③状态变量。连续系统的状态变量一般也是一个连续变量，而离散事件系统的状态变量则可能是非连续的，例如仓库货位的状态是空或非空。

④状态转移函数。在连续系统中，存在一个状态转移函数，可通过其推算出状态变量的变化过程，而离散事件系统则不存在状态转移函数，人们无法找到一个函数来表达状态变量变化的规律。

⑤状态空间。状态空间是状态变量的集合所表述的空间。对于一个被研究的连续系统，引进不同组合的状态变量，可以构造不同的状态空间模型。这一点离散事件系统是相同的。

从上述分析可知，离散事件系统与连续系统最主要的区别在于离散事件系统输入输出变量的随机性以及状态变化的不确定性。由此，连续系统与离散事件系统仿真方法有很大的差别。连续系统仿真借助数字积分算法和离散相似算法等来求解表征系统变量之间关系的方程，离散事件系统则是建立系统的概率模型，采用数值方法"执行"仿真模型，系统的变量是反映系统各部分相互作用的一些确定或者随机事件，系统模型则反映这些事件和状态的值集，仿真结果，也就是"执行"的结果，是产生处理这些事件的时间历程。

实际动态系统的时间基称为实际时钟，而系统仿真时模型所采用的时钟称为仿真时钟。根据仿真时钟与实际时钟的比例关系，系统仿真可分类为：

①实时仿真，即仿真时钟与实际时钟完全一致，也就是模型仿真的速度与实际系统运行的速度相同。当被仿真系统中存在物理模型或实物时，必须进行实时仿真，例如各种训练仿真器就是这样。实时仿真有时也称为在线仿真。

②亚实时仿真，即仿真速度慢于实际时钟，也就是模型仿真的速度慢于实际。

1.2.3 系统仿真的步骤

系统仿真的一般步骤如下。

1. 调研系统，建立目标

通过调研，仿真者应对研究的系统有全面的、深入的了解，能够对系统进行尽可能详细的描述，明确仿真的目标和系统涉及的范围。一般来说，仿真目标不同，所建立的模型也不同，为建立模型所需要采集的数据也不同。

2. 收集仿真数据，建立模型

根据仿真的目标，对系统进行选择和整理，这是一件费时费力的工作。在收集数据时，应注意考虑系统运行的循环周期。正确的收集方法是对完整的循环周期收集数据。建立模型的过程，是一个抽象和简化的过程。为了保证所建模型符合真实系统，在建立模型后，应对模型进行检查，反复修改，直至模型正确为止。所需检查的项目包括系统流程、逻辑关系、循环周期、随机变量等。

3. 编制程序

这一步是将仿真模型用计算机能执行的程序来描述。程序可以用通用语言编写，如 FOR-TRAN、C、PASCAL 等，也可以用专门的仿真语言编写，如离散事件系统的仿真语言有 GPSS、SIMULA、SIMAN、SLUM、WITNESS 等，还可以用专门的仿真软件编写，如 ARENA、AUTO-MODE 等。在这一步中，程序的检验一般是不可缺少的。一方面是程序调试，更重要的是要检验所选仿真算法的合理性。

4. 运行仿真模型

在计算机上进行仿真运行，获取模型的输出数据。许多仿真语言和仿真软件如 ARENA、WITNESS 可以做到边建模边试运行。

5. 输出结果分析

输出结果分析在仿真活动中占有十分重要的地位，特别是对离散事件系统来说，其输出结果分析甚至决定着仿真的有效性。输出分析即是对模型数据的处理，同时也是对模型的可信性进行检验。

图 1.5 给出了系统仿真的一般步骤。

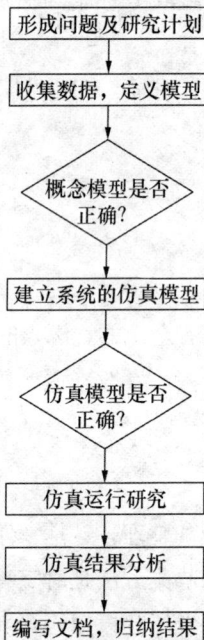

图 1.5　系统仿真的步骤

1.3　系统仿真的应用

众多的随机性给复杂的系统研究带来了许多困难。系统研究常用的理论和方法有数学规划法（运筹学）、统筹法（网络分析法）、系统优化法和系统仿真方法。前面的三种方法属于解析法，而系统仿真方法是一种非解析法，它利用模型对实际系统进行实验研究。这种模型既表达了系统的物理特征，又有其逻辑特征，既反映了系统的静态性质，也反映了其动态的性质。对于各种复杂的系统，无论是线性的还是非线性的，无论是静态的还是动态的，都可以用系统仿真方法来研究。

系统仿真模型还是一个随机模型，系统的参数受随机因素影响所发生的变化在模型中能够得到充分体现，这是解析法无法比拟的。复杂的离散事件系统往往受很多随机因素的影响（物流系统就是这样的系统），忽略随机因素的影响，用确定性模型代替随机模型研究系统，将会使分析结果有很大的误差。另外，系统仿真方法是一种间接的系统优化方法，对于系统来说，并不存在绝对意义上的最优解，优化只是相对而言。不单纯追求最优解，而寻求改善系统行为的途径和方法，应该说是更加有效的，系统仿真方法正是提供了这种环境。同时，它也是系统研究和系统工程实践中的一个重要技术手段，在各种具体的应用领域中表现出越来越强的生命力，特别是在求解一些复杂系统问题时具有很多优点。

系统仿真的应用体现可以从研究对象系统所处的生命周期阶段来划分，也可以从系统仿真所做的具体内容和目的来划分。

1. 按照研究对象所处的时间、空间来划分

（1）对已经发生的系统所经历的历史过程，通过仿真进行再现，以研究其规律

许多复杂系统在实际运作中出现的复杂问题，难以在发生当时得到充分的理解和较好的解决，难以得到更优的解决方案。而当实际系统的动态过程成为过去，再想要去分析当时的过程，往往很难把握各种复杂的因素。这时，采用仿真方法，可以把当时复杂的过程动态再现出来，从而更充分地加以认识，并可以在仿真模型上做各种方案的对比，从而更好地理解系统和解决问题。

（2）研究一个尚未存在的对象系统的特征、性能、规律等

对于一个尚处于规划、设计阶段的对象系统，由于系统的复杂性，尽管在系统设计时使用了各种数学解析方法或其他方法进行了系统各部分的设计计算，但在整个系统运行起来时，由于各个部分的交互作用，尤其是在众多随机因素的作用下，整个系统将体现怎样的特性、表达

出怎样的系统性能仍难以预料。这时，采用仿真方法，可以构建这个尚未真实存在的系统，充分体现系统各子系统和各部分之间的交互作用的动态执行过程，从而把握所设计系统的特征、系统性能以及系统运行中体现的各种规律性。

（3）实际存在但由于各种因素难以在实际系统上进行实验的系统

有些现实中的系统，虽然实际存在，但是难以在实际系统上直接进行实验研究。这往往要考虑安全、经济和时间成本等因素。这时，仿真就起到了不可替代的作用。通过建立实际系统的仿真模型，可以避免在实际系统上的直接研究带来的一系列影响，如停工、停产、安全隐患、研究时间过长或过短等问题。

2. 按照仿真应用的目的、内容来划分

（1）用于理解实际系统，进行 What – if 分析

采用仿真方法可以进行多种实验，通过改变系统的各种输入、系统边界条件或系统特征参数、设定各种不同的实验情景来预测系统可能发生的情况，揭示和理解系统运行的规律。根据多种对比，捕捉系统关键要素，更深入地了解系统成分、特征变量、外部条件和输入变量等对系统产生的影响，这些因素之间的相互作用，以及系统各种性能参数之间的相互影响和变化规律。例如，虽然用数学模型和解析方法能够解释一个复杂系统在运作中可能出现的瓶颈问题，但是，在设计时，各个部分构成的整体难以用极复杂的数学模型来描述，即使描述出来也往往无法求解析解，也难以事先发现瓶颈；而如果用仿真方法，在改变系统输入、系统特征参数或其他设定的情况下，就能及时直观地暴露系统的瓶颈问题。

（2）用于对一个系统的多种方案对比研究

通过仿真可以对比同一个系统的多种不同策略、方案在系统多个性能参数方面的异同和差别。实际中，对于同一个对象系统，往往有多个解决方案，仿真方法可以定性或定量地对多个方案进行分析评价，给出多个方案的多个系统性能参数的评价，从而为决策者提供一个全面的、可信的参考依据。

（3）对其他研究方法得到的研究结果进行验证

仿真还是验证其他数学算法的有力工具。在研究实际问题时，通常可能会给出解决实际问题的策略、数学模型和相应的算法，如何验证所提出的策略（方案）以及相应的模型和算法是可信的呢？仿真可以将其算法的实现展现出来，通过仿真评价，来验证所给的策略、模型和算法是否正确。

（4）其他

仿真作为一种新型方法，发挥着多方面的作用。例如，由于仿真发展了三维图形动画技术，成为有效的沟通工具。一些用数学语言不便交流或难以发现、理解的问题，可以用仿真直

接展示出来。正因为如此，仿真越来越多地被应用到各个领域的商业技术交流中。又如，仿真可以用于培训。设计仿真系统，可以使受培训者根据设定的程序为仿真模型提供决策的输入，通过与仿真模型的交互，达到认识、训练的目的。

1.4　物流系统仿真

1.4.1　物流系统概述

1. 物流系统的概念

物流系统是指在一定的时间和空间里，由所需运转的物资、包装设备、搬运和装卸机械、运输工具、仓储设施、人员以及通讯联系等若干相互制约的动态要素所构成的具有特定功能的有机整体。其目的是使企业物流合理化，并将企业生产出来的产成品按时、按质、按量、配套齐全、完好无损地迅速运达到消费者手中，实现其空间和时间效益。物流系统是企业生产的一个重要组成部分，物流合理化是提高企业生产率最重要的方法之一。因此对物流系统的设计和仿真的研究，也日益受到人们的重视。图 1.6 给出了企业物流系统结构图。

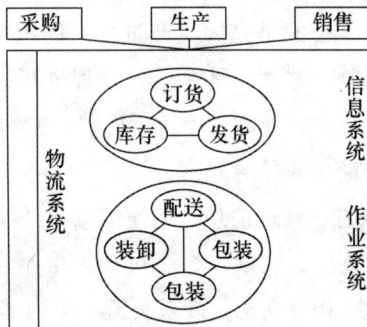

图 1.6　企业物流系统结构图

2. 物流系统的基本功能

（1）运输：可以细分为运输与配送

运输的主要业务包括集货、运输方式和运输工具的选择，路线和行程规划，车辆调度，商品组配、送达，分拣、拣选、配送方式等。运输的一般特点表现为：干线、中间运输、中长距离、少品种、大批量、少批次、长周期、功能单一。配送虽然业务与运输有许多相同之处，但其特点几乎与运输特点相背，表现为：支线、前端或者末端运输、短距离、多品种、小批量、多批次、短周期、功能综合。

（2）储存：分为仓储管理与库存控制

储存的主要业务包括收货、检验、分拣、保管、拣选、出货，对库存品种、数量、金额、地区、方式、时间等结构的控制等。仓储管理的一般特点主要是对确定的库存进行动态和静态的储存管理；库存控制则主要是进行库存决策，确定储存用什么组合、有多少组合、什么时间组合、在哪里组合等。

（3）装卸：包括装上、卸下和搬运

装上是将流体装入载体，与发送相联系；卸下是将流体从载体中卸出，与到货相联系；搬运则是将流体从甲地搬往乙地（短距离），与载体的换装或者转移相联系。

（4）包装：包括工业包装、销售包装以及物流包装

工业包装的主要业务有：按照生产和销售需求规格用不同于产品的材料将产品包装起来，使之成为一个完整的产品，其特点是方便批量生产；销售包装的主要业务有：按照市场需求规格，用印有必要产品信息的包装材料将一定数量的商品进行包装，促进销售，主要是为了方便使用和销售；物流包装的主要业务有：按照物流运作要求，用具有足够强度、印有必要物流信息的包装材料将一定数量的商品进行包装，以及包装加固、打包，以方便物流运作。

（5）流通加工：包括生产型加工、促销型加工和物流型加工

生产型加工主要业务有剪切、预制、装袋、组装、贴标签、洗净、搅拌、喷漆、染色，是在流通过程中进行的生产性活动，目的是完成生产过程；促销型加工主要业务有烹调、分级、贴条码、分装、拼装、换装、分割、称量，是在销售过程进行的生产活动，目的是便于促销；物流型加工的主要业务是预冷、冷冻、冷藏、理货、拆解、贴物流标签、添加防虫防腐剂，这些工作有利于物流，能达到保护商品的目的。

（6）物流信息：包括要素信息、管理信息、运作信息和外部信息

要素信息包括流体、载体、流向、流量、流程五个要素，涉及物流全局；管理信息包括物流企业或者企业物流部门人、财、物等信息，涉及物流组织内部的各种信息；运作信息包括功能、资源、网络、市场、客户、供应商信息等，涉及物流过程与市场的信息；外部信息则包括政策、法律、技术等涉及物流环境的信息。

3. 物流系统的物质基础要素

①基础设施：是组织物流系统运行的基础物质条件，包括物流场站、物流中心、仓库，物流线路，建筑、公路、铁路、港口，等等。

②物流装备：是保证物流系统开动的条件，包括仓库货架、进出库设备、加工设备、运输设备、装卸机械等。

③物流工具：是物流系统运行的物质条件，包括包装工具、维修保养工具、办公设备等。

④信息技术及网络：是掌握和传递物流信息的手段，根据所需信息水平不同，包括通讯设备及线路、传真设备，计算机及网络设备等。

⑤组织及管理：是物流系统的"软件"，起着连接、调运、运筹、协调、指挥其他各要素以保障物流系统目的的实现之作用。

4. 物流系统的分类

我们可以按照不同的标准对物流系统进行分类。

（1）按物流发生的位置划分

①企业内部物流系统。例如，制造企业所需原材料、能源、配套协作件的购进、储存、加工直至形成半成品、成品最终进入成品库的物料、产品流动的全过程。

②企业外部物流系统。例如，对于制造企业，物料、协作件从供应商所在地到本制造企业仓库为止的物流过程，从成品库到各级经销商，最后送达最终用户的物流过程，都属于企业的外部物流系统。

（2）根据物流运行的性质划分

①供应物流系统。指从原材料、燃料、辅助材料、机械设备、外协件、工具等从供应商处的订货、购买开始，通过运输等中间环节，直到收货人收货入库为止的物流过程。供应物流系统通过采购行为使物资从供货单位转移到用户单位，一般是生产企业进行生产所需要的物资供应活动。

②生产物流系统。指从原材料投入生产起，经过下料、加工、装配、检验、包装等作业直至成品入库为止的物流过程。生产物流的运作过程基本上是在企业（工厂）内部完成。流动的物品主要包括原材料、在制品、半成品、产成品等，物品在企业（工厂）范围内的仓库、车间、车间内各工序之间流动，贯穿于企业的基本生产。辅助生产、附属生产等生产工艺流程的全过程，是保证生产正常进行的必要条件。生产物流的运作主体是生产经营者，部分生产物流业务可以延伸到流通领域，例如，第三方物流所提供的流通加工。

③销售物流系统。指成品由成品库（或企业）向外部用户直接出售，或经过各级经销商直到最终消费者为止的物流过程。从事销售物流运作的经营主体可以是销售者、生产者，也可以是第三方物流经营者。

④回收物流系统。指物品运输、配送、安装等过程中所使用的包装容器、装载器具、工具及其他可以再利用的废旧物资的回收过程中发生的物流。回收物流主要包括边角余料，金属屑，报废的设备、工具形成的废金属和失去价值的辅助材料，等等。

⑤废弃物流系统。是指对废弃杂物的收集、运输、分类、处理等过程中产生的物流。废弃杂物一般包括伴随产品生产过程产生的副产品、废弃物，以及生活消费过程中产生的废弃物等

等。废弃物流通常由专门的经营者经营，国外亦有第三方物流经营者参与废弃物流作业过程的实例。

（3）根据物流活动的范围划分

①企业物流系统。指围绕某一企业或企业集团产生的物流活动。它包括企业或企业集团内部物流活动，也涉及相关的外部物流活动，如原材料供应市场和产品销售市场。企业物流活动往往需要考虑供应物流、生产物流和销售物流之间的协调，及相应的一体化规划、运作和经营。

②区域物流系统。指以某一经济区或特定地域为主要活动范围的社会物流活动。区域物流一般表现为通过一定地域范围内的多个企业间的合作、协作，共同组织大范围专项或综合物流活动的过程，以实现区域物流的合理化。区域物流通常需要地方政府的规划、协调、服务和监督，在促进物流基础设施的科学规划、合理布局与建设发展等方面给予支持。在规划某区域物流系统时，例如，省域、城市物流系统，公路运输站场规划与布局等，一般需要考虑区域物流设施与企业物流设施的兼容和运行方式。全国物流系统可以看作是扩大的区域物流系统。在全国范围进行物流系统化运作时，需要考虑综合运输及运网体系、物流主干网、区域物流及运作等。

③国际物流系统。指在国家（或地区）与国家（或地区）之间的国际贸易活动中发生的商品从一个国家或地区流转到另一国家或地区的物流活动。国际物流涉及国际贸易、多式联运和通关方式等多种问题。它需要国际间的合作，国内各方的重视和积极配合参与，一般比国内物流复杂得多。

（4）根据物流构成的内容划分

①专项物流系统。是以某一产品或物料为核心内容的物流活动系统。常见的有粮食、煤炭、木材、水泥、石油和天然气等的物流过程。专项物流往往需要专用设施、专用设备与相应物流过程的配套运作才能完成。

②综合物流系统。是包括社会多方经营主体及多种类产品、物料构成的复合物流系统。

1.4.2　物流系统的特性及分析原则

1. 物流系统的特性

物流系统是复杂的离散事件系统，有如下特点。

①不确定性（随机性）。不确定性存在于物流系统中的每一节点，客户需求的不确定性，原材料供应供需关系的不确定性，采购准备时间的不确定性，运输时间的不确定性，交付时间的不确定性，产品价格的不确定性等。它总是处在一个不确定的环境中，受很多随机因素的影响，具有多目标、多因素、多层次的特点。

②非线性。非线性是指个体以及它们的属性在发生变化时，并非遵从简单的线性关系。组成物流系统的各个实体间的相互影响不是简单的、被动的、单向的因果关系，每个实体的行为和决策又依赖它自身的状态和一些有限的、相关的其他实体的行为，且它们易受内部和外部环境的影响。物流系统的各个实体主动改变自己的内部或外部结构，以适应环境的变化，从而呈现出物流系统的非线性。

③复杂性。物流系统是由若干个供应商、制造商、配送中心、销售商和终端客户组成的系统。它包含供应商、制造商的选择，配送中心的选址，运输方式（如空运、陆运、铁运、水运或混合运输方式的选择）和运输路线（选择由哪个配送中心送货）的确定。其复杂性主要体现在贯穿于物流系统中的不确定及各实体要素间的非线性关系。

④适应性。物流系统各个实体为了适应市场环境的变化，与周围环境和其他实体间不断进行交互作用。在这种持续不断交互作用的过程中，实体不断学习，积累经验，并根据学到的经验改变自身的结构和行为方式，寻找合适的实体组成物流系统，以适应环境的变化，从而促成供需过程不断重新组合改造。

⑤多样性。由于物流系统各实体要素间处于不断相互作用和不断适应的过程，造成了实体向不同的方面发展变化，从而形成了物流系统实体类型的多样性。

综上所述，物流系统具有系统的所有特征。由于物流系统的层次性及各子系统的相互联系和相互作用，很显然，物流系统是一个动态的、开放的复杂系统。

2. 物流系统分析原则

在进行物流系统分析时需要注意元素之间的关联，既要注意元素间的逻辑关联度，又要有一定的"模糊"观念，因而数学中的数理统计的各种研究方法是物流系统分析的基本模型，而在分析思想和分析方法上，对立统一的哲学思想、辩证法的分析手段、物理的实验性分析模式，以及计算机技术的运用都为物流系统分析提供了技术保证。

①外部条件与内部条件相结合的原则。注重外部条件与内部条件的相互影响，了解物流活动的内在和外在关联，正确处理好它们之间的转换与相互约束的关系，促使系统向最优化发展。

②当前利益与长远利益相结合的原则。所选择的方案，既要考虑目前的利益，又要兼顾长远利益。只顾当前不顾长远，会影响企业和社会的发展后劲；只顾长远不顾当前，会挫伤企业的发展积极性。只有方案对当前和将来都有利，才能使系统具有生命力。

③子系统与整个系统相结合的原则。物流系统是由多个子系统组成，并不是所有子系统都是最好的整个系统才是最好的，而应是以整体系统最好作为评价标准，只有当它们以能发挥最大功能组合在一起并且使整个系统最佳才为最好。就像一辆汽车，整车的使用年限为十年，而

轮胎的使用年限即使有二十年，其作用也只有十年，而当所有的汽车零配件的使用年限都最为接近，使整个汽车（相当于整体系统）年限达到最佳才是最佳方案。

④定量分析与定性分析相结合的原则。当分析系统的一些数量指标时，采用定量分析的方法，有利于使系统量化，便于根据实际确定对策（例如车辆发车的时间间隔，仓库的大小适宜度等）；当分析那些不能用数字量化的指标时（如政策因素、环境污染对人体的影响等）则采用定性分析的方法，这可以减少弯路，节省成本。

1.4.3　物流系统仿真

1. 物流系统仿真的概念及必要性

所谓物流系统的仿真是指针对现实物流系统建立仿真模型，然后在模型上进行试验，用模型代替真实系统，从而研究物流系统性能的方法。通过仿真，可以一一仿效实际物流系统的各种动态活动并把系统动态过程的瞬间状态记录下来，最终得到用户所关心的系统统计性能。

由于物流系统自身的不完善或运作过程的不合理，一些物流系统设计上缺乏前瞻性和系统规划，在物流资源的配置、物流网络的结构等方面，很难保证其可靠性、合理性、协调性和最优化。在实际系统中常常包含有较多随机的因素，如物流系统中订单的到达、运输车辆的到达和运输事件等一般是随机的。对于这些复杂的随机系统很难找到相应的解析式来描述和求解，系统仿真技术成为解决这类问题的有效方法。物流系统运作的成败事关重大，而仿真方法是完善、推进物流系统的一个很好的方法，可以节省费用，减少浪费，消除物流环节中的瓶颈。

2. 物流系统仿真提供的服务

通过物流系统的仿真，我们可以达到以下目的。

①物流系统方案设计及其论证。对物料处理、物流和配送系统进行规划设计和方案优化。如设计新的设施或系统，增加新的设备或更新现有的设施时，对初步设计、施工建设、开工可行性分析、操作优化、控制优化、事故预测等方面提供增强的统计分析功能，自动输出统计报告与图表（如设备利用率、库存水平与部件在某设施中的总时间等），从而对系统方案进行论证。

②系统方案效果图设计与制作。对于未来建设的新系统方案或现有系统的改造方案，设计并制作其直观的效果图，让用户可以清晰地预见未来的物流中心的建设效果。

③物流中心生产流程的模拟。有效地为物流中心建模，确定供应链配送中心的容量和测试业务流程。同时，使用模型作为培训工具，直观动态的模拟堆垛机-货架系统、AGV 系统、往复式穿梭车系统、自动分拣系统等的各环节物料处理的作业流程，以及叉车、托盘码垛机器人等装置的运动与时间的精确模拟。生成快速、流畅与专业的模型动画。通过模拟仿真帮助整

个物流中心系统流程运作流畅并对统计结果做出分析解释。

3. 物流系统仿真的优势

物流系统仿真具有以下优势。

①降低投资风险：物流行业生产自动化水平不断提高，生产系统越来越复杂，生产节奏越来越快。投资定位不准，往往需要付出高昂的代价。仿真技术可以被用来支持投资决定，校验物流系统设计的合理性，通过对不同的物流策略进行仿真实验来找出最优解。

②优化物流系统：仿真技术可以形成直观立体的三维仿真动画，提供生产系统的生产量，确定瓶颈位置，报告资源利用率，从而实现物流系统的优化。

③节约配置资源：避免建立实物模拟系统的高额投资，减少设计成本，而且可以通过计算机技术进行精确计算和验证分析，提高系统方案的可行性。

1.4.4　物流系统仿真的类型

从技术与管理的角度看，系统仿真在物流领域的应用主要包括以下几个方面。

1. 物流系统规划与设计

仿真多用于供应链设计、评价和优化，用来处理链中的不确定因素与动态性，此外有能力找出供应链各个成员之间的最优解决方案。在系统没有运行之前，把规划转化为仿真模型，通过运行模型，评价规划或设计方案的优劣并修改方案，仿真能够辅助决策者或策划者的决策活动，这是仿真经常用到的一方面。这样不仅可以避免不合理的设计和投资，而且也减少了投资风险和避免了人力、时间等的浪费。

2. 物流运输调度

复杂的物流系统经常包含若干运输、多种运输路线，连接供应链上游与下游是供应链运作过程中至关重要的一个环节，而运输调度与路线选择一直是物流系统的难点，其中包含了很多NP问题。在解决调度问题、规划运输路线问题时，多使用启发式算法、不完全优化算法和遗传算法等，但在评价这些算法得到的策略哪个更有效、更合理时，遇到的问题更多。因运输调度是物流系统最复杂、动态变化最大的一部分，有许多不确定因素，很难用解析法描述运输的全过程。使用仿真建立运输系统模型，动态运行此模型，再结合图形将运行状态、物料供应情况、配货情况、道路堵塞情况、配送路径等生动地呈现出来。仿真还提供了各种数据，包括车辆运输时间与效率、不同策略之间的比较、不同路径的比较等。

3. 物流成本估算

物流系统运作是一个复杂的系统，其中存在许多的不确定因素。系统的总成本中包括运输成本、库存成本、订货成本和生产成本等。成本核算与所花费的时间有关。物流系统仿真是对物流整个过程的模拟。进程中每一个操作的时间，通过仿真推进被记录下来。因此，人们可以通过仿真，统计物流时间的花费，进而计算出物流的成本。

4. 库存控制

库存系统是供应链管理中的重要环节，起到缓冲、调解和平衡的作用。供应链上各节点企业库存水平的高低一方面影响产品的成本，另一方面影响客户服务水平和企业对市场波动的适应能力。企业运作时库存处理的好坏直接影响公司的效益，也决定了公司的竞争力。现实库存系统多数属于复杂的离散事件系统，具有诸多不确定因素，而且各部分之间的关系复杂。企业在确定安全库存量、采购订货方式的时候遇到了很大的困难，直接表现为没有适应的库存策略、库存积压与库存短缺并存等问题。随机性库存系统中有很多不确定的随机参数，解析方法的应用受到了很大局限，很难采用数学规划或启发式算法进行准确分析。因此，常用离散系统仿真技术，对库存系统全局或局部变量进行分析和优化，例如库存系统规划、库存成本分析、库存控制策略分析等。

第 2 章

物流系统仿真基础

2.1 离散系统仿真

2.1.1 离散系统仿真的基本要素

（1）实体：实体是描述系统的三个基本要素（实体、属性、活动）之一。在离散事件系统中的实体可分为两大类：临时实体和永久实体。在系统中只存在一段时间的实体叫临时实体，如工件、货物。这类实体由系统外部到达系统并通过系统，最终离开系统。始终驻留在系统中的实体叫永久实体，如缓冲站、仓库。临时实体按一定规律不断地到达（产生），在永久实体作用下通过系统，最后离开系统，整个系统呈现出动态过程。

（2）属性：实体的状态由它的属性的集合来描述，属性是反映实体的某些性质。

（3）状态：在某一确定时刻，系统的状态是系统中所有实体的属性的集合。

（4）事件：引起系统状态发生变化的行为，系统的动态过程是靠事件来驱动的。例如，在物流系统中，工件到达可以定义为一类事件。因为工件到达仓库，进行入库时，仓库货位的状态会从空变为满，或者引起原来等待入库的队列长度的变化。

事件一般分为两类：必然事件和条件事件。只与时间有关的事件称为必然事件。如果事件发生不仅与时间因素有关，而且还与其他条件有关，则称为条件事件。系统仿真过程，最主要的工作就是分析这些必然事件和条件事件。

（5）活动：离散事件系统中的活动，通常用于表示两个可以区分的事件之间的过程，它标志着系统状态的转移。

（6）进程：进程由若干个有序事件及若干有序活动组成，一个进程描述了它所包括的事件及活动间的相互逻辑关系及时序关系，如图2.1所示。例如，工件由车辆装入进货台，经装卸搬运进入仓库，经保管、加工到配送至客户的过程。

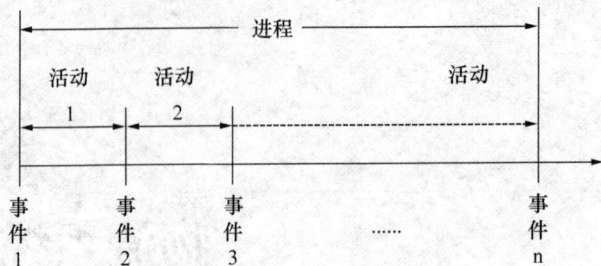

图 2.1　事件、活动与进程

（7）仿真时钟：仿真时钟用于表示仿真时间的变化。在离散事件系统仿真中，由于系统状态变化是不连续的，在相邻两个事件发生之间，系统状态不发生变化，因而仿真钟可以跨越这些"不活动"区域。从一个事件发生时刻，推进到下一个事件发生时刻。仿真钟的推进成跳跃性，推进速度具有随机性。由于仿真实质上是对系统状态在一定时间序列的动态描述，因此，仿真钟一般是仿真的主要自变量，仿真钟的推进是系统仿真程序的核心部分。

仿真时钟的推进有两种经典的方法：固定步长推进法和变步长推进法（或称为下一事件推进法）。变步长推进法应用较多，目前市面的大多数仿真软件都采用变步长推进法。

①固定步长推进法。确定一个固定的时间增量，以此增量逐步推进仿真时钟。每推进一个增量，就在被推进的时刻观察有无事件发生。如果没有事件发生，则继续以相同的增量推进仿真时钟；如果有事件发生，则根据事件类型进入事件处理程序，对事件发生后的状态变化进行相应处理，然后再推进仿真时钟。

如果恰好在推进的增量的中间时刻有事件发生，一般采取简化的方法，把该事件假定为是在增量推进的时刻发生的。

②变步长推进法。变步长推进法即事先没有确定时钟推进步长，而是根据随机事件的发生而进行随机步长的推进，推进的步长为最后发生事件与下一事件之间的间隔时间。由于离散事件系统的状态多数是随时间离散变化的，在仿真时不需要考虑那些没有发生状态变化的时段。因此，这种变步长的推进方法，其节奏性与系统状态变化更加吻合。

应当指出，仿真钟所显示的是仿真系统对应实际系统的运行时间，而不是计算机运行仿真模型的时间。仿真时间与真实时间将设定成一定比例关系，像物流系统这样复杂的系统，真实系统需运行若干天甚至若干月，计算机仿真只需要几分钟就可以完成。

2.1.2　离散系统仿真的组成与构造

仿真可以用来研究千差万别的现实世界，但是不同实际系统的离散事件仿真模型却具有一些相同的组成部分和这些组成部分之间的逻辑组织关系。对于大多数采用变步长时钟推进机制的离散事件系统仿真模型，通常都包含有如下几个组成部分：

①系统状态：在特定时间用来描述系统的状态变量集。

②仿真时钟：表示仿真时间当前值的变量。

③事件列表：将发生各类事件时用来存放下次事件发生时间和事件其他属性的表。

④统计计数器：用来存放有关系统性能统计数据的各个变量。

⑤初始化子程序：在仿真开始时（即仿真时间为零时）初始化仿真模型的子程序。

⑥时间推进子程序：从事件列表中确定下次事件，然后将仿真时钟推进到该事件发生的时刻。

⑦事件发生程序：指用来更新系统状态的子程序。当某类型的特定事件发生后，根据该事件的类型，进行相应的系统状态更新。

⑧报告生成器：用来计算各种所期望的性能测度的量，并在仿真结束时输出结果。

⑨随机观测生成程序库：是一组用来根据概率分布产生随机观测值的子程序。

⑩主程序：用来唤醒时间推进子程序来确定下一发生事件，然后将控制转向相应的事件程序，并对系统状态进行相应的更新。主程序还可能检查仿真的终止并在仿真结束时激活报告生成器。

2.1.3　离散系统仿真的基本步骤

离散事件系统仿真研究的一般步骤与连续系统仿真是类似的，它包括确定仿真目标、数据收集、系统建模、确定仿真算法、建立仿真模型、验证与确认模型、运行仿真模型、仿真结果分析、输出仿真结果。

1. 确定仿真目标

对一个系统的仿真目的可以各不相同。例如，研究一个物流配送中心，可以提出各种不同的问题，如管理调度策略问题、运作流程协调问题等。所关心的问题不同，建立的系统模型、设定的输入变量和输出变量等都各不相同。因此在进行系统仿真时，首先要确定仿真的目标，也就是仿真要解决的问题。这是数据收集和系统建模的依据。

2. 数据收集

数据收集的对象是仿真建模需要的相关数据。仿真建模的过程是一个从简单到详细的渐进过程，每个阶段都需要收集整理有关数据。需要收集数据的种类和数量与仿真对象及其复杂程度有关。这些数据大多是仿真模型中各种实体的属性，包括临时实体和永久实体，如客户到达时间间隔及其分布规律、服务时间及其分布规律等。

3. 系统建模

系统模型由模型和模型参数两部分组成。模型参数是对数据收集结果的整理。系统模型的形式可以是多样的，有文字叙述型、流程图型、图表型、数学表达式型。离散事件系统仿真模型最常用的是建立系统的流程图模型，也被称为流程模型。流程模型中应包含临时实体到达模型、永久实体服务模型和排队规则。

4. 确定仿真算法

离散事件系统虽然大多是随机的，但由于仿真模型中采用的是伪随机数，从理论上讲，其状态的转移是确定的，因而也可得到确定性的状态转移函数。但离散事件系统的模型难以用某种规范的形式写出，一般采用流程图或网络图的形式才能准确地定义实体在系统中的活动。在一个较为复杂的离散事件系统中，一般都存在诸多的实体，这些实体之间相互联系，相互影响，然而其活动的发生却统一在同一时间基上，采用何种方法推进仿真钟，建立起各类实体之间的逻辑联系，是离散事件系统仿真中建模方法学的重要内容，称之为仿真算法或仿真策略。仿真策略决定仿真模型的结构。

5. 建立仿真模型

前面建立的系统模型只是对系统的抽象化描述，是仿真者对系统深入了解的必经过程。然而这种模型仅仅能够被人脑所接受和理解，还无法在计算机上运行。为此还需建立计算机可运行的模型，即仿真模型。仿真模型是将系统模型规范化和数字化的过程。同时也需要根据计算机运行的特定增加一些必要的部件。仿真模型的主要部件有初始化模块、输入模块、仿真时钟、随机数发生器、状态统计计数器、事件列表、事件处理程序和输出模块等。

6. 验证与确认模型

对建立的仿真模型必须进行验证，以保证通过仿真软件或者仿真语言所建立的系统模型能够准确地反映所描述的系统模型。模型的验证主要检验所建立的仿真模型（包括系统组成的假设、系统结构、参数及其取值、对系统的简化和抽象）是否被准确地描述成可执行的模型（如计算机程序）。

模型的确认则是考察所建立的模型及模型的运行特征是否能够代表所要研究的实际系统。实际上，没有哪个模型能够完全代表所研究的实际系统，总是存在这样或那样的简化或者抽象。只要一个模型在研究关注的问题上能够代表实际系统，就是有效的。

7. 运行仿真模型

运行仿真模型时需要确定终止仿真的时间。一般有两种终止方法：一是确定一个仿真时间长度，如仿真100h，系统仿真时钟推进100h后将自动终止仿真，并输出仿真结果。另一种方式是确定仿真事件的数量。以工件到达仓库为例，可以设定 100 批物品到达后终止仿真。选择哪种方式可依仿真系统的具体情况确定。

8. 仿真结果分析

由于离散事件系统固有的随机性，每次仿真运行所得到的结果仅仅是随机变量的一次取样。尽管仿真实验要进行多次，系统仿真结果的可信度仍然需要进行分析和判断，不同的仿真方式（终态仿真或稳态仿真）有不同的仿真结果分析方法，详细内容见本章第 4 节。

9. 输出仿真结果

仿真结果输出有实时在线输出和在仿真结束时输出两种方式。当对系统进行动态分析时，往往需要了解各种中间变量或者输出变量的实时变化情况。对于这些变量可以设定在仿真时钟推进的每一或某一时刻输出该变量的瞬时值，即实时在线结果输出，输出的是仿真阶段性的结果。最后在仿真结束时，需要输出最终的仿真结果。目前成熟的仿真软件一般都可以提供多种仿真结果输出形式，如表格输出、直方图、饼图、曲线图等图形，以及数据文件等输出。

2.1.4 离散事件系统仿真方法

离散事件系统仿真与连续系统仿真的方法很不相同。

离散事件系统模型只是一种稳态模型，无须研究状态变量从一种状态变化到另一种状态的过程。而对于连续系统，主要是研究其动态过程，连续系统模型一般要用微分方程描述。

离散事件系统中的变量大多数是随机的，例如实体的"到达"和"服务"时间都是随机变量。仿真实验的目的是力图用大量抽样的统计结果来逼近总体分布的统计特征值，因而需要进行多次仿真和较长时间仿真。

连续系统仿真中采用均匀步长推进仿真钟的原则，则离散事件系统仿真中时间的推进是不确定的，它取决于系统的状态条件和事件发生的可能性。

离散事件系统仿真实质上是对那些由随机系统定义的，用数值方式或逻辑方式描述的动态模型的处理过程。从处理手段上看，离散事件系统仿真方法可分为两类。

1. 面向过程的离散事件系统仿真

面向过程的仿真方法主要研究仿真过程中发生的事件以及模型中实体的活动；这些事件或活动的发生是顺序的。而仿真时钟的推进正是依赖于这些事件和活动的发生顺序，在当前仿真时刻，仿真进程需要判断下一个事件发生的时刻或者判断触发实体活动开始和停止的条件是否满足，在处理完当前仿真时刻系统状态变化操作后，将仿真时钟推进到下一事件发生时刻或下一个最早的活动开始或停止时刻。仿真进程就是不断按发生时间排列事件序列，并处理系统状态变化的过程。

2. 面向对象的离散事件系统仿真

在面向对象仿真中，组成系统的实体以对象来描述。对象有三个基本的描述部分，即属性、活动和消息。每个对象都是一个封装了对象的属性及对象状态变化操作的自主的模块，对象之间靠消息传递来建立联系以协调活动。对象内部不仅封装了对象的属性还封装了描述对象运动及变化规律的内部和外部转换函数。这些函数以消息或时间来激活，在满足一定条件时产生相应的活动。消息和活动可以同时产生，即所谓的并发，但在单 CPU 计算机上，仍须按一定的仿真策略进行调度。在并行计算机和分布式仿真环境中，仿真策略则可以更加灵活、方便。

面向对象的仿真尤其适用于各实体相对独立、以信息建立相互联系的系统中，如航空管理系统、机械制造加工系统以及武器攻防对抗系统等。

2.1.5　离散事件系统仿真策略

仿真算法是确定仿真钟推进的策略的控制方法，是仿真控制的核心。目前最常用的仿真算法有事件调度法（Event Scheduling）、活动扫描法（Activity Scanning）和进程交互法（Process Interaction）。

事件调度法是面向事件的，记录事件发生的过程，处理每个事件发生时系统状态变化的结果。它采用变步长的推进方法，每推进一次仿真钟，对每一个事件发生所引起的状态变化进行记录和处理。它的基本部件包括事件表、事件控制子程序和事件处理子程序。事件表按时间的顺序存放所发生的事件，以及这些事件的相关属性；事件控制子程序根据事件发生的间隔推进仿真钟；事件处理子程序处理每种事件发生时系统状态所发生的变化。

当事件的发生不仅与时间有关，而且还与其他条件有关的情况下，可采用活动扫描法。活动扫描法的基本思想是：系统由成分组成，而成分包围着活动，这些活动的发生必须满足某些条件；每一个主动成分均有一个相应的活动子例程；仿真过程中，活动的发生时间也作为条件之一，而较之其他条件具有更高的优先权。这种方法对于各成分相关性很强的系统来说，模型执行效率高。但用户建模时，除了要对各成分的活动进行建模外，仿真执行程序结构比较复杂，其流程难以控制。

进程交互法是面向进程的，它记录着每个进程推进的过程。由于各进程是并行进行的，为便于计算机处理，进程交互法采用交叉推进的方法推进每一个进程，最终完成全部进程的推进，即完成系统的全部运行。进程交互法包括系统仿真钟、成分仿真钟、条件测试模块、将来事件表、当前事件表、进程表。将来事件表是将来某个时刻发生的事件的记录。当仿真钟开始推进时，将所有成分的事件记录放到将来事件表中。仿真钟推进过程中逐渐将其中的某些成分事件移到当前事件表中。当前事件表是当前时间点开始有资格执行的事件的记录。将时间与活动按时间顺序进行组合,一个成分一旦进入进程,在条件允许的情况下,它将完成该进程的全部活动。

2.2 排队系统建模与仿真

2.2.1 排队系统的概念及特点

排队是我们在日常生活中经常遇到的现象,如顾客到商店买物品,病人到医院看病就常常要排队。一般说来,当某个时刻要求服务的数量超过服务机构的容量时,就会出现排队现象。要求服务的可以是人,也可以是物。例如,在计算机网络系统中,要求传输数据的是各个网络结点,这里的服务机构是网络传输机构,而要求服务的就是等待传输数据的网络结点。此外,电话局的占线问题,车站、码头等交通枢纽的车船堵塞和疏导,故障机器的停机待修,水库的存储调节等都属于排队现象。在各种排队系统中,顾客到达的时刻与接受服务的时间都是不确定的,随着不同时机与条件而变化,因此排队系统在某一时刻的状态也是随机的,排队现象几乎是不可避免的。

排队系统的关键元素是顾客和服务台。顾客可以指到达设施并请求服务的任何事物;服务台可以指能够提供服务的任何资源。排队系统是指物、人及信息等流量元素在流动过程中,由于服务台不足而不能及时为每个顾客服务,产生需要排队等待服务(加工)的一类系统。所以,排队是这些元素在流动、处理过程中常见的现象。这类系统的应用范围也可以扩大到一些大系统中物流问题的研究,如等待装运的物料与运输车辆之间、等待包装的商品与包装设备之间、等待入库的成品与堆垛机之间等,都是排队系统的实例。简单的排队系统可以用数学方法来求解,但复杂的排队系统用数学方法求解就显得困难,而仿真求解可用于各种结构、各种类型的排队系统。

排队系统虽然有各种形式,其复杂程度也有很大不同,但是,排队系统仿真建模却有其共同特点。首先,它们的建模步骤都是相同的。其次,排队系统仿真时钟是跳跃的。这是由于顾客的到来或离开系统的时间在排队系统中都是随机的。在有些时刻,系统中没有事件发生,系统状态没有任何变化,此时系统不必一秒一秒的变化,而是直接跳到下一个状态点;而在另外一个时刻,则有一个或多个事件发生,这些时刻成为特定时刻,系统状态也会随之变化。所以在排队系统的仿真时,仿真时钟只停留在事件发生的时刻上。此外,排队系统有共同及相似的事件类型与处理子程序,到来与离开事件及其处理子程序是所有排队系统共有的,其他事件及相应子程序则因不同类型的排队系统而有不同的内容。

2.2.2 排队系统的基本参数

排队系统典型的形式如图 2.2 所示，系统本身包括了顾客、排队列和服务台三部分。顾客源中的顾客不断到达该系统，并形成队列等待服务，直到服务结束离开，或重返顾客源，或永久离开该系统。排队系统是一个顾客不断到来、排队及服务与离去的动态过程。

图 2.2 排队系统的简单形式描述

这类系统中，最主要的实体就是顾客与服务台（或称服务员）。而在动态随机服务的过程中，还会发生许多客观现象。为了对排队系统有一个清晰确切的描述，需要对其对应的有关概念分别作一介绍。

1. 顾客与顾客源

"顾客"一词在这里是指任何一种需要系统对其服务的实体。顾客可以是人，也可以是零件、机器等物。

顾客源又称为顾客总体，是指潜在的顾客总数，分为有限与无限两类。有限顾客源中的顾客个数是确切或有限的，如一个维修工人负责维修 3 台机器，则这 3 台机器就是一个有限的总体。

在具有较大潜在顾客的系统中，顾客源一般假定为无限的，即不能用确切的或有限的个数或没有办法来预知可能到来的顾客总体。如进入超市的顾客或要求电信局提供通话服务的顾客，即可假定为无限总体，而事实上这些顾客总体虽然很大但仍是有限的。定义其为无限主要是为了简化模型。

之所以区分有限顾客源与无限顾客源，主要是因为这两类系统中顾客到达率（即每单位时间到达顾客的平均数）的计算是不同的。无限顾客源模型中，到达率不受已经进入系统等待或正接受服务的顾客数的影响。而对于有限顾客源模型，到达率往往取决于正在服务或正在等待服务的顾客数。

2. 到达模式

到达模式是指顾客按照怎样的规律到达系统，它一般用顾客相继到达的时间间隔来描述。根据时间间隔的确定与否，到达模式可分为确定性到达与随机性到达。

确定性到达模式指顾客有规则地按照一定的间隔时间到达。这些间隔时间是预先确定的或者是固定的。等距到达模式就是一个常见的确定性到达模式，它表示每隔一个固定的时间段就有一个顾客到达的模式。

随机性到达模式指顾客相继到达的时间间隔是随机的、不确定的。它一般用概率分布来描述，常见的随机性到达模式有以下两种。

（1）泊松到达模式

泊松分布是一种很重要的概率分布，出现在许多典型的系统中，如商店顾客的到来、机器到达维修点等均近似于泊松到达模式。

（2）爱尔朗到达模式

这种到达模式常用于典型的电话系统。

①一般独立到达模式。也称任意分布的到达模式，指到达间隔时间相互独立，分布函数是任意分布的到达模式。这种分布往往可以用一个离散的概率分布加以描述。

②超指数到达模式。主要用于概率分布的标准差大于平均值的情况下。

③成批到达模式。与到达时间间隔的分布无关，只是在每一到达时刻到达的顾客个数不是一个，而是一批。

3. 服务机构

服务机构是指同一时刻有多少服务台可以提供服务，服务台之间的布置关系是什么样的。服务机构不同，则排队系统的结构也不相同。根据服务机构与队列的形成形式不同，常见且比较基本的排队系统的结构一般有以下几种：单队列单服务台结构；多队列单服务台结构；多个服务台串联且每个服务台前有一个队列的结构；多个服务台并联且共同拥有一个队列的机构，多个服务台并联且每个服务台前有一个队列的结构。一个较为复杂的排队系统，其结构往往是由以上几种基本结构组合而成的。

服务机构有两个重要的属性，分别为服务时间和排队规则。

（1）服务时间

服务台为顾客服务的时间可以是确定的，也可以是随机的。后者更为常见，基服务时间往往不是一个常量，而是受许多因素影响不多变化的，这样对这些服务过程的描述就要借助于概率函数。总的来说，服务时间的分布有以下几种：

①定长分布：这是最简单的情形，所有顾客被服务的时间均为某一常数。

②指数分布：当服务时间完全随机的时候，可以用指数分布来表示它。

③爱尔朗分布：它用来描述服务时间的标准差小于平均值的情况。

④超指数分布：与爱尔朗分布相对应，用来描述服务时间的标准差大于平均值的情况。

⑤一般服务分布：用于服务时间是相互独立但具有相同分布的随机情况，上述分布均是一

般分布的特例。

⑥正态分布：在服务时间近似于常数的情况下，多种随机因素的影响使得服务时间围绕此常数值上下波动，一般用正态分布来描述服务时间。

⑦服务时间依赖于队长的情况：即排队顾客越多，服务速度越快，服务时间越短。

（2）排队规则

排队规则是指顾客在队列中的逻辑次序，以及确定服务员有空时哪一个顾客被选择去服务的规则，即顾客按什么样的次序与规则接受服务。

常见的排队规则有以下几类：

①损失制：若顾客来到时，系统的所有服务机构均非空，则顾客自动离去，不再回来。

②等待制：顾客来多时，系统所有的服务台均非空，则顾客就形成队列等待服务，常用的规则如下：

a. 先进先出（FIFO）：即按到达次序接受服务，先到先服务。

b. 后进先出（LIFO）：与先进先出服务相反，后到先服务。

c. 随机服务（SIRO）：服务台空闲时，从等待队列中任选一个顾客进行服务，队列中每一个顾客被选中的概率相等。

d. 按优先级服务（PR）：当顾客有着不同的接受服务优先级时，有两种情况：一是服务台空闲时，队列中优先级最高的顾客先接受服务；二是当有一个优先级高于当前顾客的顾客到来时，按这样的原则处理。

e. 最短处理时间先服务（SPT）：服务台空闲时，首先选择需要最短服务时间的顾客来进行服务。

③混合制：它是损失制和等待制的综合类型。具体包括：

a. 限制队长的排队规则：设系统存在最大允许队长 N，顾客到达时，若队长小于 N，则加入排队，否则自动离去。

b. 限制等待时间的排队规则：设顾客排队等待的最长时间为 T，则当顾客排队等待时间大于 T 时，顾客自动离去。

c. 限制逗留时间的排队规则：逗留时间包括等待时间与服务时间。若逗留时间大于最长允许逗留时间，则顾客自动离去。

2.2.3　排队系统的类型

1. 单服务台排队系统

单服务台结构是排队系统中的最简单的结构形式，在该类系统中有一级服务台，这一级中也只有一个服务台。它的结构如图 2.3 所示。

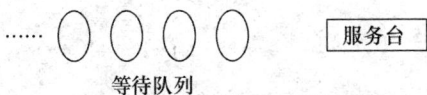

图 2.3　单服务台排队系统结构

2. 单级多服务台排队系统

单级多服务台结构也是经常遇到的一类排队系统形式，它又可分为所有服务台只有一个排队以及每个服务台都有排队的两种不同情况，分别如图 2.4 中的（a）与（b）所示。这里每个服务台的服务时间可以有相同分布或参数，也可以有不同参数甚至不同的分布。在第 1 种排队形式中，无论哪个服务台空闲则有顾客进入服务台，当两个或两个以上服务台空闲时，则可按规则选择进入其中的一个服务台。在第 2 种排队形式中，首先确定该顾客选择哪个服务台，然后根据选择的服务台是"忙"或"闲"决定是接受并开始服务，还是在该服务台前的队列中等待服务。

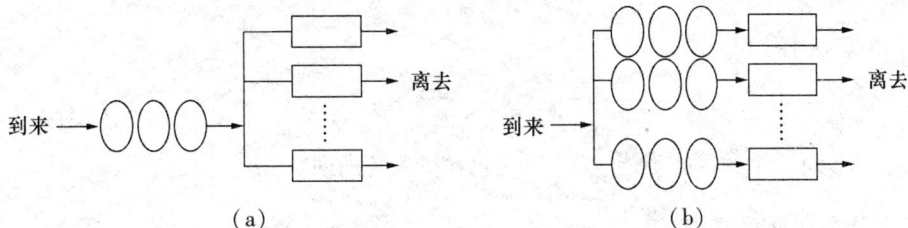

图 2.4　单级多服务台排队系统结构

3. 多级多服务台排队系统

多级多服务台排队系统是排队系统的一类常见形式。图 2.5 表示了一个典型的多级多服务台排队系统，服务台共有 3 级，每级分别由 2 台、3 台和 1 台组成，每级服务台前有一排队，顾客进入系统后逐级进入服务台，逐级服务。如没有空闲的服务台则逐级排队等待，当最后一级服务结束后顾客离开系统。

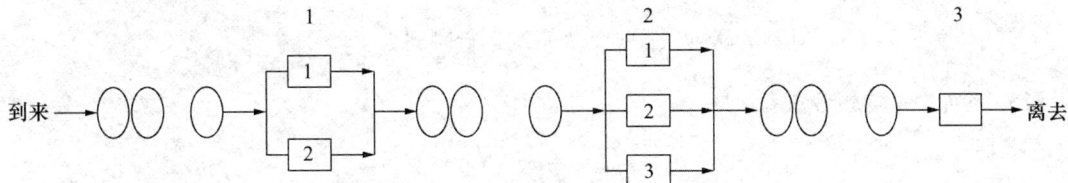

图 2.5　多级多服务台排队系统结构

2.2.4 排队系统的性能指标

排队系统中，除了损失制，排队现象是不可避免的。这是由顾客到达的速率大于服务台进行服务的速率造成的。但是，排队越长则意味着系统服务质量越差，或者说系统效率越低。而盲目增加服务台，虽然队长可以减少，但却有可能造成服务台太多的空闲时间，设备利用率太低。排队系统研究的实质就是要解决上述问题，即合理地解决顾客等待时间与服务台空闲时间的矛盾，使得系统服务质量与设备利用率都达到较高的标准。

排队系统常用的性能指标有：

1. 服务台的利用率 ρ

$$\rho = 平均服务时间 / 平均到达时间间隔 = \lambda / \mu$$

其中，λ 为平均到达速率，μ 为平均服务速率（即单位时间内被服务的顾客数）。

通常情况下，$\rho < 1$。这是其他性能指标存在的前提条件。

2. 平均等待时间 W_q

$$W_q = \lim_{n \to \infty} \sum_{t=1}^{n} D_i / n$$

其中，D_i 为第 i 个顾客的等待时间；n 为已接受服务的顾客数。

3. 平均逗留时间 W

$$W = \lim_{n \to \infty} \sum_{t=1}^{n} W_i / n = \lim_{n \to \infty} \sum_{t=1}^{n} (D_i + S_i) / n$$

其中，W_i 为第 i 个顾客在系统中的逗留时间，它等于该顾客排队等待时间 D_i 和接受服务时间 S_i 之和。

4. 平均队长 L_q

$$L_q = \lim_{t \to \infty} \int_0^T L_q(t) \, dt / T$$

其中，$L_q(t)$ 为 t 时刻的队列长度；T 为系统运行时间。

5. 系统中平均顾客数 L

$$L_q = \lim_{T \to \infty} \int (t) \, dt / T = \lim_{T \to \infty} \int_0^T \left[L_q(t) + S(t) \right] dt / T$$

其中，$L(t)$ 为 t 时刻系统中的顾客数；$S(t)$ 为 t 时刻系统中正在接受服务的顾客数。

6. 忙期（闲期）

忙期是指服务台全部处于非空闲状态的时间段，否则成为非忙期。闲期指服务台全部处于空闲状态的时间段。对于单服务台来说，忙期与闲期交替出现。

　　除以上常见的性能指标外，具体的排队系统还可以根据系统本身的要求，采用其他体现系统性能的指标，如最长队列、顾客在系统中最大的逗留时间等。

2.2.5　排队系统的仿真实例

　　一个拥有一个出纳台的小杂货铺，顾客相隔 1~8 分钟随机到达出纳台，每个到达间隔时间的可能取值具有相同的发生概率，如表 2.1 所示。服务时间在 1~6 分钟间变化见表 2.2。我们是通过仿真 100 个顾客的到达和接受服务来分析该系统的。

表 2.1　　　　　　　　　　　　　　到达间隔时间分布

到达间隔时间（分钟）	概　率	累计概率	随机数字分配
1	0.125	0.125	001~125
2	0.125	0.250	126~250
3	0.125	0.375	251~375
4	0.125	0.500	376~500
5	0.125	0.625	501~625
6	0.125	0.750	626~750
7	0.125	0.875	751~875
8	0.125	1.000	876~000

表 2.2　　　　　　　　　　　　　　服务时间分布

服务时间（分钟）	概　率	累计概率	随机数字分配
1	0.10	0.10	01~10
2	0.20	0.30	11~30
3	0.30	0.60	31~60
4	0.25	0.85	61~85
5	0.10	0.95	86~95
6	0.05	1.00	95~00

　　为了产生到达出纳台的时间，需要一组均匀分布的随机数，这些随机数满足下列条件：

　　①这些随机数在 0~1 之间均匀分布。

　　②相邻的随机数是相互独立的。

　　由于表 2.1 中的概率值精度为 3 位，那么 3 位的随机数就可以满足要求。必须列出 99

系统仿真及其在物流领域中的应用

个随机数以便产生到达间隔时间。为什么仅需要 99 个数呢？因为第一个顾客是假定在 0 时到达的，所以只需要为 100 个顾客产生 99 个到达时间间隔。同样，对于表 2.2，两位的随机数足够了。

表 2.1 和表 2.2 的最右边两栏是用来生成随机到达和随机服务时间的，每个表的第三栏包含了该分布的累计概率。最右边一栏包含了随机数字的分配。在表 2.1 中，首先分配的随机数字是 001～125，这里三位数有 1000 个（001～000）。到达间隔的时间为 1 分钟的概率是 0.125，所以在 1000 个随机数字中有 125 个被分配到这种情况。99 名顾客的到达间隔时间的产生是由表 2.3 列出 99 个三位数字值并将其与表 2.1 的随机数字分配比较得到的。

到达间隔时间的确定如表 2.3 所示。注意，第一个随机数字是 064。为了得到相应的到达间隔时间，进入表的第四栏并从该表的第一栏读取 1 分钟。另一方面，我们看到 0.064 在累积概率 0.001～0.125 之间，作为产生的时间也得到 1 分钟。

前 18 名和第 100 名顾客的服务时间见表 2.4。这些服务时间是根据上述的方法同时借助于表 2.2 产生的。

表 2.3 　　　　　　　　　　　　　　　 **到达间隔时间的确定**

顾客	随机数字	到达间隔时间（min）	顾客	随机数字	到达间隔时间（min）
1	—	—	11	413	4
2	064	1	12	462	4
3	112	1	13	843	7
4	678	6	14	738	6
5	289	3	15	359	3
6	871	7	16	888	8
7	583	5	17	902	8
8	139	2	18	212	2
9	423	4	…	…	…
10	039	1	100	538	5

表 2.4 　　　　　　　　　　　　　　　 **服务时间的生成**

顾客	随机数字	服务时间（min）	顾客	随机数字	服务时间（min）
1	84	4	5	6	1
2	18	2	6	91	5
3	87	5	7	79	4
4	81	4	8	9	1

顾客	随机数字	服务时间（min）	顾客	随机数字	服务时间（min）
9	64	4	15	46	3
10	38	3	16	21	2
11	94	5	17	73	4
12	32	3	18	55	3
13	79	4	…	…	…
14	92	5	100	26	2

第一个顾客的服务时间是 4 分钟，因为随机数字 84 处于 61 ~ 85 之间；或者，换句话说，因为导出的概率 0.84 落在累计概率 0.61 ~ 0.85 之间。

手工仿真的本质是仿真表格。这些仿真表格是为了解决遇到的问题而专门设计的，采用的方法是：增加栏目以回答所提出的问题。第一步是填写第一个顾客所在的单元以初始化表格：第一个顾客假定在 0 时到达，服务马上开始并在时刻 4 结束，第一个顾客在系统中逗留 4 分钟。在第一个顾客以后，表中后续的各行都基于前一顾客的到达间隔时间、服务时间以及服务结束时间的随机数。例如，第二个顾客在时刻 1 到这，但服务不是马上而是直到时刻 4 才开始，因为服务台（出纳员）在该时刻之前一直繁忙。第二个顾客在队列中要等待 3 分钟，服务时间为 2 分钟。这样，第二个顾客在系统中停留 5 分钟。跳到第五个顾客，服务结束于时刻 16，但是第六个顾客要在时刻 18 才到达，那时服务才开始。这样，服务台（出纳员）就要空 2 分钟。这一过程继续到 100 个顾客。最右边增加的两栏用来收集性能统计量度，比如每个顾客在系统中的时间以及服务台从前一顾客离去后的空闲时间（如果有的话）等。为了计算总统计量，表中列出了服务时间、顾客在系统中花费的时间、服务台空闲的时间以及顾客在队列中等待的时间的总数。

从表 2.5 中的仿真得到如下一些结果：

（1）顾客的平均等待时间是 1.74 分钟，依据以下方法计算：

$$平均等待时间（分钟） = \frac{顾客在队列中等待的总时间（分钟）}{总顾客数} = \frac{174}{100} = 1.74（分钟）$$

（2）顾客必须在队列中等待的概率是 0.46，依据以下方法计算：

$$概率(等待) = \frac{等待的顾客数}{总顾客数} = \frac{46}{100} = 0.46$$

（3）服务台空闲的概率是 0.24，依据以下方法计算：

$$服务台空闲的概率 = \frac{服务台空闲的总时间（分钟）}{仿真的总运行时间（分钟）} = \frac{101}{418} = 0.24$$

服务台繁忙的概率就是 0.24 的补集，即 0.76。

表 2.5　　　　　　　　　　　　单通道排队系统的仿真表格

顾客	到达间隔时间（min）	到达时间	服务时间（min）	服务开始时间	顾客在对列中等待的时间（分钟）	服务结束时间	顾客在系统中花费的时间（min）	服务台空闲的时间（min）
1	—	0	4	0	0	4	4	—
2	1	1	2	4	3	6	5	0
3	1	2	5	6	4	11	9	0
4	6	8	4	11	3	15	7	0
5	3	11	1	15	4	16	5	0
6	7	18	5	18	0	23	5	2
7	5	23	4	23	0	27	4	0
8	2	25	1	27	2	28	3	0
9	4	29	4	29	0	33	4	1
10	1	30	3	33	3	36	6	0
11	4	34	5	36	2	41	7	0
12	4	38	3	41	3	44	6	0
13	7	45	4	45	0	49	4	1
14	6	51	5	51	0	56	5	2
15	3	54	3	56	2	59	5	0
16	8	62	2	62	0	64	2	3
17	8	70	4	70	0	74	4	6
18	2	72	3	74	2	77	5	0
19	7	79	1	79	0	80	1	2
20	4	83	2	83	0	85	2	3
⋮	⋮	⋮	⋮	⋮	⋮	⋮	⋮	⋮
100	5	415	2	416	1	418	3	0
Σ	415		317		174		491	101

（4）平均服务时间是 3.17 分钟，依据以下方法计算：

$$平均服务时间(分钟) = \frac{总服务时间(分钟)}{总顾客数} = \frac{317}{100} = 3.17(分钟)$$

这个结果可以和服务时间的期望值相比较，服务时间分布的均值用以下公式计算

$$E(S) = \sum_{s=0}^{\infty} sp(s)$$

对表2.2的分布应用期望值公式，得到

期望服务时间 $= 1 \times 0.10 + 2 \times 0.20 + 3 \times 0.30 + 4 \times 0.25 + 5 \times 0.10 + 6 \times 0.05 = 3.2$（分钟）

期望服务时间要略高于仿真中的平均服务时间。仿真时间越长，平均值将会越接近 E (S)。

（5）平均到达间隔时间是4.19分钟，依据以下方法计算：

$$平均到达间隔时间（分钟） = \frac{所用到达间隔时间总和（分钟）}{到达数 - 1} = \frac{415}{99} = 4.19（分钟）$$

因为第一个顾客是在0时刻到达的，所以分母减去了1。可以通过求离散均匀分布的均值将这个结果和期望到达间隔时间做比较。离散均匀分布的端点是 $a = 1$、$b = 8$，其均值为：

$$E(A) = \frac{a+b}{2} = \frac{1+8}{2} = 4.5（分钟）$$

到达间隔时间的期望值要略高于平均值。仿真时间越长，所得出的期望值就会越接近理论的平均值 E (A)。

（6）有等待的顾客的平均等待时间是3.22分钟，依据以下方法计算：

$$平均等待时间（分钟） = \frac{顾客在队列中等待的总时间（分钟）}{等待的顾客总数} = \frac{174}{54} = 3.22（分钟）$$

（7）顾客在系统中花费的平均时间是4.91分钟。这个值可以由两种方法获得，第一种方法通过下列关系进行计算：

$$花费的平均时间（分钟） = \frac{顾客在系统中花费的总时间（分钟）}{顾客总数} = \frac{491}{100} = 4.91（分钟）$$

第二种方法也会得到同样的结果，基于以下关系的成立：

顾客在系统中花费的平均时间 = 顾客在队列中等待的平均时间 + 顾客接受服务的平均时间

根据结果1和结果4可以得到：

顾客在系统中花费的平均时间 $= 1.74 + 3.17 = 4.91$（分钟）

决策者会对这一类结果满意。但如果增加仿真时间，会使结果更加准确。但是，即便是这样的结果，也能给许多试验性的推断提供依据。大约半数的顾客必须等待，但是平均等待时间并不太长。服务台没有不适当的空闲时间。关于本结果更可信的说法可能取决于在等待的成本和增加服务台的成本之间取得平衡。

2.3　库存系统仿真

库存系统是供应链管理中的重要环节，起到缓冲、调节和平衡的作用。供应链上各节点企业库存水平的高低一方面影响产品的成本，另一方面影响客户服务水平和企业对市场波动的适应能力。现实库存系统多数属于复杂的离散事件系统，具有诸多不确定因素，而且各部分之间的关系复杂。企业在确定安全库存量、采购订货方式的时候遇到了很大的困难，直接表现为没有适当的库存控制策略、库存积压与库存短缺并存等问题。由于库存控制和管理水平还比较低，在国内企业中库存成本过高的现象尤为突出，有的企业库存积压的资金要占到每年销售额的30%以上。

分析库存问题建立合理的库存水平，一直是广受关注的领域。研究者们在库存系统模型、订货策略、库存优化等领域进行了大量工作。常用的库存系统分析方法可以分为解析方法和仿真方法两类。

1. 解析方法

解析方法根据设定的目标函数和约束条件，采用数学规划或者启发式算法来寻找库存水平最低并满足交货期要求的系统方案。库存系统的参数可以是确定性变量，也可以是随机变量。

2. 仿真方法

实际库存系统的结构复杂、环节较多，在模型结构比较复杂或不确定性因素比较多的场合下，采用数学规划或启发式算法进行系统分析会很困难。在这种情况下，使用系统仿真方法还可以克服算法上的困难，具有显著的优越性。系统仿真方法还可以在不同的层次上，分析不同约束条件和输入下系统的动态响应，提供决策支持。

用随机模型表示产品需求和生产过程中的延迟，较好地反映了实际系统的不确定性，真实反应库存系统的特点。随机性库存系统中有很多不确定的随机参数，解析方法的应用受到了很大局限，很难采用数学规划或启发式算法进行准确分析。应用离散系统仿真技术，可以对库存系统全局或局部变量进行分析和优化，例如库存系统规划、库存成本分析、库存控制策略分析等。

2.3.1　库存系统的基本概念

库存问题是物流科学领域研究的重点问题之一。库存系统的研究目的是通过建立库存系统模型来确定库存策略，从而达到满足服务水平和控制库存费用的目标。对库存系统的研究主要有建立计算机仿真模型和建立优化模型两类方法。

库存系统仿真就是利用仿真方法对库存系统进行建模，通过仿真运行结果中的费用指标来对库存策略和库存结构进行评价。

根据现代物流理论的观点，库存系统应具有以下功能：

①调节供需的功能。由于生产活动的节奏与消费活动的节奏因产品的不同而存在着差异。库存系统作为平衡环节能够对此加以调节和控制，从而使得生产和消费协调起来。

②调节货运能力的功能。由于各种运输工具的运量存在着很大的差距，因此在各个运输方式的衔接环节，通常由库存系统来调解和弥补。

根据需求与订货的规律，库存系统分为随机型库存系统和确定型库存系统。随机型库存系统是指库存参数中至少有一个是随机变量的库存模型，即需求发生的时间、每次的需求量、订货时间和订货量以及订货提前期，均有可能是随机的。研究库存系统的目的一般是要确定或比较各种库存策略。对于确定型库存系统，一般采用解析法进行研究。现实的库存系统多数属于随机型库存系统，由于其具有随机复杂性的特点，采用传统的解析方法难以描述系统变量之间复杂的非线性关系，因此需要借助于计算机系统仿真的方法。

2.3.2 库存系统的分类及仿真特点

1. 库存系统的分类

根据需求与订货的规律，可以将库存系统分为确定性库存系统和随机性库存系统两大类。

（1）确定性库存系统

在确定性库存系统中，需求量与需求发生时间，订货量与订货发生时间，从订货到货物入库的时间都是确定的。如果采用安全库存订货策略，库存量随时间的变动如图 2.6 所示，其中 T 为订货周期，Q 为入库量，R 为安全库存量。

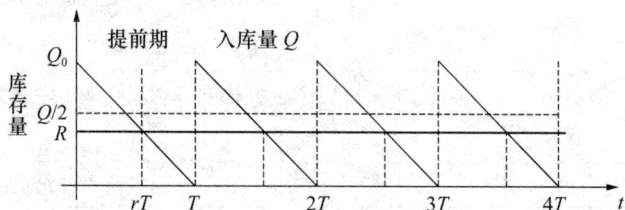

图 2.6　确定性库存系统

（2）随机性库存系统

在随机性库存系统中，需求量与需求发生时间，订货量与订货发生时间，从订货到货物入库的时间都可能是随机的，库存量随时间的变动如图 2.7 所示。

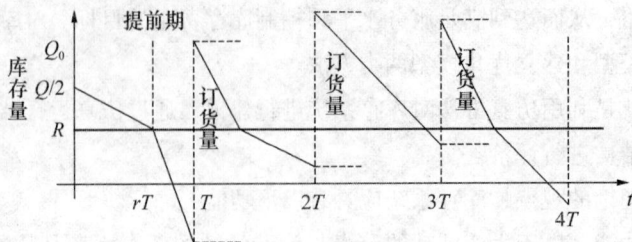

图 2.7　随机性库存系统

2. 库存系统的仿真特点

库存系统是一类不同于排队系统的离散事件系统，它的变化除了具有离散性与随机性外，在仿真建模时有如下特点。

（1）仿真时钟的步进式推进

在库存系统中，由于每个仿真时刻都有需求发生，也就是每个仿真时刻都有事件发生，所以仿真时钟的推进是步进式的，每执行完一个时刻的事件后，仿真时钟加一，到来下一个特定时刻，再执行下一个时刻的事件。

虽然在库存系统中每个特定时刻都需执行需求事件，但对订货事件与到货事件却不是每个特定时刻都必须执行的，这两个事件应登记在事件表中，当执行完需求事件后再查找事件表，决定是否需执行其他两类事件。

（2）事件类型

库存系统中事件有三类，如表2.6所示，不同类库存系统有不同的需求与供给，但事件类型是相同的。

表 2.6　　　　　　　　　　　　　库存系统事件类型

事件类型	性质	事件描述	处理内容
1	原发	需求	根据系统的需求规律求解每个特定时刻的需求量改变库存量
2	原发或1类事件的后续事件	订货	根据订货规则确定订货数量及订货日期
3	原发	到货	改变库存量
4	原发	费用计算	每个时刻其他事件结束后计算当天的费用

①需求事件：其含义是收到货物的需求订单并发出货物。仿真时，处理需求事件需要根据需求规律，得到每个特定时刻的需求量。对于确定性库存系统，通过解析的方法可以得到数学表达式；对一于不确定性库存系统，其需求规律主要是由历史数据经统计分析后得出。当需求事件出现后，产生的结果是系统状态发生变化，即库存量改变。需求事件的发生不受系统中其

他事件的影响，是系统之外的因素所为，故该系统只与时间因素有关，因而，其性质显然是一个原发事件。

②订货事件：其含义是根据需求和现库存量，依据库存管理规则，发出订购货物单。这一事件的性质在不同类型的库存系统中可有不同。要依据事先规定的订货原则，以及库存系统类型而定。对确定性库存系统，其发生可以预先明确，因而在仿真处理时，按原发事件的性质处理；对于随机系统，若采用最低、最高库存控制方法，则最低、最高库存量将成为其是否发生以及订货量的多少的必要约束条件。即当系统的存货低于最低库存量时，则必须补充货物，订货事件才会发生，补充的数量则涉及最高库存量；同时，由于要考虑货物在订货后到达要延迟一段时间，因此，还要根据订货提前时间的分布规律确定此次订货的日期，并计算货物到达的特定时刻。在这种情形下，订货事件不仅是需求事件的后续事件，而且是条件事件。需要明确的是，无论订货事件的性质如何，这一事件的发生并不改变系统状态，不改变库存量。

③到货事件：其含义是订购的货物到达，进入库存。这一事件的发生必然改变系统状态，在特定时刻，库存量发生变化。显然这一事件应是一个原发事件，只是在不同系统中，依据订货提前时间的变化规律，使其发生的特定时刻的获得方法有所不同。在确定性库存系统中，因订货提前时间是固定的，所以其到达时间可以是明确计算的；在随机系统中，由于订货提前时间按统计规律变化，故其发生时刻是根据统计分布规律，由随机数确定，与其他因素无关。

（3）事件表

由于事件类型 1 即需求事件是每个时刻都发生的事件，所以不登记在事件表中，在事件表中仅登记 2 类与 3 类事件。2 类事件订货发生的时刻有两种情况，一种是固定间隔 N，在 T = 0 时发生一个 1 类事件，同时产生一个订货事件，在执行订货事件时要计算 $T_{当前} + T_{间隔(N)} = T_{下一次订货}$，并将下一次订货时间登记在事件表上，此时订货事件是原发事件；在另一种情况下，假如订货时间是根据当前库存量来决定，如当前库存量等于或小于一定的值就需订货，则订货事件就成了 1 类事件的后续事件并且是一个条件事件。在执行订货事件时还需要根据到货时间的分布与参数，计算出到货时刻并登记在事件表上。

（4）费用计算

在库存系统仿真中还有一个每个时刻必须执行的事件就是费用计算。由于它也是每个时刻就执行的，所以不必列在事件表中，但是在执行完其他所有事件后，必须执行该事件。费用计算就是根据该时刻的库存量计算费用，如有订货则计算订货费用。根据当天是否缺货再计算缺货费用，将这一天的所有费用计算出来。

2.3.3　库存系统仿真的建模参数

库存系统仿真的建模参数如表 2.7 所示。

表 2.7   库存系统仿真的建模参数和分类

模型参数	每件货物每月保管费、每件缺货损失费、每件订货费、订货附加费、仓库初始库存量、库存策略数、库存控制量、平均需求间隔时间、需求量、事件发生概率
运行控制参数	仿真运行的长度、运行次数、仿真步长
运行变量	订货数量、实际需求量、动态库存量 I（t）、事件类型数、下一个最早发生的事件类型数、仿真钟的数值、上次改变库存水平的时间、类型为 I 的事件发生的时间、上一次事件发生以来的时间、仿真运行长度单位、仿真运行时间长度
输出变量	第 I 种订货策略的运行总费用、保管费用、订货费用、缺货损失费用、其他数据总计等

1. 模型参数

模型中供应方、仓库、需求方、货物的各单元属性是仿真模型的基本属性，如果属性数据发生改变，则模型本身也发生变化。

仿真模型除了确定各自单元属性外，还需要确定各个单元之间的逻辑关系，比如仓库、需求方和所需求的货物种类会决定需求请求的时间间隔、数量及其缺货损失费，不同的单元之间发生的逻辑关系属性会有不同。如果单元之间的逻辑关系发生变化，仿真模型结构即发生变化。

上述两种属性是仿真模型的基本属性。

2. 仿真控制参数

仿真控制参数将决定仿真运行的时间长短、方式和其他属性。仿真控制参数改变，不改变仿真模型本身，但是改变仿真运行过程。

3. 仿真运行的过程变量

即在仿真运行过程中需要的执行变量，这些变量只在仿真运行过程中使用，可以作为状态记录输出。

4. 仿真运行的结果变量

仿真运行结束后将输出结果数据，结果变量即是在仿真运行中记录结果数据的变量，通常需要根据模型单元属性和仿真运行过程变量计算才能得出，比如仓储费就是根据仓储费用单价属性跟仓储量计算。

2.3.3 确定性库存系统

确定性是指需求量及订货提前期为一个已知的确定量，这样的库存系统的最优库存方案是各项费用之和最少。当一个时期内的产品需求量及订货提前期确定以后，相应的库存成本就基本上确定了。如果暂时不考虑缺货成本，库存成本由产品成本、存储成本和订货成本三部分组成。主要解决的问题是什么时候订货、订多少货；如果允许缺货，允许缺多少货等问题。解决确定性库存问题最常用的模型为 EOQ 模型，即经济订货批量（economic order quantity）模型，经济订货批量是存货维持与订货相结合的使成本最低的补给订货批量。

模型成立需要以下几个假设条件：缺货费用无穷大；当存储降为零时，可以立即得到补充；需求是连续的，均匀的；每次订货量不变；单位存储费不变。由于经济批量模型需要相当严格的假设才能直接应用，所以在其延伸的模型中往往有以下诸多假设：不允许缺货，生产需一定时间；允许缺货（缺货需补充），生产时间很短；允许缺货（需补足缺货），生产需一定时间。不同的假设模型不尽相同。

1. 周期性检查模型

此类模型有六种情形：分不允许缺货、允许缺货、实时补货等三种情况。每种情况又分瞬时到货、延时到货两种情形。

最常用的模型是不允许缺货、瞬时到货型。其最佳订货周期为：$T = \sqrt{\dfrac{2C_0}{C_H D}}$

式中：C_0——单位订货费用（元）；C_H——单位产品库存持有费用（元/件·年）；D——年需求率（件/年）。

2. 连续性检查模型

连续型检查模型需要确定订货点和订货量两个参数。此模型分为六种情形：不允许缺货、瞬时到货型；不允许缺货、延时到货型；允许缺货、瞬时到货型；允许缺货、延时到货型；补货、瞬时到货型；补货、延时到货型。

最常见的连续性检查模型是不允许缺货、瞬时到货型。此情形的模型是最经典的经济订货批量模型（EOQ）。

订货点：$R = LT * D$

最佳订货批量：$Q^* = \sqrt{\dfrac{2DC_0}{C_H}}$

式中：C_0——单位订货费用（元）；C_H——单位产品库存持有费用（元/件·年）；D——年需求率（件/年）；LT——订货提前期。

2.3.4 随机性库存系统

随机库存系统模型最重要的特点是订货提前期、需求量、需求周期这三个方面至少有一个是随机的，其概率或分布是已知的，对于需求通常分为需求是连续和需求是离散两种情况研究。对于这样的随机库存系统，确定性库存系统解析模型不再适用，可供选择的策略主要有三种。第一种策略：定期订货，但订货数量需要根据上一个周期剩下货物的数量决定订货量。剩下的数量少，可以多订货；剩下的数量多，可以少订或者不订货。第二种策略：定点订货，存储量降到某一确定的数量时立即订货，不再考虑间隔的时间。这一数量值称为订货点，每次订货的数量不变。第三种策略：把定期订货和定点订货综合起来的方法，隔一定时间检查一次存储，如果存储数量高于一个数值 s，则不订货。小于时则订货补充存储，订货量要使存储量达到 s，这种策略可以简称为（s，S）存储策略。

另一种更为复杂的模型是具有随机需求过程和随机供货时间的库存模型。由于随机库存模型与排队论和控制论联系紧密，这就需要相当严格的假设才能直接应用，所以在其延伸的模型中往往有以下诸多假设：不允许缺货，生产需一定时间；允许缺货（缺货需补充），生产时间很短；允许缺货（需补足缺货），生产需一定时间。不同的假设模型不尽相同。另外，为了利用特殊的购买形势和单位化特征而必须做出某些调整，与 EOQ 有关的两种调整分别是运量费率和数量折扣。我们常看到一种商品有所谓的零售价、批发价和出厂价，购买同一种商品的数量不同，商品单价也不同，一般情况下购买数量越多，商品单价越低。

2.3.5　库存系统的仿真实例

1. 报纸经销商问题

报纸的订购与销售问题是一个典型的库存问题。报摊以 33 美分买进每张报纸，以 50 美分卖出。当日结束时销售不完的报纸作为废品处理，每份卖 5 美分。报纸以 10 份为一捆订购，因此，报摊可以买 50 份或 60 份，等等。有三种类型的报纸，分别是"良""中"和"差"，它们的概率分别是 0.35、0.45 和 0.20。每天对于报纸需求的分布见表 2.8，要解决的问题是，计算报摊应该订购报纸的最优数量。为完成这项工作进行 20 天的仿真并记录了每天的利润。

表 2.8　　　　　　　　　　　　每天报纸需求量的分布

需　求	需求概率分布		
	良	中	差
40	0.03	0.10	0.44
50	0.05	0.18	0.22
60	0.15	0.40	0.16
70	0.20	0.20	0.12
80	0.35	0.08	0.06
90	0.15	0.04	0.00
100	0.07	0.00	0.00

利润按照以下公式计算：

利润 = （销售收入） − （报纸成本） − （额外需求的利润损失） + （报废报纸的回收费）

根据问题的描述，每份报纸的销售收入是 50 美分，订购每份报纸的成本是 33 美分。未满足的额外需求的利润损失每份是 17 美分。这种短缺损失存在着一些争议，但是会使问题变得更为有趣。报废报纸的回收收入为每份 5 美分。

表 2.9 和表 2.10 提供了报纸类型和需求量的随机数字分配。用仿真解决这一问题，需要设定每天购买的报纸的数量（购买策略），然后进行周期为 20 天时间的报纸需求的仿真来确定总利润。改变购买策略（报纸订购数）为其他的值，然后重新运行仿真直到找出最佳的值。

表 2.9 报纸类型的随机数字分配

报纸类型	概 率	累计概率	随机数字分布
良	0.35	0.35	01 ~ 35
中	0.45	0.80	36 ~ 80
差	0.20	1.00	81 ~ 00

表 2.10 报纸需求的随机数字分配

需 求	累积分布			随机数字分配		
	良	中	差	良	中	差
40	0.03	0.10	0.44	01 ~ 03	01 ~ 10	01 ~ 44
50	0.08	0.28	0.66	04 ~ 08	11 ~ 28	45 ~ 66
60	0.23	0.68	0.82	09 ~ 23	29 ~ 68	67 ~ 82
70	0.43	0.88	0.94	24 ~ 43	69 ~ 88	83 ~ 94
80	0.78	0.96	1.00	44 ~ 78	89 ~ 96	95 ~ 00
90	0.93	1.00	1.00	79 ~ 93	97 ~ 00	
100	1.00	1.00	1.00	94 ~ 00		

表 2.11 为每天订购 70 份报纸的策略的仿真表格。在第一天，报纸的需求量是 80 份，但是仅有 70 份可卖。70 份报纸的销售收入是 35.00 美元，额外需求的 10 份报纸的利润损失是 1.70 美元。这样第一天的利润计算如下：

利润 = 35.00 − 22.20 − 1.70 + 0 = 10.20 （美元）

在第四天，需求小于供应。卖出 50 份报纸的收入是 25.00 美元，20 份报纸按每份 0.05 美元，回收共得 1.00 美元，当天的利润确定如下：

利润 = 25.00 − 22.20 − 0 + 1.00 = 2.90 （美元）

20 天时间的总利润是每天利润的总和，共计 131.00 美元。也可以由仿真的 20 天的总数进行，计算如下：

$$总利润 = 600.00 - 462.00 - 17.00 + 10.00 = 131.00（美元）$$

式中，20 天报纸的总成本为（20 × 0.33 × 70）= 462.00 美元。

一个 20 天仿真结果经过 400 次实验所得平均值为 137.61 美元，与表 2.11 所示的 20 天时间的利润 131.00 美元差别不大，但是一个 20 天仿真的结果有可能出现最大值和最小值，这也证明了进行多次实验的必要性。

表 2.11　订购 70 份报纸的仿真表格　　　　　　　　单位：美元

天	报纸类型的随机数字	报纸类型	需求的随机数字	需求	销售收入	额外需求的利润损失	废品回收收入	每日利润
1	58	中	93	80	35.00	1.70	—	10.20
2	17	良	63	80	35.00	1.70	—	10.20
3	21	良	31	70	35.00	—	—	11.90
4	45	中	19	50	25.00	—	1.00	2.90
5	43	中	91	80	35.00	1.70	—	10.20
6	36	中	75	70	35.00	—	—	11.90
7	27	良	84	90	35.00	3.40	—	8.50
8	73	中	37	60	30.00	—	0.50	7.40
9	86	差	23	40	20.00	—	1.50	-1.60
10	19	良	02	40	20.00	—	1.50	-1.60
11	93	差	53	50	25.00	—	1.00	2.90
12	45	中	96	80	35.00	1.70	—	10.20
13	47	中	33	60	30.00	—	0.50	7.40
14	30	良	86	90	35.00	3.40	—	8.50
15	12	良	16	60	30.00	—	0.50	7.40
16	41	中	07	40	20.00	—	1.50	-1.60
17	65	中	64	60	30.00	—	0.50	7.40
18	57	中	94	80	35.00	1.70	—	10.20
19	18	良	55	80	35.00	1.70	—	10.20
20	98	良	13	40	20.00	—	1.50	-1.60
Σ					600.00	17.00	10.00	131.00

2. 上限订货库存系统的仿真

考虑一个公司销售冰箱的情况。为维护库存,系统每过一段固定的时间都会检查销售情况,然后决定下一步的行动。策略是上限订货(比如上限订货水平为 M,依据下述关系确定订购量:

订购量 = 上限订货水平 − 盘点库存量 + 短缺量

比如说,定义上限订货水平(M)为 11,盘点库存是 3。进一步假设检查周期(N)是 5 天。这样,在每个周期的第 5 天,从供货商那里订购 8 台冰箱。如果第 5 天有 2 台冰箱的短缺,则需要订购 13 台(盘点库存和短缺不可能同时发生)。如果有 3 台冰箱的短缺,则收到的第一批(3 个)冰箱将会首先提供给订货已经到达的客户,这称为"延期交货"。当消费者有需求而库存量又不满足时就会出现失销情况。

每天需要的冰箱量是随机的,其分布见表 2.12 另一个随机性的来源是供货到达前订单交给供货商后的天数,或者称为提前期。表 2.13 为提前期的分布。假设每天结束以后才进行订购,如果提前期为 0 天,则第 2 天早上供应商的冰箱就会运到,并且当天可以销售。如果提前期是 1 天,则冰箱在第 2 个早晨运到,并且当天可以销。

表 2.12   **每日需求的随机数字分配**

需 求	概 率	累计概率	随机数字分配
0	0.10	0.10	01 ~ 10
1	0.25	0.35	11 ~ 35
2	0.35	0.70	36 ~ 70
3	0.21	0.91	71 ~ 91
4	0.09	1.00	92 ~ 00

表 2.13   **提前期的随机数字分配**

提前期(天)	概 率	累计概率	随机数字分配
1	0.6	0.6	1 ~ 6
2	0.3	0.9	7 ~ 9
3	0.1	1.0	0

仿真开始时,库存水平是 3,订购了 8 台冰箱,在 2 天后到达,仿真表格见表 2.14。

对几个选定的天跟踪仿真表格来观察这个过程是如何运行的。在第 1 个周期第 3 天的早上,订购的 8 台冰箱到货,将库存水平从 0 台提升到 8 台。在第 1 个周期剩余的几天期间需求不断将库存减少,到第 5 天,盘点库存下降到了 2 台,所以要订购 9 台。该订单的提前期是 2 天,9 台冰箱在第 2 个周期的第 3 天早晨加入到库存。

系统仿真及其在物流领域中的应用

表 2.14　　　　　　　　　　（M，N）库存系统的仿真表格

天	周期	周期内的天数	初始库存	需求的随机数字	需求	盘点库存	短缺量	订购量	需求的随机数字	提前期（天数）	到货天数
1	1	1	3	26	1	2	0	—	—	—	—
2	1	2	2	68	2	0	0	—	—	—	—
3	1	3	8	33	1	7	0	—	—	—	—
4	1	4	7	39	2	5	0	—	—	—	—
5	1	5	5	86	3	2	0	9	8	2	2
6	2	1	2	18	1	1	0	—	—	—	—
7	2	2	1	64	2	0	1	—	—	—	—
8	2	3	9	79	3	5	0	—	—	—	—
9	2	4	5	55	2	3	0	—	—	—	—
10	2	5	3	74	3	0	0	11	7	2	2
11	3	1	0	21	1	0	1	—	—	—	1
12	3	2	0	43	2	0	3	—	—	—	—
13	3	3	11	49	2	6	0	—	—	—	—
14	3	4	6	90	3	2	0	—	—	—	—
15	3	5	3	35	1	2	0	9	2	1	1
16	4	1	2	08	0	7	0	—	—	—	—
17	4	2	11	98	4	7	0	—	—	—	—
18	4	3	7	61	2	5	0	—	—	—	—
19	4	4	5	85	3	2	0	—	—	—	—
20	4	5	2	81	3	0	1	12	3	1	1
21	5	1	0	53	2	0	3	—	—	—	—
22	5	2	12	15	1	8	0	—	—	—	—
23	5	3	8	94	4	4	0	—	—	—	—
24	5	4	4	19	1	3	0	—	—	—	—
25	5	5	3	44	2	1	0	10	1	1	1
总计						68	9				
平均					2.04	2.72	0.36				

注意，第 4 个周期的第 5 天的初始库存是 2，当天的订货是 3，所以就产生了短缺情况（当天 1 台冰箱需要延期交货）。这样，当天的订购量就是（11 + 1），提前期是 1 天。第二天

（即第 5 个第 1 天）的需求量是 2，增加了短缺。

再下一天（即第 5 个周期的第 2 天）早上订货到达，3 台冰箱用于满足延期交货，当天的需求是 1 台，所以最后的库存是 8。

经过 5 个周期的仿真，平均盘点库存近似为 2.72（68/25）台，在 25 天中有 5 天出现了短缺现象。

在此例中，供货商那边任何时候不能出现多于一个未完成的订单。但是，存在这样一种情况，即提前期如此之长，以至于前面给出的关系式需要修改如下：

订购量 = 上限订货水平 − 盘点库存量 − 已订购量 + 短缺量

这个关系保证了不会出现多余的订购。为了估计在库存盘点时冰箱平均数量的情况，应该进行多次的仿真试验。

2.4　生产物流系统建模与仿真

2.4.1　生产物流系统的基本概念

当前，物流主要应用于两个领域：一是流通物流，也称之为社会物流、大物流，属于宏观物流范畴。宏观物流系统的重要性在于可以很大程度地影响国民经济效益。二是生产物流，主要指企业物流，属于微观物流范畴，包括采购物流、生产物流、销售物流直至回收物流、废弃物回收物流整个过程的物料流动。

从企业的原材料、外购件购进入库起，直到企业成品库的成品发送为止，这一全过程的物流活动称为生产物流。它包括从原材料和协作件的采购供应开始，经过生产过程中半成品的存放、装卸、输送和成品包装，到流通部门的入库验收、分类、储存、配送，最后送到客户手中的全过程，以及贯穿于物流全过程的信息传递。

生产物流是指企业在生产工艺中的物流活动，是与整个生产工艺过程伴生的，实际上已构成了生产工艺过程的一部分。生产物流的概念从不同的角度可以有不同的定义。

1. 从生产工艺角度分析

生产物流是指企业在生产工艺过程中的物流活动，即物料不断离开上一工序进入下一工序，不断发生搬上搬下、向前运动、暂时停滞等活动。其流程为：原材料、燃料、外购件等物料从企业仓库或企业的"门口"开始，进入生产线的开始端，再进入生产加工过程并借助一定的运输装置，一个一个环节地"流"，在"流"的过程中，本身被加工，同时产生一些废料和余料，直到生产加工终结，再"流"至库。

2. 从物流范围分析

企业生产系统中的物料的边界起源于原材料、外购件的投入，止于成品仓库。它贯穿生产全过程，横跨整个企业，其流经的范围是全厂性的、全过程的。物料投入生产后即形成物流，并随时间进程不断改变自己的形态和场所位置。

3. 从物流属性分析

生产物流是生产所需物料在空间和时间上的运动过程，是生产系统的动态表现，换言之，物料（原材料、辅助材料、零配件、在制品、成品）经历生产系统各个生产阶段或工序的全部运动过程就是生产物流。

所谓生产物流是指从工厂的原材料购进、车间生产、半成品与成品的周转直至成品库中成品发送的全过程中的物流活动。因此，生产物流起源于原材料、外购件的投入，止于成品仓库，贯穿于整个生产过程，在整个制造系统中循环反复流动。生产物流担负运输、储存、装卸物料等任务。生产物流系统可以保障生产制造的顺利进行。随着科学技术的进步和管理理论的成熟，生产制造过程中的自动化、柔性化程度越来越高，生产规模越来越大，对生产物流系统的要求也越来越高。

对现代生产物流系统进行仿真，其目的是通过仿真了解物料运输、存储动态过程的各种统计、动态性能。如各种设备的处理能力配套是否满足实际，运输设备的利用率是否合理，输送路线是否通畅，物料流经系统的周期是否过长等。但由于现代生产物流系统具有突出的离散性、随机性的特点，因此人们希望通过对现代物流系统的计算机辅助设计及仿真的研究，将凭经验的猜测从物流系统设计中去除，能使物流合理化进而提高企业生产效率。

2.4.2　生产物流系统仿真特点

企业的生产过程实质上是每一个生产加工过程"串"起来时出现的物流活动。合理组织生产物流活动，使生产过程始终处于最佳状态，是保证企业获得良好经济效果的重要前提之一。要想合理组织生产物流，就要了解生产物流的特性。

①连续性。它是指物料总是处于不停地流动中，包括空间上的连续性和时间上的流畅性。空间上的连续性要求生产过程各个环节在空间布置上合理紧凑，使物料的流程尽可能短，没有迂回现象。时间上的流畅性要求物料在生产过程的各个环节的运动，自始至终处于连续流畅状态，没有或很少有不必要的停顿与等待现象。

②比例性。它是指生产过程的各个工艺阶段之间、各工序之间在生产能力上要保持一定的比例以适应产品制造的要求。比例关系表现在各生产环节的工人数、设备数、生产速率、开动

班次等因素之间的相互协调和适应，所以，比例是相对的、动态的。

③节奏性。它是指在生产过程的各个阶段，从来料加工到产品入库，都能保持有节奏的均衡进行。它要求在相同的时间间隔内生产大致相同数量或递增数量的产品，避免前松后紧的现象。

④柔性。它是指生产过程的组织形式要灵活，能及时适应市场的变化，满足市场发生的新的需求。我们通常称柔性为适应性，即生产物流系统对生产工艺流程变动的反应程度。

加工生产线是典型的离散事件系统。离散事件系统的时间是连续变化的，而系统的状态仅在一些离散的时刻上由于随机事件的驱动而发生变化。由于状态是离散变化的，而引发状态变化的事件是随机发生的，离散事件系统的模型很难用数学方程来描述。因此，根据生产线和装配线各自的主流产品信息、车间空间信息、设备信息和布置设计的要求，进行生产线设备布局设计，然后利用对象类库建立生产系统仿真模型。

生产线规划设计与布局主要是确定生产线的规模、构成和布局，包括加工设备的类型和数量的选择与布局、物流系统的选择与设计、有关辅助设备的确定、系统布局设计等。这些任务之间是相互关联的，其中物流系统的设计是核心，因为其设备的类型和运输方法决定了系统布局形式，并对控制系统体系结构和系统控制策略的设计产生重要的影响。

仿真模型是对问题的直观描述。在生产规划设计与布局的基础上，根据仿真实验框架利用已建好的类库，采用"重用"技术和层次结构，从类库中直接选取并拖动对象放到屏幕的相应位置上，通过连接这些对象，即建立对象之间的输入输出连接关系和它们内部的连接关系，就可以构建一个系统的仿真模型，从而实现生产线面向生产物流系统仿真建模。

2.4.3 生产物流系统仿真的步骤

1. 确定仿真目标

针对所关心的问题不同，建立的系统模型、设定的输入变量、输出变量等都各不相同。因此在进行系统仿真时，首先要确定仿真的目标，也就是仿真要解决的问题，这也是系统调研和建模的依据。

2. 系统分析及抽象简化

系统分析的目的是为了深入了解系统的结构、生产流程、各种建模所需参数等，以便建立准确的、完整的物流系统仿真模型。

由于现实的生产物流系统比较复杂，在仿真技术的运用中，许多环节是没有办法实现的。因此，我们应该根据系统仿真的目标对物流系统进行抽象和简化，将主要因素以及与研究问题相关的要素保留，将其余无关的或是关联性不强的要素舍弃，使得描述的系统精简扼要，这样可以降低仿真模型构建的难度。例如对生产系统的生产效率进行分析的时候，产品的残次品率可以忽略不计，人力资源都是可以不作为考虑的重要因素。同时，我们应该设定一定的仿真约束或前提条件，保证仿真模拟出的系统与现实系统在功能上保持最大化的一致，减少误差。例如对工作时间、机器故障率、物流路径等参数进行限制。

3. 系统模型的建立

①模型建立的思路。系统是由许多子系统所构成的，每个子系统之间相互联系、相互制约，共同实现系统功能。同时该系统也是另一个更大、更高级系统的子系统。因此，在对生产物流系统进行仿真建模时，我们遵循的思路应是：围绕仿真目的，先对子系统建模，然后再对整个系统建模，即由分到总。每个子系统之间都存在一定的逻辑关系，按照对应的关系将各个子模块衔接组合，形成整个生产物流系统的仿真模型。

②子系统的建立。我们将生产物流系统模型划分为3个子系统：物理模型子系统、逻辑控制模型子系统、信息处理及分析子系统。在每个子系统模块下又包含许多的子模块，如图2.8所示。

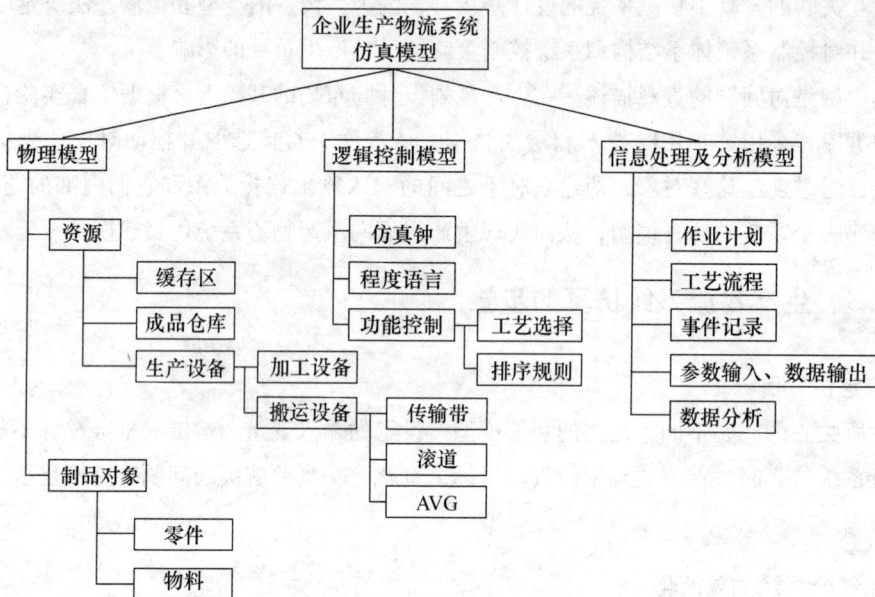

图2.8　企业生产系统仿真模型

a. 物理模型。物流模型主要包括：仓储模块、加工模块、缓冲区以及搬运设备模块等。它们构成了仿真模型的实体框架部分。

b. 逻辑控制模型。逻辑控制模型主要包括：仿真钟、功能控制模块、语言编程模块等。它们是实现生产物流系统功能的关键。

仿真时钟是仿真运行的基础条件，它主要有两种推进方式：一种是按下一最早发生事件的发生时间推进，另一种是固定增量推进方法。根据生产系统的实际情况进行选择仿真时间钟的推进方式，一般来说事件调度法比较适合大多数的离散事件系统，而固定增量推进法则适用于系统事件发生时间具有较强周期性的模型中。

c. 信息处理及分析模型。信息处理及分析模型主要包括：加工计划、工艺流程、事件记录、数据输入输出、数据分析等模块。

4. 模型的验证及运行

完成以上各子模块模型的构建之后，我们就将其组合成整个生产系统模型框架，并运行该模型，检验它的性能，通过分析结果来判定模型是否如期望的那样运行，是否符合真实的系统实际情况。

2.4.4 生产系统仿真实例

一台铣床有三个不同的轴承，它们在服务时会失效。每个轴承的寿命的分布是一样的，如表 2.15 所示。当一个轴承失效时铣床停止工作，然后就会打电话要求维修，安装新的轴承。维修人员到达铣床的延迟时间也是一个随机变量，其分布如表 2.16 所示。铣床在停工期损失的费用是每分钟 10 美元，维修工人在现场的费用是每小时 30 美元。换一个轴承需要 20 分钟，换两个轴承需要 30 分钟，换三个轴承需要 40 分钟。一种建议是在任何一个轴承坏掉的情况下更换所有的轴承。管理层需要对这一建议做出评估，每 10000 小时（运转时间）的总费用可以作为评价的准则。

表 2.15 轴承寿命的分布

轴承寿命（小时）	概 率	累计概率	随机数字分配
1000	0.10	0.10	01 ~ 10
1100	0.13	0.23	11 ~ 23
1200	0.25	0.48	24 ~ 48
1300	0.13	0.61	49 ~ 61
1400	0.09	0.70	62 ~ 70
1500	0.12	0.82	71 ~ 82
1600	0.02	0.84	83 ~ 84
1700	0.06	0.90	85 ~ 90
1800	0.05	0.95	91 ~ 95
1900	0.05	1.00	96 ~ 00

表 2.16　　　　　　　　　　　　　　　　延迟时间的分布

延迟时间（分钟）	概　率	累计概率	随机数字分配
5	0.6	0.6	1 ~ 6
10	0.3	0.9	7 ~ 9
15	0.1	1.0	0

　　表 2.17 所示为当前的运行情况下 15 次轴承更换的仿真过程。注意，有多个轴承同时发生故障的情况。这恐怕与实际发生的情况不同，是因为轴承寿命的估计比较粗略，按 100 个小时为档。本例还假设失效时间不会完全相同，也就是说最多只有一个轴承是在停机的时候被更换的。当前系统的费用估计如下：

　　轴承的费用 = 45 个轴承 × 32 美元/轴承 = 1440 美元

　　延误时间的费用 = （110 + 110 + 105）分钟 × 10 美元/分钟 = 3250 美元

　　停机修复时间内的损失 = 45 个轴承 × 20 分钟/轴承 × 10 美元/分钟 = 9000 美元

　　修理人员的费用 = 45 个轴承 × 20 分钟/轴承 × 30 美元/60 分钟 = 450 美元

　　总费用 = 1440 美元 + 3250 美元 + 9000 美元 + 450 美元 = 14140 美元

　　轴承的总寿命是（22300 + 18700 + 18600）= 59600 小时。所以 10000 个小时的总费用是（14140/5.96）= 2372 美元。

表 2.17　　　　　　　　　　　　　　　当前方法下的轴承更换

	轴承 1				轴承 2				轴承 3			
	随机数字	寿命（h）	随机数字	延迟（min）	随机数字	寿命（h）	随机数字	延迟（min）	随机数字	寿命（h）	随机数字	延迟（min）
1	67	1400	7	0	71	1500	8	10	18	1100	6	5
2	55	1300	3	5	21	1100	3	5	17	1100	2	5
3	98	1900	1	5	79	1500	3	5	65	1400	2	5
4	76	1500	6	5	88	1700	1	5	3	1000	9	10
5	53	1300	4	5	93	1800	0	15	54	1300	8	10
6	69	1400	8	10	77	1500	6	5	17	1100	3	5
7	80	1500	5	5	8	1000	9	5	19	1100	6	5
8	93	1800	7	10	21	1100	8	10	9	1000	7	10
9	35	1200	0	15	13	1100	3	5	61	1300	1	5
10	2	1000	5	5	3	1100	2	5	84	1600	0	15
11	99	1900	9	10	14	1000	1	5	11	1100	6	5

	轴承 1				轴承 2				轴承 3			
	随机数字	寿命（h）	随机数字	延迟（min）	随机数字	寿命（h）	随机数字	延迟（min）	随机数字	寿命（h）	随机数字	延迟（min）
12	65	1400	4	5	5	1000	0	15	25	1200	2	5
13	53	1300	7	10	29	1200	2	5	86	1700	8	10
14	87	1700	1	5	7	1000	4	5	65	1400	3	5
15	90	1700	2	5	20	1100	3	5	44	1200	4	5
Σ				110				110				110

表 2.18 是一个建议方案的仿真。注意，随机数字并没有显示出来。对第一组轴承，最早的故障时间是在第 1000 个小时。在那个时刻，所有的轴承都被更换，虽然其余轴承还有更长的寿命（比如，轴承 1 就还会有 700 个小时的寿命）。

建议系统的费用估计如下：

轴承的费用 = 45 个轴承 × 32 美元/轴承 = 1440 美元

延误时间的费用 = 110 分钟 × 10 美元/分钟 = 1100 美元化

停机修复时间内的损失 = 15 组 × 40 分钟/组 × 10 美元/分钟 = 6000 美元

修理人员的费用 = 15 组 × 49 分钟/组 × 30 美元/60 分钟 = 300 美元

总费用 = 1400 美元 + 1100 美元 + 6000 美元 + 300 美元 = 8840 美元

轴承的总寿命是（17000 × 3）= 51000 小时。所以 10000 个小时的总费用是（8840/5.1）= 1733 美元。

新的策略在每 10000 个小时内节省了 634 美元。如果机器连续不停地运转，则每年大约节省 556 美元。

表 2.18 　　　　　　　　　　　建议方案下的轴承更换

	轴承 1 寿命（小时）	轴承 2 寿命（小时）	轴承 3 寿命（小时）	第一次故障（小时）	延迟（分钟）
1	1700	1100	1000	1000	10
2	1000	1800	1200	1000	5
3	1500	1700	1300	1300	5
4	1300	1100	1800	1100	5
5	1200	1100	1300	1100	5
6	1000	1200	1200	1000	10

	轴承 1 寿命（小时）	轴承 2 寿命（小时）	轴承 3 寿命（小时）	第一次故障（小时）	延迟（分钟）
7	1500	1700	1200	1200	5
8	1300	1700	1000	1000	10
9	1800	1200	1100	1100	15
10	1300	1300	1100	1100	5
11	1400	1300	1900	1300	10
12	1500	1300	1400	1300	5
13	1500	1800	1200	1200	10
14	1000	1900	1400	1000	5
15	1300	1700	1700	1300	5
总计					100

2.5　手工仿真

2.5.1　手工仿真步骤

①确定仿真的每个输入的特征。

②构造一个仿真表。

③对每一重复运行 i，为每一组由 p 个输入产生一个值，并评价其功能，计算响应 yi 的值。

2.5.2　手工仿真案例

1. 理发店系统手工仿真

（1）模型基本介绍

仿真方法：手工仿真。

仿真初始条件：系统中没有顾客，即：排队的队列中没有顾客等待，服务台无服务对象。

仿真开始：以第一个顾客到达时刻为仿真的起始点。

实体：顾客、服务员；状态：系统中的顾客数、服务员忙闲事件：到达事件、离开事件（完成服务）；活动：服务。

（2）确定输入数据的特征

①假定：到达事件 – 顾客到达间隔时间为 1 ~ 8 分钟的均匀分布到达，如表 2.19 所示。

表 2.19　到达间隔时间分布

到达间隔时间/min	概　率	累计概率	随机数区间
1	0.125	0.125	001 ~ 125
2	0.125	0.250	126 ~ 250
3	0.125	0.375	251 ~ 375
4	0.125	0.500	376 ~ 500
5	0.125	0.625	501 ~ 625
6	0.125	0.750	626 ~ 750
7	0.125	0.875	751 ~ 875
8	0.125	1.000	876 ~ 1000

②到达事件的产生如表 2.20 所示。

表 2.20　到达间隔时间的确定

顾客	随机数字	到达间隔时间/min	顾客	随机数字	到达间隔时间/min
1	—	—	6	309	3
2	913	8	7	922	8
3	727	6	8	753	7
4	015	1	9	235	2
5	948	8	10	302	3

③服务事件如表 2.21 所示。

表 2.21　服务时间分布

服务时间/min	概　率	累计概率	随机数区间
1	0.10	0.10	01 ~ 10
2	0.20	0.30	11 ~ 30
3	0.30	0.60	31 ~ 60
4	0.25	0.85	61 ~ 85
5	0.10	0.95	86 ~ 95
6	0.05	1.00	96 ~ 100

④服务事件的产生如表 2.22 所示。

表 2.22　　　　　　　　　　　　　　服务时间确定

顾客	随机数字	服务时间/min	顾客	随机数字	服务时间/min
1	84	4	6	79	4
2	10	1	7	91	5
3	74	4	8	67	4
4	53	3	9	89	5
5	17	2	10	38	3

（3）构造仿真表及重复运行结果如表 2.23 所示。

表 2.23　　　　　　　　　　　　　　　仿真表　　　　　　　　　　　　　　单位：min

顾客	到达时间间隔	到达时刻	服务开始时刻	服务时间	等待时间	服务结束时间	逗留时间	服务员空闲时间
1	—	0	0	4	0	4	4	0
2	8	8	8	1	0	9	1	4
3	6	14	14	4	0	18	4	5
4	1	15	18	3	3	21	6	0
5	8	23	23	2	0	25	2	2
6	3	26	26	4	0	30	4	1
7	8	34	34	5	0	39	5	4
8	7	41	41	4	0	45	4	2
9	2	43	45	5	2	50	7	0
10	3	46	50	3	4	53	7	0
Σ				35	9		44	18

（4）仿真结果计算

计算顾客的平均等待时间，顾客的等待概率，服务员空的概率，平均服务时间。

①全部顾客的平均等待时间为 $9/10 = 0.9$（min）。

②顾客必须在队中等待的概率为 $3/10 = 0.3$。

③服务员空概率为 $18/53 = 0.34$；服务员忙碌概率为 $1 - 0.34 = 0.56$。

④平均服务时间为 $35/10 = 3.5$（min）。

这个结果可和服务时间分布的均值进行比较

$$T_s = E[t_s] = \sum_{i=0}^{\infty} t_s P(t_s)$$

应用表 2.21 求分布的期望值可得期望服务时间为 $1 \times 0.10 + 2 \times 0.20 + 3 \times 0.30 + 4 \times 0.25 + 5 \times 0.1 + 6 \times 0.05 = 2.3$（min），期望服务时间稍小于仿真的平均服务时间，随着仿真时间增加，将越接近于均值 $E[t_s]$。

⑤平均到达间隔时间为 $46/9 = 5.1$（min）。

分母减 1 是因为第一个到达时间规定出现在时刻 0，这个结果和离散均匀分布求得的均值（期望到达间隔时间）相比较，这个均匀分布的端点为 $a = 1$ 和 $b = 8$，于是均值为

$$T_w = E[t_w] = \frac{a+b}{2} = 4.5 (\text{min})$$

期望到达间隔时间稍低于仿真的平均值，同样在更长的时间的仿真中，到达间隔时间的均值应接近于理论均值。

⑥在队列的排队顾客的平均等待时间为 $9/3 = 3$（min）。

⑦顾客在系统中逗留的平均时间为 $44/10 = 4.4$（min）。

2. 汽车加油站系统手工仿真

（1）模型基本介绍

一个汽车加油站有 A、B 两个加油工作台。A 台距入口近，出口较 B 台方便，如 A、B 都空闲，A 优先被占用；都忙，汽车排队等待。仿真的目的是分析系统中车辆平均排队时间和加油工作台的利用率。

系统状态：通过一组变量来描述：

LQ（t）表示在 t 时刻等待服务的汽车数；

LA（t）表示在 t 时刻 A 台忙或闲（1 或 0）；

LB（t）表示在 t 时刻 B 台忙或闲（1 或 0）。

（2）确定输入数据的特征

①汽车随机到达，到达间隔时间分布如表 2.24 所示。

表 2.24　　　　　　　　　　　到达间隔时间分布

到达间隔时间/min	概　率	累计概率	随机数区间
1	0.25	0.25	01 ~ 25
2	0.40	0.65	26 ~ 65
3	0.20	0.85	66 ~ 85
4	0.15	1.00	86 ~ 00

②汽车在 A、B 工作台的加油时间分布如表 2.25 所示。

表 2.25　　　　　　　　　　　　服务分布时间（min）

A 服务分布时间（min）				B 服务分布时间（min）			
服务时间	概率	累计概率	随机数	服务时间	概率	累计概率	随机数
2	0.30	0.30	01~30	3	0.35	0.35	01~35
3	0.28	0.58	31~58	4	0.25	0.60	36~60
4	0.25	0.83	59~83	5	0.20	0.80	61~80
5	0.17	1.00	84~00	6	0.20	1.00	81~00

（3）构造仿真表及重复运行结果如表 2.26 所示。

表 2.26　　　　　　　　　　汽车加油站模拟表（两台加油设备）

顾客编号	到达随机数	到达间隔	到达时钟时间	服务随机数	A			B			排队时间
					开始服务时间	服务时间	完成服务时间	开始服务时间	服务时间	完成服务时间	
1	—	—	—	95	0	5	5	—	—	—	0
2	26	2	2	21	—	—	—	2	3	5	0
3	98	4	6	51	6	3	9	—	—	—	0
4	90	4	10	92	10	5	15	—	—	—	0
5	26	2	12	89	—	—	—	12	6	18	0
6	42	2	14	38	15	3	18	—	—	—	1
7	74	3	17	13	18	2	20	—	—	—	1
8	80	3	20	61	—	—	—	20	5	25	0
9	68	3	23	50	—	—	—	23	4	27	0
10	22	1	24	49	24	3	27	—	—	—	0
11	48	2	26	39	—	—	—	27	4	31	1
12	34	2	28	53	28	3	31	—	—	—	0
13	45	2	30	88	—	—	—	31	6	37	0
14	24	1	31	1	31	2	33	—	—	—	1
15	34	2	33	81	33	4	37	—	—	—	0
16	63	2	35	53	—	—	—	37	4	41	2
17	38	2	37	81	37	4	41	—	—	—	0
18	80	3	40	64	—	—	—	41	5	46	1
19	42	2	42	1	42	2	44	—	—	—	0

续表

顾客编号	到达随机数	到达间隔	到达时钟时间	服务随机数	A			B			排队时间
					开始服务时间	服务时间	完成服务时间	开始服务时间	服务时间	完成服务时间	
20	56	2	44	67	44	4	48	—	—	—	0
21	89	4	48	1	—	—	—	48	3	51	0
22	18	1	49	47	49	3	52	—	—	—	0
23	51	2	51	75	—	—	—	51	5	56	0
24	71	3	54	57	54	3	57	—	—	—	0
25	16	1	55	87	—	—	—	56	6	62	1
26	92	4	59	47	59	3	62	—	—	—	0
Σ					450	49	499	348	51	399	8

（4）仿真结果计算

①全部加油车辆的平均等待时间为 $8/26 = 0.307$。

②加油车辆的平均被服务时间为 $(51 + 49)/26 = 3.846$。

③车辆的总等待时间为 8。

④等待队列长度为 2。

⑤A 设备忙的概率为 $1 - 51/62 = 0.177$。

⑥B 设备忙的概率为 $1 - 49/62 = 0.209$。

第 3 章

物流系统仿真中的概率理论

　　在对现实世界的现象进行建模的时候，完整地预测所研究系统中的实体行为的情形是很少见的。建模者看到的世界是随机的而不是确定的，变化的原因有很多。例如，一个维修工人修理一台出故障的机器所需花费的时间是随机复杂性的函数，复杂性包括维修工人是否带了合适的替换零件和工具到维修地点、在维修过程当中是否有其他维修工人请求帮助、机器的操作者是否学习过设备维护课程等。对于建模者来说，这些变化看起来是偶然出现的，并且不能预测。然而，一些统计模型可以较好地描述修理所需的时间。

　　通过对感兴趣的现象进行取样，可以开发出一个适当的模型。之后，通过有根据的推测（或者用统计软件分析），建模者可以选择一个已知的概率分布形式，进行该分布的参数估计，然后测试拟合程度的优劣，最后通过不断的努力以选择合适的分布形式，一个假定的模型就会被采用。本章将介绍物流仿真中常用的概率知识。

3.1　概率统计基本概念

3.1.1　随机变量的概念及分类

　　定义在样本空间 Ω 上的一个实值函数 $X = X(\omega)$，使随机试验的每一个结果 ω 都可用一个实数 $X(\omega)$ 来表示，且实数 X 满足：①X 是由 ω 唯一确定；②对于任意给定的实数 x，事件 $\{X \leqslant x\}$ 都是有概率的，则称 X 为一个随机变量，一般用大写字母 X、Y、Z 等表示。

　　引入随机变量后，随机事件就可以通过随机变量来表示，这样，我们就把对事件的研究转化为对随机变量的研究。随机变量作为样本点的函数，有两个基本特点：一是变异性，对于不同的试验结果，它可能取不同的值，因此是变量而不是常量；二是随机性，由于试验中究竟出现哪种结果是随机的，因此该变量究竟取何值是在试验之前无法确定的，直观上，随机变量就是取值具有随机性的变量。

根据取值情况，随机变量可以分为离散型和非离散型两大类，非离散型又可分为连续型和混合型两大类。离散型随机变量的所有可能取值为有限个或至多无穷可列个；非离散型随机变量的情况比较复杂，它的所有可能取值不能够一一列举出来。其中的一种对于实际应用最重要，称为连续型随机变量，其值域为一个或若干个有限或无限区间。由于在实际工作中我们经常遇到的是离散型和连续型的随机变量，因此一般情况下我们仅讨论这两个类型的随机变量。

3.1.2　随机变量的分布函数及其性质

定义：设 X 为一随机变量，x 是任意实数，称函数

$$F(x) = P(X \leq x) \quad (-\infty < x < +\infty)$$

为随机变量 X 的分布函数。

分布函数是一个以全体实数为其定义域，以事件 $\{\omega | \infty < X(\omega) \leq \infty\}$ 的概率为函数值的一个实值函数。分布函数具有以下的基本性质：

① $0 \leq F(x) \leq 1$；

② $F(x)$ 是非减函数；

③ $F(x)$ 是右连续的；

④ $\lim\limits_{x \to -\infty} F(x) = 0, \lim\limits_{x \to +\infty} F(x) = 1$；

设随机变量 X 的分布函数为 $F(x)$，则可用 $F(x)$ 来表示下列概率：

① $P(X \leq a) = F(a)$；

② $P(X < a) = F(a - 0)$；

③ $P(X > a) = 1 - P(X \leq a) = 1 - F(a)$；

④ $P(X \geq a) = 1 - P(X < a) = 1 - F(a - 0)$；

⑤ $P(X = a) = P(X \leq a) - P(X < a) = F(a) - F(a - 0)$；

⑥ $P(|X| < a) = P(-a < X < a) = P(X < a) - P(X \leq -a) = F(a - 0) - F(-a)$。

3.1.3　离散型随机变量

1. 离散型随机变量的定义

如果随机变量 $X(\omega)$ 所有可能取值是有限个或可列多个，则称 $X(\omega)$ 为离散型随机变量（discrete random variable）简写作 $d.r.v.$。

定义：设离散型随机变量（$d.r.v.$）$X(\omega)$ 所有可能取的值为 $x_k, k \in N = \{1, 2, \cdots\}$，$X(\omega)$ 取各个值的概率为：

$$P\{X = xk\} = pk, k \in N$$

称 $P\{X = x_k\} = p_k (k \in N)$ 为 $d.r.v X(\omega)$ 的概率分布或分布律。

$d.r.v\ X(\omega)$ 的概率分布反映了它取各种可能值的概率分配，包含了它的全部概率信息。由概率定义，易知 p_k 满足如下两个条件：

① $p_k \geq 0, k \in N$（非负性）

② $\sum_{k=1}^{\infty} p_k = 1$ （归一性）

分布律也可以用表格形式来表示：

X	x_1	x_2	x_3	$\cdots$	x_k
P_k	p_1	p_2	p_3	$\cdots$	p_k

2. 几种重要的离散型随机变量的概率分布

（1）二点分布

若 $r.v.X$ 只取 1 和 0 两个值，且 $P(X = 1) = p, P(X = 0) = 1 - p, (0 \leq p \leq 1)$，则称 $r.v.X$ 服从参数为 p 的二点分布，简记为：$X \sim B(1, p)$。

（2）二项分布（Binomial distribution）

若 $r.v.X$ 满足：

$$P(X = k) = C_n^k p^k (1 - p)^{n-k}, \quad k = 0, 1, 2, \cdots, n$$

则称 $r.v.X$ 服从参数为 (n, p) 的二项分布，又称为贝努利分布（Bernoulli 分布），简记为：$X \sim B(n, p)$。

泊松（Poisson）定理：设 $\lambda > 0$ 是一个常数，n 是任一正整数，设 $p_n = \lambda/n$，则对任一固定的非负整数 k，有

$$\lim_{n \to \infty} C_n^k p_n^k (1 - p_n)^{n-k} = \frac{\lambda^k e^{-\lambda}}{k!}$$

（3）泊松（poisson）分布

若 $r.v.X$ 满足：

$$P\{X = K\} = \frac{\lambda^k e^{-\lambda}}{k!}, \qquad k \in N_0 = \{0, 1, 2, \cdots\}$$

其中 $\lambda > 0$ 是常数，则称 X 服从参数为 λ 的泊松分布，记为 $X \sim P_o(\lambda)$。

（4）超几何分布

设 N 个元素分为两类：有 N_1 个属于第一类，有 N_2 个属于第二类（$N_1 + N_2 = N$），从中采取不重复抽样方式任取 n 个，令 X 表示这 n 个元素中第一类元素的个数，则 X 的分布称为超几

何分布，其分布律为：

$$P\{X = k\} = \frac{C_{N_1}^k C_{N_2}^{n-k}}{C_N^n} \qquad k = 0.1.2\cdots\min\{n, N_1\}$$

（5）若 $d.r.v. X$ 取值正整数，且满足：

$$P\{X = k\} = (1 - p)^{k-1}p, \qquad k = 1, 2, \cdots (0 \leqslant p \leqslant 1)$$

则称 $r.v. X$ 服从参数为 p 的几何分布，记为 $X \sim G(p)$。

3.1.4 连续型随机变量

1. 连续型随机变量的定义

若对于 $r.v. X$，存在一定义在 R 上的非负函数 $f(x)$，使对 $a \in R$，满足：

$$P(X \leqslant a) = \int_{-\infty}^a f(x) dx$$

则称 X 为连续型随机变量，简记：$c.r.v. X$；其中函数 $f(x)$ 称为 X 的概率密度函数 （probability density function，简记为 p.d.f.），简称概率密度。

由定义易知，概率密度具有下列性质：

① $f(x) \geqslant 0$（非负性）。

② $\int_{-\infty}^{+\infty} f(x) dx = 1$（归一性）。

③ $P(a < X \leqslant b) = \int_a^b f(x) dx (a \leqslant b)$。

④ 如果 $r.v. X(\omega)$ 有概率密度 $f(x)$，则 $P\{\omega, X(\omega) = a\} = 0, (\forall a \in R)$。

⑤ 若 $f(x)$ 在 x 处连续，则：$f(x) = \underset{h \to 0}{Lim} \dfrac{P(x < X \leqslant x + h)}{h}$ （＊）。

2. 几种连续型随机变量的分布

（1）均匀分布（Uniform distribution）

若连续型随机变量 X 具有概率密度：

$$f(x) = \begin{cases} \dfrac{1}{b-a} & x \in [a, b] (a < b) \\ 0 & 其他 \end{cases}$$

则称 X 在区间 $[a, b]$ 上服从均匀分布，记作 $X - U[a, b]$。

（2）指数分布（Exponential distribution）

若连续型随机变量 X 的概率密度函数为：

$$f(x) = \begin{cases} \lambda e^{-\lambda x}, & x \geqslant 0 \\ 0, & \text{其他} \end{cases},$$

其中 $\lambda > 0$ 为常数，则称 X 服从参数为 λ 的指数分布，记作 $X \sim Ex(\lambda)$。

（3）正态分布（Normal distribution）

若连续型随机变量 X 的概率密度为：

$$f(x) = \frac{1}{\sqrt{2\pi}\sigma} e^{\frac{(x-\mu)^2}{2\sigma^2}} \qquad -\infty < x < +\infty$$

其中 μ, σ 为常数且 $\sigma > 0$，则称 X 服从参数为 (μ, σ^2) 的正态分布或高斯（Gauss）分布，记为 $X \sim N(\mu, \sigma^2)$。

特别地，若 $X \sim N(0, 1^2)$ 即 X 服从参数 $\mu = 0$，$= 1$ 的正态分布，则称 X 为标准正态分布。称

$$\phi(x) = \frac{1}{\sqrt{2\pi}} e^{\frac{x^2}{2}}$$

为标准正态概率密度函数。

3.1.5 随机变量的函数的分布

设 $f(x)$ 是定义在随机变量 X 的一切可能值 x 的集合上的函数，如果当 X 取值 x 时，随机变量 Y 的取值为 $y = f(x)$，那么我们称 Y 是一维随机变量 X 的函数，记作 $Y = f(X)$。

1. 离散型随机变量的函数的分布

设离散型随机变量 X 的概率分布为：

X	x_1	x_2	x_3	$\cdots$	x_k	$\cdots$
概率	p_1	p_2	p_3	$\cdots$	p_k	$\cdots$

$Y = f(X)$ 为随机变量 X 的函数，当 $r.v. X$ 取的它的某一可能值 xk 时，$r.v. Y = f(X)$ 取 $yk = f(xk)$，如果 yk 的值互不相等，则 $P\{Y = yk\} = P\{X = xk\}(k = 1, 2, \cdots)$，得 $r.v. Y = f(X)$ 的概率分布为：

$Y = f(X)$	$y_1 = f(x_1)$	$y_2 = f(x_2)$	$\cdots$	$y_k = f(x_k)$	$\cdots$
概率	p_1	p_2	$\cdots$	p_k	$\cdots$

若有 $x_i \neq x_j$ 而 $f(x_i) = f(xj)(i \neq j)$，则应把那些相等的值分别合并起来，并根据概率的加法公式把对应的概率相加，就可得 $Y = f(X)$ 的概率分布。

2. 连续型随机变量的函数的分布

设连续型随机变量 X 的概率密度函数为 $f(x)$，$y = g(x)$ 是一连续函数，则 $Y = g(X)$

也是连续型随机变量。求 Y 的概率密度函数有两种方法。

（1）公式法

设 X 为连续型随机变量，其概率密度函数为 $f_x(x)$，又设 $y = g(x)$ 处处可导，且严格单调，则 $Y = g(X)$ 也是一个连续型随机变量，它的概率密度函数为：

$$f_Y(y) = \begin{cases} f_x[h(y)] \mid h'(y) \mid, & \alpha < y < \beta \\ 0, & \text{其他} \end{cases}$$

其中 $h(y)$ 是 $g(x)$ 的反函数，$\alpha = \min\{g(-\infty), g(+\infty)\}, \beta = \max\{g(-\infty), g(+\infty)\}$。

（2）分布函数法

根据随机变量 X 的概率密度函数 $f_X(x)$ 寻找随机变量 $Y = g(X)$ 的概率密度函数 $f_Y(y)$，关键在于把 $Y = g(X)$ 的分布函数在 y 的函数值 $F_Y(y)$ 转化为 X 的分布函数在 $g^{-1}(y)$ 处的值 $F_X[g^{-1}(y)]$，这就建立了分布函数之间的关系，然后利用分布函数的定义以及分布函数与密度函数的关系，通过对 y 求导可得到 Y 的概率密度函数。

3.1.6 随机变量的数字特征

随机变量的数字特征是与它的分布有关的某些数值，例如平均值、最大可能值等，它们反映了随机变量某些方面的特征。根据随机变量的种类，分别介绍离散型随机变量的数字特征、连续型随机变量的数字特征。

1. 离散型随机变量的数字特征

平均值：设 X 为离散型随机变量，其概率函数由表 3.1 给出：

表 3.1　　　　　　　　　　离散型随机变量 X 的概率函数

X	x_0	x_1	x_2	...	...	x_n	...
$P\{X = X_i\}$	P_0	P_1	P_2	...	...	P_n	...

其中 $P_n > 0, n = 1, 2, \cdots, \sum_{n=1}^{\infty} P_n = 1$

记 $E(X) = \sum_{i=0}^{\infty} X_i P_i$，称为 X 的平均值。

数学方差：$D(X) = E(X_i - E(X))^2$。

数学方差反映了各个随机变量的采样值偏离平均值的平均程度。

$$D(X) = E(X_i - E(X))^2 = \sum_{i=1}^{\infty} [X_i - E(X)]^2 P_i = \sum_{i=0}^{\infty} X_i^2 P_i - [E(X)]^2 = E(X^2) - [E(X)]^2$$

变化系数：标准差与平均值的比值，反映了随机数偏离平均值的变化程度。

2. 连续型随机变量的数字特征

平均值：设 X 为随机变量，其概率密度函数为 $f(x)$，则该随机变量的平均值 m 为：

$$m = \int_{-\infty}^{\infty} x f(x) \, dx$$

平均值又称为数学期望。

数学方差：$D(X) = E(X_i - E(X))^2$。

数学方差反映了各个随机变量的采样值偏离平均值的平均程度变化系数；标准差与平均值的比值，反映了随机数偏离平均值的变化程度。除此之外，随机变量还有其他的数字特征，如模值和中间值等。

模值定义为随机变量的概率密度函数在某处取峰值时的 x 值。当有多个峰值时，取最大峰值作为模值。

中间值：如果有一点 Xm，随机变量有一半值将落在这一点以下，那么由此点所定义的值 Xm 称为中间值 b 中间值可以从累积分布函数曲线上求得，因为它是 F（x）＝0.5 处的那个点。

模值：$x_{\max} \mid \forall x, f(x_{\max}) = \max\limits_{\forall x} f(x)$。

中间值：$x_m \mid \forall x, F(x_m) = 0.5$。

图 3.1 给出了模值及中间值的示例。由图中可见，在 $x = 1$ 处时 $f(x)$ 均达到峰值，则 $x = 1$ 就是随机变量的模值。中间值：$Xm = 1.6783469$。

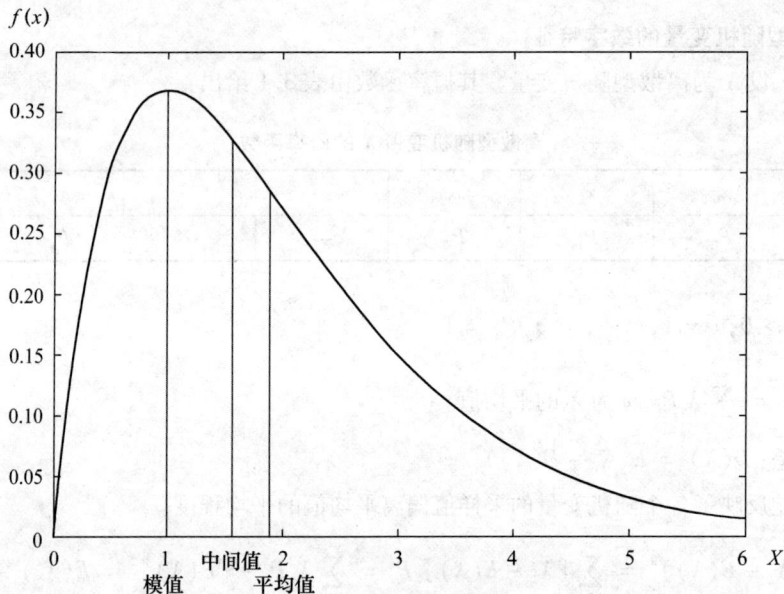

图 3.1　模值及中间值的示例

3.2　离散事件系统仿真中常用的概率分布形式

3.2.1　（0，1）均匀分布随机数

均匀分布的随机数：随机变量 x 在其可能值范围中的任一区间出现的概率正比于此区间的大小与可能值范围的比值。

（0，1）均匀分布随机数：在各种分布的随机数中，最常用和最重要的是在（0，1）区间上的均匀分布随机数。

其他许多分布的随机数都可以由（0，1）均匀分布随机数经过变换和计算来产生。

1.（0，1）均匀分布随机数的定义

（0，1）均匀分布随机变量 x 的概率密度函数为

$$f(x) = \begin{cases} 1, & 0 \leqslant x \leqslant 1 \\ 0, & \text{其他} \end{cases}$$

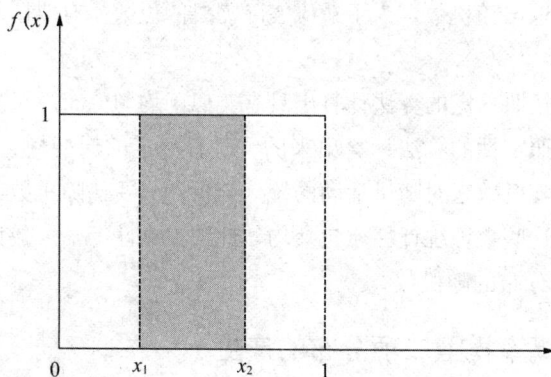

图 3.2　（0，1）均匀分布密度函数

2.（0，1）均匀分布随机数的说明

随机变量 x 落入区间（X_1，X_2）中的概率等于图中阴影区的面积，其值为（$X_2 - X_1$），正比于区间（X_1，X_2）的大小。

需要说明的是在计算机上表示连续变量只能是近似的，因为计算机中的数字只能是有限的位数。如果变量变化的最小步长可以达到计算机表示的最小值，并且在实际需要的精度之内变量可以达到任意值，就可以把这个变量看成是连续的。

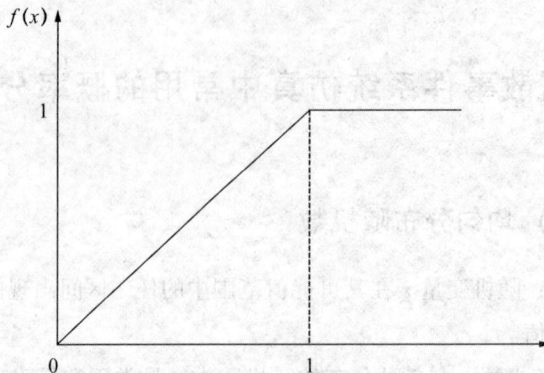

图 3.3　　（0，1）均匀分布的分布函数

3.（0，1）均匀分布随机数的产生方法

物理过程：常用的物理装置有放射粒子计数器、电子管随机数产生器。利用电子噪声或放射源去激励一个周期为 0～9 的计数器，对计数器定时进行采样就可以得到所需的随机数的一位数。多次重复此过程或者利用几个计数器同时运行，就可以得到任意位数的随机数。

随机数表：利用物理过程可以得到大量随机数，并将这些数制成表。在使用随机数时就可以依一定的顺序从表中取出随机数。为了适应实际需要的位数，对取出的随机数可以进行截断或拼接处理。

随机数产生程序：按照一定的算法计算出具有类似于均匀分布随机变量的独立取样值性质的数。因为这些数是按照定性的算法计算出来的，会有一定的周期性，因而被称为伪随机数。由于我们的目的是利用随机数来对随机活动的统计分析，只要伪随机数的数理统计性质能够满足实际需要就可以了。这些数理统计性质包括均匀性、独立性等。一般计算机上，产生随机数的函数为（0，1）均匀分布的随机数。

3.2.2　贝努利概率模型二项分布的产生

贝努利（Bernouli）概率模型是概率统计中一种最简单而又常用的概率模型，它由一系列试验组成，其中每次试验只有两种结果。我们用事件 A 和 A' 来表示这两种实验结果。若 A 产生的概率为 $P(A) = P,(0 < P < 1)$，事件 A' 发生的概率 $P(A) = Q = 1 - P$，而且各次试验是相互独立的，我们可以利用 (0,1) 均匀分布随机数序列产生贝努利概率模型的二项分布。任取 (0,1) 均匀分布随机数 xn，若 $xn \leqslant P$，就认为事件 A 发生，反之，若 $xn > P$，则认为 A' 事件发生。

在由 n 次独立试验组成的贝努利概率模型中，事件 A 发生的次数 k 是一个随机变量。它取值 $k(k = 1,2,\cdots,n)$ 的概率是 $P_k = C_n^k P^k Q^{n-k}$，当 P 较大而计算精度又要求较高时，我们可以在计算机上用 n 次贝努利试验产生二项分布的随机数。

3.2.3 泊松分布

若进行 n 次独立试验，在每次试验中事件 A 发生的概率等于 Pn，则在 n 次试验中事件 A 发生 k 次的概率（$n \to \infty$，$Pn \to 0$，$nPn = \lambda$）趋于 $P(k, \lambda)$：$P(k, \lambda) = \dfrac{\lambda k}{k!} e^{-\lambda}$，称为泊松（Poisson）分布。

在泊松分布的试验中，试验的次数 n 越大，则越接近泊松分布的值。

在 n 重贝努力试验中，事件 A 在每次试验中发生的概率为 p，出现 A 的总次数 K 服从二项分布 b（n，p），当 n 很大 p 很小，$\lambda = np$ 大小适中时，二项分布可用参数为 $\lambda = np$ 的泊松分布来近似。

泊松分布适合于描述单位时间内随机事件发生的次数。如：某一服务设施在一定时间内到达的人数，电话交换机接到呼叫的次数，汽车站台的候客人数，机器出现的故障数，自然灾害发生的次数，等等。

3.2.4 指数分布

指数分布的概率密度函数是：

$$f(x) = \begin{cases} \lambda e^{-\lambda x} & x > 0 \\ 0 & x \leqslant 0 \end{cases}$$

累积分布函数为：

$$F(x) = \int_0^x \lambda e^{-\lambda u} du = 1 - e^{-\lambda x}$$

生成随机数的逆函数为：$\begin{cases} x_1 = (-2\ln u_1)^{1/2} \cos 2\pi u_2 \\ x_2 = (-2\ln u_1)^{1/2} \sin 2\pi u_2 \end{cases}$

$$x = F^{-1} = -\frac{1}{\lambda} \ln(1 - y)$$

实际生活中的许多问题都可以用指数分布来描述：各种电子元件的寿命、顾客在商店排队等待的时间及接受服务的时间等。在可靠性理论和随机服务系统理论中，指数分布的应用十分广泛。

指数分布同时具有无后效性或无记忆性。即：

$$P\{X > s + t \mid X > t\} = P\{X > s\}$$

3.2.5 正态分布

如果随机变量 X 的概率密度为：

$$f(x) = \frac{1}{\sqrt{2\pi}\sigma}e^{-\frac{1}{2\sigma^2}(x-\mu)^2}, (-\infty < x < +\infty);$$

其中 $\sigma > 0$, σ, μ 为常数, 则称 X 服从参数为 σ, μ 的正态分布（Normal distribution）, 记为 $X \sim N(\mu, \sigma^2)$。

由高等数学可知：

①当 $x = \mu$ 时, $f(x)$ 达到最大值 $\frac{1}{\sqrt{2\pi}\sigma}$; 在 $x = \mu \pm \sigma$ 处, 曲线 $y = f(x)$ 有拐点（如图 3.4）;

②$f(x)$ 的图形对称于直线 $x = \mu$;

③$f(x)$ 以 x 轴为渐近线;

④若固定 σ, 改变 μ 值, 则曲线 $y = f(x)$ 沿 x 轴平行移动, 曲线的几何图形不变（如图 3.5）;

⑤若固定 μ, 改变 σ 值, 由 $f(x)$ 的最大值可知, 当 σ 越大, $f(x)$ 的图形越平坦; 当 σ 越小, $f(x)$ 的图形越陡峭（如图 3.6）。

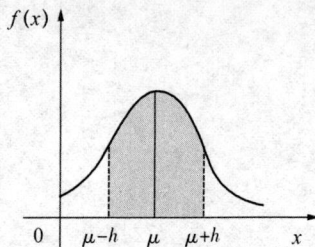
图 3.4

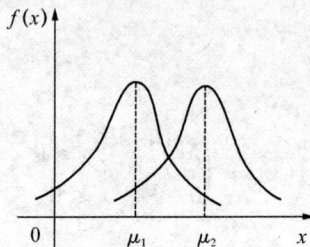
图 3.5

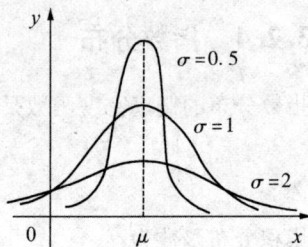
图 3.6

特别的, 当 $\mu = 0$, $\sigma^2 = 1$ 时, 称 X 服从标准正态分布（Standard normal distribution）, 即 $X \sim N(0, 1)$, 密度函数为：

$$\varphi(x) = \frac{1}{\sqrt{2\pi}}e^{-\frac{x^2}{2}}, (-\infty < x < +\infty)$$

标准正态分布的分布函数为：

$$\phi(x) = \int_{-\infty}^{x} \varphi(x)dx = \int_{-\infty}^{x} \frac{1}{\sqrt{2\pi}}e^{-\frac{t^2}{2}}dt$$

由标准正态分布的对称性易知, 对任意 x 有：

$$\phi(-x) = 1 - \phi(x)$$

3.2.6   K-爱尔朗分布

概率密度函数为：

$$f(x) = \begin{cases} \dfrac{\lambda^k - x^{k-1}}{(n-1)!} e^{-\lambda x} & x \geqslant 0 \\ 0 & x < 0 \end{cases}$$

k - 爱尔朗分布的数学特征为：

$$E[X] = 1/\lambda$$

如果 k 个随机变量 X_i，i = 1，2，…，k，分别服从指数分布，那么随机变量 $X = X_1 + X_2 + \cdots + X_k$ 服从爱尔朗分布。即：具有 k - 爱尔朗分布的随机变量可以看作具有同一指数分布的独立的 k 个随机变量之和。

k - 爱尔朗分布在排队模型中，得到广泛应用。如：假定顾客在到达窗口排队必须通过一个关口，这个关口由 k 层构成，通过每层的时间服从参数为 kλ 的指数分布，这样顾客通过整个关口到达窗口排队时，就实现了爱尔朗分布。

3.2.7　韦伯分布

概率密度函数为：$f(x) = \begin{cases} \dfrac{\alpha}{\beta} x^{\alpha-1} e^{-(x/\beta)\alpha}, & 0 \leqslant x < \infty \\ 0 & \text{其他} \end{cases}$

分布函数为：$F(x) = 1 - e^{-(x/\beta)\alpha}$，$x \geqslant 0$

利用反变换可得：$x = \beta(1 - \ln u)^{1/\alpha}$，其中 u 是（0，1）均匀分布随机数。

3.2.8　对数正态分布

设 η 是具有平均值 μ 和方差 $\sigma2$ 的正态分布的随机变量，则 $y = ex$ 为具有对数正态分布的随机变量，其概率分布密度函数为：

$$f(x) = \begin{cases} \dfrac{1}{\sqrt{2\pi}\sigma x} e^{-(\ln x - \mu)^2 / 2\sigma^2}, & 0 \leqslant x < \infty \\ 0, & \text{其他} \end{cases}$$

这一分布在经济学中得到广泛应用，它和正态分布密切相关。随机数的简单算法如下：

① 判断 $\sigma > 0$，否则出错；

② 由标准正态分布 N（0，1）取值 Y'；

③ 计算 $Y = \mu + \sigma Y'$；

④ 计算 $X = eY$，即为一次对数正态分布的 X 取值。

3.2.9   伽玛分布 Gamma（β，α）

伽玛分布的概率函数为 $f(x) = \begin{cases} \dfrac{x^{\alpha-1}e^{-x/\beta}}{\beta^2\Gamma(\alpha)} & 0 \leqslant X < \infty, \alpha > 0, \beta > 0 = G(\alpha,\beta) \\ 0 & \text{其他} \end{cases}$

伽玛分布具有一种特性：$x_1, x_2, \cdots, x_n$ 是取自 $G(\alpha_i, \beta)$ 的一个独立随机数变量序列，则 $X = \displaystyle\sum_{i=1}^{n} X_i$

取自 $G(\alpha,\beta)$，其中 $\alpha = \displaystyle\sum_{i=1}^{n} \alpha_i$

若 $\alpha i = 1$，则 X 将是 n 个独立的指数随机变量之和，根据这一特性可用于生成具有伽玛分布的 X，其算法如下：

①判断 $\alpha > 0$，$\beta > 0$，否则出错；

②$0 \Rightarrow X$，α 取整；

③从均值为 1 的指数分布生成 V；

④$X + V \Rightarrow X$；

⑤若 $\alpha = 1$，则 $\beta X \Rightarrow X$，并作为伽玛分布的一次取值；

⑥$\alpha - 1 \Rightarrow \alpha$，转至第 3 步循环直至 $\alpha = 1$。

3.2.10   贝塔分布 Be（α，β）

贝塔分布的概率函数为：

$$f(x) = \begin{cases} \dfrac{\Gamma(\alpha+\beta)}{\Gamma(\alpha)\Gamma(\beta)}X^{\alpha-1}(1-X)^{\beta-1} & \begin{array}{c}0 \leqslant X \leqslant 1 \\ \alpha, \beta > 0\end{array} = Be(\alpha,\beta) \\ 0 & \text{其他} \end{cases}$$

利用概率理论可以证明：若 $Y1$ 和 $Y2$ 是独立地从伽玛分布 $G(\alpha, 1)$ 和 $G(\beta, 1)$ 分布中取值，则 $X = Y1/(Y1 + Y2)$，即为 $Be(\alpha, \beta)$ 贝塔分布中取值。

可得如下一种贝塔分布生成算法：

①判 $\alpha \leqslant 0$ 及 $\beta \leqslant 0$，否则出错；

②从 $G(\alpha, 1)$ 分布中取值 $Y1$；

③从 $G(\beta, 1)$ 分布中取值 $Y2$；

④算出 $X = Y1/(Y1 + Y2)$ 作为一次贝塔分布 $Be(\alpha, \beta)$ 的取值。

3.3　随机数与随机数发生器

3.3.1　随机数

所谓随机数就是随机变量的样本取样值。随机数是专门的随机试验的结果。

在连续型随机变量的分布中，最简单而且最基本的分布是单位均匀分布。由该分布抽取的简单子样称为随机数序列，其中每一个体称为随机数。单位均匀分布即 [0, 1] 上的均匀分布。由随机数序列的定义可知，ξ1，ξ2，…是相互独立且具有相同单位均匀分布的随机数序列。也就是说，独立性、均匀性是随机数必备的两个特点。

在蒙特卡罗法仿真运行之前，首先根据变量确定的分布形式及其参数产生子样。而产生非 (0, 1) 分布随机子样的基础是产生 (0, 1) 区间上均匀分布的随机子样，这种方法也称为随机数发生器。其他各类分布，如正态分布、韦伯分布、泊松分布等，都可以用某种方法对这些均匀分布的随机数进行变换来实现。

在仿真过程中对随机数进行基于以下几点的考虑：

①用来产生的随机数的程序应当是快速的。虽然产生一次随机数的计算代价并不昂贵，但实际仿真时可能需要成千上万个随机数，因此要选择一种低成本的随机数发生器；

②用以产生随机数的程序不应占用过多的计算机存储单元；

③产生的随机数序列应有足够长的周期；

④随机数应可以再现。在仿真运行中，当需要对有关系统的输出结果进行比较时，随机数可以再现使用是很必要的；

⑤产生的随机数应有近似于理想的统计性质（均匀性和独立性），这一点是至关重要的。

3.3.2　随机数生成器

最常用的随机数生成器是线形同余发生器。从生成的大量随机数 x 中抽取一些随机数 x_i，则

$$x_{i+1} = (A * x_i + C) \bmod(M)$$

式中，A 和 C 是常数，mod (M) 是取模操作。

例如：对于 $x_{i+1} = (5 * x_i + 1) \bmod (16)$。这个随机数生成器生成的一系列随机数如表 3.2 所示。

系统仿真及其在物流领域中的应用

表 3.2　　　　　　　　　　　　由随机数生成器生成的随机数

i	x_i	$5 * x_{i+1}$	x_{i+1}
1	1	6	6
2	6	31	15
3	15	76	12
4	12	61	13
5	13	66	2
6	2	11	11
7	11	56	8
8	8	41	9
9	9	46	14
10	14	71	7
11	7	36	4
12	4	21	5
13	5	26	10
14	10	51	3
15	3	16	0
16	0	1	1

有多种方法可以测试随机数生成器的好坏。首先，要判断生成的随机变量是否均匀分布。另一种方法，就是检验 x_i 和 x_{i+1} 之间的相关性，来判断生成随机数的预测性。Monte Carlo 程序中通常需要产生服从给定概率分布 $F(x)$ 的随机变量 X。该步可用多种方法加以实现，其中包括直接法和舍去法。

直接法（也称反演法或变换法），需要转换与随机变量 X 相关的累积概率函数 $F(x) = prob(X \leqslant x)$（即：$F(x)$ 为 $X \leqslant x$ 的概率）。$0 \leqslant F(x) \leqslant 1$ 显然表明，通过产生 $(0,1)$ 内均匀分布随机数 U，经转换我们可得服从 $F(x)$ 分布的随机样本 X。为了得到这样的具有概率分布 $F(x)$ 的随机数 X，不妨设 $U = F(x)$，即可得

$$X = F^{-1}(U)$$

其中 X 具有分布函数 $F(x)$。例如，若 X 是均值为 μ 呈指数分布的随机变量，且

$$F(x) = 1 - e^{-x/\mu}, 0 < x < \infty$$

在 $U = F(x)$ 中解出 X 可得

$$X = -\mu \ln(1 - U)$$

由于 $(1-U)$ 本身就是区间 $(0，1)$ 内的随机数，故可简写为

$$X = -\mu \ln U$$

有时反函数 $F^{-1}(x)$ 不存在或很难获得。这种情况可用舍去法来处理。令 $f(x) = \dfrac{dF(x)}{dx}$ 为随机变量 X 的概率密度函数。令 $a > x > b$ 时的 $f(x) = 0$，且 $f(x)$ 上界为 M（即：$f(x) \leqslant M$，如图 3.7 所示）。我们产生区间 $(0，1)$ 内的两个随机数 $(U_1，U_2)$，则

$$X_1 = a + (b-a)U_1，f_1 = U_2 M$$

分别为在 $(a，b)$ 和 $(0，M)$ 内均匀分布的随机数。若

$$f_1 \leqslant f(x_1)$$

则 X_1 为 X 的可选值，否则被舍去，然后再试新的一组 $(U_1，U_2)$。如此运用舍去法，所有位于 $f(x)$ 以上的点都被舍去，而位于 $f(x)$ 上或以下的点都由 $X_1 = a + (b-a)U_1$ 来产生 X_1。

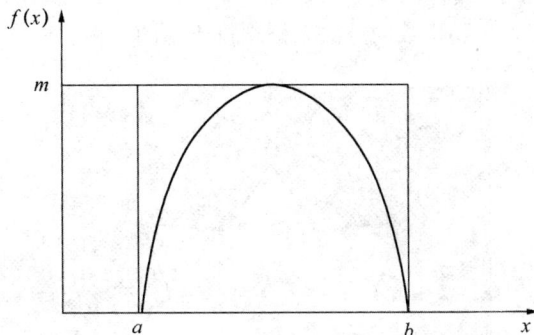

图 3.7　舍去法产生概率密度函数为 $f(x)$ 的随机变量

随机数生成器的算法还有很多。不管采用什么方法，在使用随机数生成器时应注意：尽量不要使用不了解的随机数生成器；在选用一个随机数生成器之前，应用多种不同的方法进行详细检验；不要使用即兴方法来改进随机数生成器。

3.3.3　蒙特卡罗方法

蒙特卡罗方法（Monte Carlo）用来解决数学和物理问题的非确定性的（概率统计的或随机的）数值方法。

Monte Carlo 方法的应用有两种途径：仿真和取样。仿真是指提供实际随机现象的数学上的模仿的方法。一个典型的例子就是对中子进入反应堆屏障的运动进行仿真，用随机游动来模仿中子的锯齿形路径。取样是指通过研究少量的随机的子集来演绎大量元素的特性的方法。例如，$f(x)$ 在 $a < x < b$ 上的平均值可以通过间歇性随机选取的有限个数的点的平均值来进行估

系统仿真及其在物流领域中的应用

计。这就是数值积分的 Monte Carlo 方法。MCM 已被成功地用于求解微分方程和积分方程，求解本征值、矩阵转置、尤其用于计算多重积分。

随机性的概念可以和数学上的概率论以及现代计算机的计算功能相结合，用以提供一种计算流程，丰富所提供的信息，这种方法称为蒙特卡罗方法。从概念上理解，蒙特卡罗方法非常简单。例如，对于图 3.8 中所示正方形中的不规则图形。正方形的面积很容易求出：$A_s = s^2$，式中 s 表示正方形的边长，A_s 表示正方形的面积。而计算不规则图形的面积就比较困难了。从图 3.8 中可以看出，不规则图形是正方形的一部分。因此，$A_i = \mu A_s = \mu s^2$，式中，A_i 表示不规则图形的面积，$0 \le \mu \le 1$。现在，只要能够求出 μ 的值，就可以知道不规则图形的面积了。假如将图挂在墙上，然后站在一定远的距离外掷飞镖。假定是在随机的条件下掷飞镖，那 μ 的值可以看作是落入不规则图形内的飞镖数目与落入正方形内（含不规则图形）的总飞镖数目的比值。事实上，在随机情况下，如果投掷的飞镖越多，落入不规则图形内的飞镖数与落入正方形内的总飞镖数的比值就越接近 μ。这就是蒙特卡罗方法的本质。在实际使用蒙特卡罗方法的过程中，可以采用计算机产生随机数的方法来模拟掷飞镖的过程。

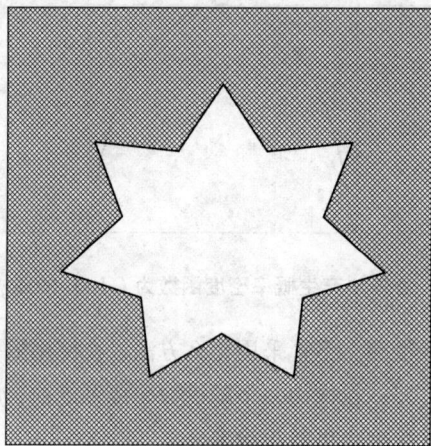

图 3.8　用蒙特卡洛方法求解不规则图形面积的模型

假如有一台计算机产生 [0，1] 区间内均匀分布的随机数，让产生的这个随机数表示正方形边长的系数。用两个随机数表示一个点在正方形上的具体位置。然后判断该点是否落在不规则图形内。通过记录落在不规则图形内的点数和试验的总次数，这两个数值的比值就是 μ。使用计算机的好处就是能够在很短的时间内产生大量的随机数，而且还能记录统计结果。

由此可见，蒙特卡罗方法依靠计算机产生的随机数来模拟实际系统。同时，计算机也负责相关的计数工作，以便获得最终的统计结果。

蒙特卡罗仿真方法的流程如图 3.9 所示。

采用蒙特卡罗方法时，基本上遵循一个约定俗成的流程。为存储仿真结果，计算机程序代码必须为蒙特卡罗方法分配大量的存储空间。

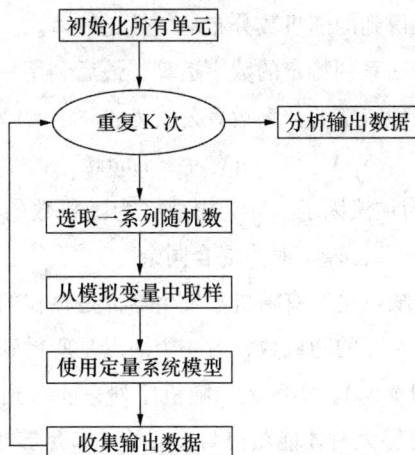

```
          ┌──────────────┐
          │  初始化所有单元  │
          └──────────────┘
                 │
                 ▼
   ┌──→ (    重复 K 次    ) ──→ ┌──────────┐
   │     └──────────────┘      │ 分析输出数据 │
   │            │              └──────────┘
   │            ▼
   │     ┌──────────────┐
   │     │ 选取一系列随机数 │
   │     └──────────────┘
   │            │
   │            ▼
   │     ┌──────────────┐
   │     │ 从模拟变量中取样 │
   │     └──────────────┘
   │            │
   │            ▼
   │     ┌──────────────┐
   │     │ 使用定量系统模型 │
   │     └──────────────┘
   │            │
   │            ▼
   │     ┌──────────────┐
   └──── │  收集输出数据   │
         └──────────────┘
```

图 3.9　典型蒙特卡罗方法的逻辑流程

3.3.4　随机数的产生方法

1. 计算机产生随机数的算法

当对不同的系统或过程进行仿真时，如果系统或过程本身包含固有的随机组成成分，就需要按照一定的方法来生成或获得随机数。在计算机仿真中，能否产生具有一定性能要求的随机数是决定仿真是否可信的重要因素之一。

最早的时候，人们通过物理的方法来产生随机数，如采取抽签、投骰子、抓阄等方法，后来出现了用脉冲电子管的电子电路来产生随机数的方法，即利用电子噪声或放射源去激励一个周期为 0~9 的计数器，对计数器定时采样就可以得到所需的随机数的一位数。多次重复此过程或者利用几个计数器同时运行，就可以得到任意位数的随机数。随着人们经验的不断丰富和对随机数的研究，人们把物理产生的随机数制成表，叫作随机数表，这些从表中取出的随机数还可以任意截断或拼接处理。随着计算机技术的发展，对随机数的产生提出了更高的要求，于是在 20 世纪 40 年代，人们开始寻求数字或算数的方法来产生随机数。

计算机产生随机数的通常方法是利用一个递推公式：$x_n = f(x_{n-1}, x_{n-2}, \cdots, x_{n-k})$。给定了 k 个初始值 $x_{n-1}, x_{n-2}, \cdots, x_{n-k}$ 就可以利用这个递推公式推算出第 k + 1 个数 x_{k+1}：$x_{k+1} = f(x_1, x_2, \cdots, x_k)$。

常见的递推公式有两种，一种是平方取中法，一种是同余法。

平方取中法是最早产生随机数的一种方法，任取一个 2k 位的数为种子，乘方后去掉头尾取中间 2k 位作为第一个随机数，再取第一个随机数为种子，按相同的方法得到第二个随机数，依此类推，就可以得到一个随机数列。这种方法的缺点是容易产生退化，一旦尾数出现 0 后就无法清除。此外，用这种方法得到的随机数分布均匀性比较差。

同余法是将一组数据通过一系列特定的数字运算，最后利用一个数字的整除求余，所得到的数值就是一个伪随机数。这种特定的数字运算公式为。

$$X_{n-1} = (aX_n + c) \bmod M$$

其中，a 为乘法因子，c 为加法因子，M 为模数（为随机数的周期）。当 $a = 1$ 时为加法同余。当 $c = 0$ 时为乘法同余，$a \neq 1$、$c \neq 1$ 时为混合同余。

同余法有连个缺点：一个缺点是所有随机数发生器都是存在的，也就是说，由公式计算得到的随机数序列并不是真正意义上的随机数，另一个缺点是所得到的随机数序列只能取有理数值 0，1/M，2/M，…，（M−1）/M。实际上，随机序列只能取到这些数值的一部分，这取决于每个参量的值。只有当 M 足够大时才能获得与真实的分布足够接近的随机数。

为了产生具有更长周期和更好统计性能的随机数，人们采取了两个或者更多个独立的随机数发生器，将它们组合到一起，来生成最后的随机数，而使最后的随机数的周期长度和性能比其中某个单独的随机数发生器产生的随机数都更好。组合发生器有的由两个独立的随机数发生器构成，有的由三个独立的发生器构成。对于由相同数目的随机数发生器构成的组合发生器，产生随机数的机制也可以是不同的。

2. 各种离散分布随机数的产生

随机数产生方法的发展经历了一段漫长的历史，到目前为止，已经有许多获得随机数的方法。现列举如下。

①手工方法。如抽签、发纸牌或从"搅拌均匀的箩筐"中摸编号球的方法等，它们的效率都很低。

②随机数表法。由人工制成的表格存放随机数，但随机数表在计算机上使用占用内存较大，且长度有限，故使用较少。随机数表是由 0，1，…，9 十个数字组成，每个数字以 0.1 的等概率出现，数字之间相互独立。这些数字序列叫作随机数字序列。如果要得到 n 位有效数字的随机数，只需将表中每 n 个相邻的随机数字合并在一起，且在最高位的前边加上小数点即可。例如，某随机数表的第一行数字为 7634258910…，要想得到三位有效数字的随机数依次为 0.763，0.425，0.891。

③物理方法。即利用某些物理现象，在计算机上增加些特殊设备，可以在计算机上直接产生随机数。这些特殊设备称为随机数发生器。用来作为随机数发生器的物理源主要有两种：一种是根据放射性物质的放射性；另一种是利用计算机的固有噪声。用物理方法产生的随机数序

列无法重复实现，不能进行程序复算，给验证结果带来很大困难。而且，需要增加随机数发生器和电路联系等附加设备，费用昂贵。因此，该方法也不适合在计算机上使用。

④数学方法。在计算机上用数学方法产生随机数，是目前使用较为广泛，发展较快的方法。它利用数学递推公式来产生随机数，通常把这样得到的随机数称为伪随机数。由于这种方法属于半经验性质，因此只能近似的具备随机数的性质。但是只要产生伪随机数的递推公式选的较好，由此产生的随机数序列的独立性是可以近似得到满足的。而且只要公式的参数选得适当，就可以保证所得到的随机数循环周期有足够长。若所使用的随机数总数不超过伪随机数序列的循环周期时，使用要求即可得到满足。

在计算机上产生随机数最实用、最常见的方法是数学方法，即用如下递推公式：$\xi(n+k) = T\xi(n), \xi(n+1), \cdots, \xi(n+k-1))n = 1, 2, \cdots$，产生随机数序列。对于给定的初始值 $\xi 1, \xi 2 \cdots, \xi k$，确定 $\xi n+k, n = 1, 2, \cdots$。经常使用的是 $k = 1$ 的情况，其递推公式为：$\xi(n+k) = T(\xi(n))$，对于给定的初始值 $\xi 1$，确定 $\xi n+1, n = 1, 2 \cdots$。

用数学方法产生的随机数，存在两个问题：① 递推公式和初始值 $\xi 1, \xi 2 \cdots, \xi k$ 确定后，整个随机数序列便被唯一确定。不满足随机数相互独立的要求。② 由于随机数序列是由递推公式确定的，而在计算机上所能表示的 $[0,1]$ 上的数又是有限的，因此，这种方法产生的随机数序列就不可能不出现无限重复。一旦出现这样的 $n', n''(n' < n'')$，使得下面等式成立：$\xi(n'+i) = \xi(n''+i)$，随机数序列便出现了周期性的循环现象。对于 $k = 1$ 的情况，只要有一个随机数重复，其后面的随机数全部重复，这与随机数的要求是不相符的。

由于这两个问题的存在，常称用数学方法产生的随机数为伪随机数。对于以上存在的两个问题，做如下具体分析。关于第一个问题，不能从本质上加以改变，但只要递推公式选得比较好，随机数间的相互独立性是可以近似满足的。至于第二个问题，则不是本质的。因为用蒙特卡罗方法解任何具体问题时，所使用的随机数的个数总是有限的，只要所用随机数的个数不超过伪随机数序列出现循环现象时的长度就可以了。用数学方法产生的伪随机数容易在计算机上得到，可以进行复算，而且不受计算机型号的限制。因此，这种方法虽然存在着一些问题，但仍然被广泛地在计算机上使用，是在计算机上产生伪随机数的主要方法。

第 *4* 章

仿真输入数据分析

仿真的输入数据是仿真的基础和源泉，收集和分析仿真输入数据是系统仿真的前提和基础。在仿真模型中输入数据的正确性直接影响着仿真输出结果分析。在仿真模型中几乎所有的都包含了随机输入，例如在排队系统仿真中，典型的输入数据可以是到达的时间间隔和服务时间的分布；在库存系统仿真中，输入数据包括需求的分布和提前期的分布；在生产系统中，输入数据包括作业到达的时间间隔、作业类型的概率分布以及每种作业每道工序服务时间的分布。

4.1　仿真输入数据分析概述

对具有随机变量的系统进行仿真时，为了在仿真模型中对这些分布进行取样以得到需要的随机变量，必须确定其随机变量的概率分布。确定随机变量的模型技术是搜集随机模型的观测数据，当输入随机变量的分布已知时，可以用合适的方法生成相应分布的随机数作为系统的输入。在实际问题中，常常是只能通过对系统的观察收集到感兴趣的输入随机变量的观察数据，而对输入的总体分布一无所知或仅有部分信息。确定随机变量的分布模型通常采用两种方法：利用观察数据建立实验分布函数，并用实验分布抽样法生成相应的输入随机数；通过对这些数据的分布形式假定、参数估计和分布拟合优度检验等过程，确定输入随机变量的分布模型。

输入数据模型确定的基本方法见图4.1。

4.2　数据的收集与处理

数据收集指针对实际问题，经过系统分析或经验的总结，以系统的特征为目标，收集与此

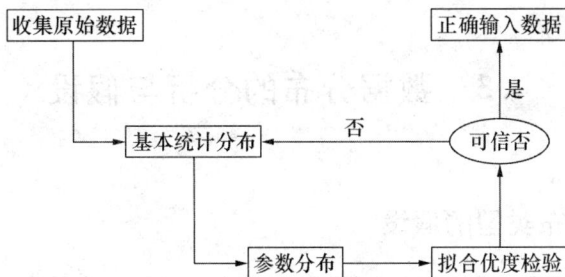

图 4.1　输入数据模型确定方法

有关的资料、数据、信息等反映特征的相关数据。数据收集是输入数据分析的基础，需要对数据进行分析，对收集的方法、数据需要做预先的设计和估算。因此收集正确的原始数据是进行系统仿真的一个关键因素。实际系统中会存在很多输入数据，根据仿真目的判断资料和数据的收集是十分重要的，因此数据的收集也是一项工作量很大的工作。收集到的数据通过统计的数学手段（计数统计、频率分析、直方图制作等），得出统计分布的假设函数（如：正态分布、负指数分布、Erlang 分布等），对数据进行分析。如果收集到的输入数据不准确或者采用的数据分析方法不正确，即使仿真系统的模型是正确的，利用该数据进行仿真也不能得到正确的结果，最终造成决策失误和损失，仿真的意义没有得到充分体现。

　　在进行数据收集时应该注意以下几个问题：根据问题的特征，进行仿真的前期研究；分析影响系统的关键因素，做好仿真计划，了解仿真时所需要的数据；尽量把性质相同的数据集组合在一起，形成不同类型的数据分组，便于数据本身的管理和仿真的对比分析；在收集数据时应注意对数据的分析，抓住仿真研究的关键，对于仿真无用的数据无需收集；数据的自相关性的检验，考察一个似乎是独立的观察序列数据存在自相关的可能性，自相关可能存在于相继的时间周期或相继的顾客中；数据应该满足独立的要求，通过进行回归分析，判断两个随机变量之间的相关性。

　　在进行系统仿真时，可以通过对原始数据的收集获得数据，也可以通过实际观察获得系统的输入数据（如观测在一段时间内到银行的顾客数目，观测超市中顾客到达收银台的时间间隔）；通过项目管理人员提供的实际系统的运行数据（配送中心在一段时间内收到的订单数目）；通过文献参考，从公开发表的研究资料、论文等文中收集相关系统的输入数据模型。利用研究机构或组织提供的用于测试仿真或算法的数据包进行仿真或算法性能对比。同时由于这些数据具有较高的可信度和权威性，便于进行对比分析。

　　通过对系统输入数据的分析及分析确定输入数据模型，使建立的输入数据模型能够正确反应数据的随机特征。数据模型的确定是得到正确仿真结果的前提。

4.3 数据分布的分析与假设

4.3.1 连续分布类型的假设

若观测数据来自连续分布，最常用的预处理方法有三种，即点统计法、直方图法及概率图法。

1. 点统计法

点统计法是基于连续分布的变异系数特征来进行分布类型的假设，观测数据的预处理则是计算其变异系数，根据偏差系数的特征寻找与其相近的理论分布。变异系数的定义是

$$\delta = \sqrt{S^2(n)}/\bar{x}(n)$$

其中 $S^2(n)$ 与 $\bar{x}(n)$ 分别为观测数据的方差与均值。

例如，指数分布 $\exp(\beta)$，无论 β 为何值，$\sigma = 1$

点统计法对观测数据进行如下预处理：

均值：

$$\bar{x}(n) = \sum_{i=1}^{n} x_i/n$$

方差：

$$S^2(n) = \sum_{i=1}^{n} \left[x_i - \bar{x}(n) \right]^2/(n-1)$$

则 σ 的似然估计为：

$$\hat{\delta} = \sqrt{S^2(n)}/\bar{x}(n)$$

然后根据 $\hat{\delta}$ 值并参照各类分布的偏差数据 δ 来假设观测数据的分布类型。点统计法不能唯一地确定分布的类型。由于存在许多分布的变异系数的取值范围是重合的，并且 $\hat{\delta}$ 是 $\hat{\delta}$ 的似然估计值，但不一定是无偏的。但点统计法仍可作为分布假设的一种粗糙的指导性方法加以使用。

2. 直方图法

直方图法将观测数据 x_1, x_2, $\cdots$, x_n 的取值范围分成 k 个断开的相邻区间 $[b_0, b_1]$，$[b_1, b_2]$, $\cdots$, $[b_{k-1}, b_k]$，每个区间宽度相等，记为 $\triangle b = b_j - b_{j-1}$ $(j=1, 2, \cdots, k)$。

对任意 j，令 n_j 表示第 j 个区间上观测数据的个数，记 $g_j = n_j/n$ $(j=1, 2, \cdots, k)$。

定义函数：

$$h(x) = \begin{cases} 0, & x < b_0 \\ g_j, & b_{j-1} \le x < b_j \\ 1, & x \ge x_k \end{cases}$$

做出 h（x）的直方图，再将该图与常见的理论分布的密度函数图形进行比较（先忽略位置及比例尺的差别），观察何种分布与 h（x）的图形类似，则可假设观测数据 x_1，x_2，…，x_n 服从该类型分布，然后再采用点统计法确定其参数。

直方图法是用观测到的样本数据建立随机变量的概率密度函数分布的直方图，然后通过将直方图与理论分布的概率密度函数曲线图形做对比，从图形上直观地判断被观测随机变量是否满足某种理论分布。

在实际使用时，可能需要对观测数据进行适当的调整，即增加一些取值特别大或特别小的过程数据，以便于理论分布进行比较。使用直方图法的困难在于如何确定区间长度△b。△b太大，将丢失信息；△b 太小，则观测数据中的噪音滤除得不够（一般观测数据中总是存在一定的噪声）。因此，往往需要选择不同大小的△b 分别做出相应的直方图，选择一个看上去是"最好的"或"最光滑"的直方图与理论分布进行比较，以便得到较为可靠的分布假设。

3. 概率图法

直方图法是将观测上的直方图与理论分布的密度函数进行比较，而概率图法则是将观测数据定义为一个实验分布函数，然后将它与理论分布函数进行比较再进行假设。设观测数据 x_1，x_2，…，x_n 共用 m 个取值（m ≤ n 可能存在取值相同的观测点），分别记为 $x_{(1)}$，$x_{(2)}$，…，$x_{(m)}$。

实验分布函数定义为 $\bar{F}[x(i)] = n_i/n$，$i = 1, 2, …, m$），式中，n_i 表示小于或等于的观测数据的个数，且 $n_m = n$。为了避免由有限个观测数据得到的实验分布函数值等于 1，对上式可略加修正，采用下式来定义：$\bar{F}[x(i)] = (n_i - 0.5)/n$。

由于分布函数的图形特征一般没有密度函数那么明显，基本上都是呈"S"形，概率图法不是采用这种实际比较的方法，而采用所谓分位数"比较法"。定义为：分布函数的分位点设 $0 < g < 1$，则 $x_E = F^{-1}(g)$ 称为 $F(x)$ 分位点。

如果 $F(x)$ 与 $G(y)$ 均为分布函数，分别取不同的 g 值，相应得到不同的 (X_E, Y_E)，若 $F(x)$ 与 $G(y)$ 是相同的分布函数，则由 (x_g, y_g) 形成的轨迹是斜率为 45°的直线。反之，如果两个分布函数 $F(x)$ 与 $G(y)$ 按照相同的一组 g 值，求的各自的分位点均为 x_g，y_g，在 xOy 平面上确定 (x_g, y_g) 的轨迹，若该轨迹是一条斜率为 45°的直线，则可以确认 $F(x)$ 与 $G(y)$ 的分布是相同的。

为了假设 $\tilde{F}\left[x\left(i\right)\right]=\dfrac{\left(n_i-0.5\right)}{n}=g_i$ 的分布类型，可取 $\tilde{F}\left[x\left(i\right)\right]=$ 的分位点为 $x\left(i\right)$，分别对应 $\tilde{F}\left[x\left(i\right)\right]$ 的值为 g_i，按照从常见的理论分布中选择一种，按 g_i 分别求得其分位点 y_i，然后再在 xOy 平面上画出 $\left(x\left(i\right),y_i\right)$ 的轨迹，观察是否是斜率为 45°的直线，若比较接近，则可假设观察数据的分布分类与所选分布的类型相同。

有时 $\left(x\left(i\right),y_i\right)$ 的轨迹虽然呈直线现状，但斜率不是为 45°的直线，这说明这两个分布的类型是相同的，只是位置参数和（或）比例参数不同，那么可对 $x\left(i\right)$ 进行如下变换：$y_i=Y+\beta x\left(i\right)$，得到的 $\left(x\left(i\right),y_i\right)$ 的轨迹必然是斜率为 45°的直线。这说明只要分位点 $\left(x\left(i\right),y_i\right)$ 的轨迹接近直线，观测数据的分布于所选的分布的类型是相同的，其位置参数及比例参数可通过前面的方法来确定。

如果 $\left(x\left(i\right),y_i\right)$ 的轨迹偏离直线很远，说明所选分布不符合要求，应考虑选择其他类型的分布进行比较。概率图法只需要判断分位点轨迹偏离线性度的程度，方法简单，应用广泛。

4.3.2　离散分布类型的假设

1. 点统计法

离散情形下的点统计法与连续情形的做法是相同的，即由观测数据 $x_1,x_2,\cdots,x_n$ 计算出均值和方差，并得到偏差系数的似然估计：

$$\bar{x}(n)=\sum_{i=1}^{n}x_i/n$$

$$S^2(n)=\sum_{i=1}^{n}\left[x_i-\bar{x}(n)\right]^2/(n-1)$$

则 δ 的似然估计为 $\hat{\delta}=\sqrt{S^2\left(n\right)/\bar{x}\left(n\right)}$。将值与理论分布的值进行比较后，就可进行分布类型的假设。将 $\hat{\delta}$ 与理论分布的 δ 值进行比较厚，就可以进行分布类型的假设，例如 $\delta<1$ 时，可假设为二项分布，若 δ 接近 1，则可假设为泊松分布。

2. 线图法

设观测数据为 $x_1,x_2,\cdots,x_n$。将其按递增顺序排列，设共有 m 个取值（$m\leqslant n$），分别为 $x_{(1)},x_{(2)},\cdots,x_{(m)}$。记 $x_{(i)}$ 的数据个数占整个观测数据个数的比例为 h_i。以 $x_{(i)}$ 为自变量，以 h_i 的值作为函数值，即 $h_i=f\left(x_{(i)}\right)$ 由函数值向相应的自变量 $x_{(i)}$ 作垂线所得到的图形称为线图。

线图法是将观测数据的线图与假设的理论分布的质量函数进行比较以便找到相似的图形。

由上可以看出，线图法不需要将观测数据划分新的区间，因此不会丢失任何信息，较之连续情形的直方图法使用起来更为方便。

4.3.3　实验分布

如果由观测数据难以确定一个理论分布，则只好采用实验分布作为观测数据的模型。原始观测数据一般有两种形式，一种是原始单个数据，另一种是分组数据。

若是原始单个数据 x_1，x_2，$\cdots$，x_n。在定义其实验分布时，先将该 n 个数据按递增顺序排列。由于可能有相同值的数据，经排序号得到 $x_{(1)}$，$x_{(2)}$，$\cdots$，$x_{(m)}$，$m \leqslant n$，该观测数据的实验分布可有下式定义：$j = 1$，$\cdots$，m

$$F(x) = \begin{cases} 0, & x < x(1) \\ \dfrac{i-1}{n-1} + \dfrac{1}{n-1} \dfrac{x - x_j}{x(j+1) - x_i}, & x(j) \leqslant x \leqslant x(j+1); \\ 1, & x > x_n \end{cases}$$

若观测数据是分组数据，即不知道观测数据的数值，而仅知道该 n 个数据分布在 m 个相邻区间 $[a_0, a_1]$，$[a_1, a_2]$，$\cdots$，$[a_{m-1}, a_m]$ 上及每个区间上数据的个数。记第 j 个区间上的个数为 n_j，$(j = 1, 2, \ldots, m)$，则 $n_1 + n_2 + \cdots + n_m = n$，实验分布函数的表达式为：

$$F(x) = \begin{cases} 0, & x < a_0 \\ \displaystyle\sum_{i=1}^{k-1} n_i/n + \dfrac{n_j}{n} * \dfrac{x - a_{j-1}}{a_j - a_{j-1}}, & x(j) \leqslant x \leqslant x(j+1); j = 1, \cdots m \\ 1, & x \geqslant a_m \end{cases}$$

实验分布的缺点是，随机变量取值只能在 $x(1) \leqslant x(2) \leqslant x(m)$ 或 $a_0 \leqslant x \leqslant a_m$ 范围内。

4.4　参数的估计参数

4.4.1　分布参数的类型

1. 位置参数（记为 γ）

确定分布函数取值范围的横坐标。当 γ 改变时，相应的分布函数仅仅向左或向右移动而不发生其他变化，因而又称为位移参数。例如，均匀分布函数 $U[a, b]$

$$f(x) = \begin{cases} \dfrac{1}{b-a} & x \in [a,b](a < b) \\ 0 & \text{其他} \end{cases}$$

式中，参数 a 定义为位置参数，当 a 改变时保持（$b-a$）不变，$f(x)$ 向左或向右移动。

2. 比例参数

决定分布函数在其取值范围内取值的比例尺的改变只压缩或扩张分布函数，而不会改变其基本形状。例如：指数分布函数

$$f(x) = \begin{cases} \lambda e^{\lambda x} & x > 0 \\ 0 & x \leq 0 \end{cases}$$

3. 形状参数（记为"α"）

确定分布函数的形状，从而改变分布函数的性质。

例如：韦伯函数

概率密度函数为：$f(x) = \begin{cases} \dfrac{\alpha}{\beta} x^{\alpha-1} e^{-(x/\beta)\alpha}, & 0 \leq x < \infty \\ 0, & \text{其他} \end{cases}$

当 α 改变时，其形状也相应发生很大的变化。

随机变量 X、Y，如果存在一个实数，使 X 与 Y 具有相同的分布，则称 X 与 Y 仅仅是位置上不同的变量。如果对于某个正实数，使得与 Y 具有相同的分布，则称 X 与 Y 仅仅是比例尺不同的随机变量；如果 $\gamma + \beta X$ 与 Y 具有相同的分布，则称 X 与 Y 仅在位置与比例上不同。

4.4.2 分布参数的估计

当输入数据变量的分布族确定后，为了完全确定一个具体的分布以便在仿真过程中进行抽样，必须设法确定分布族中参数的值，我们仍然用观测数据来估计这些参数的值。估计问题可以分为参数估计和非参数估计。参数估计总体分布的类型是已知的，但其中包含未知参数，通过样本鼓励这些未知参数。

极大似然估计法统计思想符合人们的认识和经验，同时具有大样本性质、极大似然估计的渐进分布是正态分布等性质。极大似然估计法应用比较广泛。

1. 离散分布

设总体 X 是离散型随机变量，其概率函数为 $p(x; \theta)$，其中参数 θ 是未知的。设 x_1，x_2，$\cdots$，x_n 为来自总体 X 的一个样本。x_1，x_2，$\cdots$，x_n 的联合概率密度为

$$P\{X_1 = X_1, X_2 = X_2, \cdots, X_n = X_n\} = \prod_{i=1}^{n} p(x_i; \theta) ,$$

这一概率随 θ 的值而变化。从直观上来看，既然样本值 x_1，x_2，$\cdots$，x_n 出现了，它们出现的概率相对来说应比较大，应使

$$\prod_{i=1}^{n} p(x_i;\theta)$$

取较大的值。

当 θ 固定时，上式表示 X_1，X_2，$\cdots$，X_n 取值为 $(x_1, x_2, \cdots, x_n)$ 的概率；反之，当 $(x_1, x_2, \cdots, x_n)$ 给定时，上式可以看成 θ 的函数，记为 $L(\theta)$；并称

$$L(\theta) = L(x_1, x_2, \cdots, x_n;\theta) = \prod_{i=1}^{n} p(x_i;\theta)$$

为似然函数。

$X_1, X_2, \cdots, X_n$ 是变量。若我们在样本区取的值是 $X_1, X_2, \cdots, X_n$；则事件 $\{X_1 = x_2, X_2 = x_2, \cdots, X_n = x_n\}$ 发生的概率

$$\prod_{i=1}^{n} p(x_i;\theta)$$

换句话说，θ 应使样本值 x_1，x_2，$\cdots$，x_n 的出现具有最大的概率。将上式看作 θ 的函数，并用 $L(\theta)$ 表示，就有：

$$L(\theta) = L(x_1, x_2, \cdots, x_n;\theta) = \prod_{i=1}^{n} p(x_i;\theta)$$

称 $L(\theta)$ 为似然函数。似然函数 $L(\theta)$ 的值的大小意味着该样本值出现的可能性的大小，根据实际推断原理，应使 $L(\theta)$ 达到最大值的那个 θ 作为真值 θ 的估计值。

因此，求总体参数 θ 的极大似然估计值的问题就是求极大似然函数 $L(\theta)$ 的最大问题，可通过解 $\dfrac{dL(\theta)}{d\theta} = 0$ 方程来解决。

2. 连续分布场合

设总体 X 是连续离散型随机变量，其概率密度函数为 $f(x;\theta)$，则样本 $(X_1, X_2, \cdots, X_n)$ 的密度函数为

$$\prod_{i=1}^{n} f(x_i;\theta)$$

在 θ 固定时，它是 $(X_1, X_2, \cdots, X_n)$ 在 $(X_1, X_2, \cdots, X_n)$ 处的密度，它的大小反映了 $(X_1, X_2, \cdots, X_n)$ 在 $(X_1, X_2, \cdots, X_n)$ 附近的概率的大小。当样本值 $(X_1, X_2, \cdots, X_n)$ 给定时，它是 θ 的函数，称

$$L(\theta) = \prod_{i=1}^{n} f(x_i;\theta)$$

为似然函数。

按极大似然法，应选择的值使此概率达到最大。

当似然函数关于未知参数可微时，极大似然估计的求解步骤为：

①由总体分布导出样本的联合概率密度（或联合密度）；

②针对总体与样本写出似然函数；

③利用多元函数取得极值的必要条件，解出似然函数的驻点；

④判断驻点为最大值点；

⑤求出参数的极大似然估计。

若总体 X 的分布中含有多个未知参数 θ_1，θ_2，$\cdots$，θ_k 时，似然函数 L 是这些参数的多元函数 $L(\theta_1,\cdots,\theta_k)$。通过求解方程组 $\dfrac{\partial(\ln L)}{\partial \theta_i} = 0 (i = 1,2,\cdots,k)$，得 $\hat{\theta}_1,\hat{\theta}_2,\cdots,\hat{\theta}_k$ 分别是参数 θ_1，$\theta_2,\cdots,\theta_k$ 的极大似然估计值。

若 $\hat{\theta}_1$ 是 θ 的极大似然估计，$g(\theta)$ 是 θ 的连续函数；则 $g(\theta)$ 的极大似然估计为 $g(\hat{\theta}_1)$。

4.5　拟合优度检验

拟合优度检验是检验来自总体中的一类数据其分布是否与某种理论分布相一致的统计方法。在实际问题中，总体的分布形式往往是未知的，需对总体所服从的分布类型做初步的判断，提出假设并检验这个假设是否合适。

4.5.1　χ^2 检验

χ^2 检验是一种检验经验分布与总体分布是否吻合的非参数检验方法。它不限于总体是否服从正态分布，并可用于检验总体是否服从一个预先给定的分布。卡方检验的基本方法是将样本观察值分组，然后计算各组的理论频数与实测频数之差来判断样本分布是否符合某个理论分布。

设 $(X_1,X_2,\cdots,X_n)$ 是来自未知总体 X 的一个样本，但并不知道 X 的分布，现在检验假设：H_0：X 的分布函数为 $F(x)$；H_1：X 的分布函数不是 $F(x)$，这里的 $F(x)$ 是一已知的分布函数。如果 $F(x)$ 中带有未知参数 $\theta = (\theta_1,\theta_2,\cdots,\theta_k)'$，则记为 $F(x;\theta)$。

一般情况下，若 H_0 为真，则差异不太显；若 H_0 为假时，则实际频数与理论频数的差异明显。通过构建一个符合 χ^2 分布的统计量，并用此统计量来进行检验假设。

拟合优度检验的思想和处理步骤为：

①将 $(-\infty, +\infty)$ 划分成 r 个小区间，$-\infty = a_0 < a_1 < \cdots < a_{r-1} < a_r = +\infty$，记为 $l_1 = (a_0, a_1)$，$l_2 = (a_0, a_1)$，$\cdots$，$l_r = (a_{r-1}, a_r)$。

②计算各区间上的理论频数。如果原假设为真，即总体 X 的分布函数为 $F(x)$，从而（i

$=1, 2, \cdots, n$) 落入区间的概率为 $p_i(\theta) = F(a_i; \theta) - F(a_{i-1}); i = 1, 2, \cdots, r$。

③由于样本容量为 n，因此样本中落入区间 I_i 的个数为 $np_i(\theta)$，这里的 $np_i(\theta)$ 称为理论频数。如果 θ 是未知的，可用 θ 的极大似然估计 $\hat{\theta}$ 代入式 $p_i(\theta) = F(a_i; \theta) - F(a_{i-1}; \theta)$，得到 $p_i(\hat{\theta})$，这里的理论频数为 $np_i(\hat{\theta})$。

④计算各区间上的实际频数。设 $(x_1, x_2, \cdots, x_n)$ 中落入区间的个数为 n_i，称为实际频数。

⑤构造服从已知的确定分布的统计量：

$$\chi^2 = \sum_{i=1}^{r} \frac{(n_i - np_i(\hat{\theta}))^2}{np_i(\hat{\theta})}$$

由于 $np_i(\hat{\theta})$ 是从分布函数 $F(x; \theta)$ 计算出来的区间上的理论频数，而 n_i 是样本中落入 I_i 的实际频数，他们差异的大小度量了样本与分布 $F(x; \theta)$ 的拟合程度。

⑥根据样本观测值对实际问题进行检验，得出结论。

统计量 χ^2 的观察值比较小时，说明拟合较好，接受 H_0；反之，说明拟合不好，即 X 的分布函数不是 $F(x)$，从而拒绝 H_0。对于给定的显著性水平 α，查自由度为 $r - k - 1$ 的 χ^2 分布表，可得 $C_{1-\alpha}(r - k - 1)$，满足：

$$P(\chi^2 \geq C_{1-\alpha}(r - k - 1))$$

根据样本观测值算出 $Pearson$ 统计量 χ^2 的观测值 c。当时 $c \geq C_{1-\alpha}(r - k - 1)$，拒绝 H_0；否则接受 H_0。

实践证明，若 n 充分大时，且当 H_0 为真时，统计量 χ^2 总是近似地服从自由度为 $r - k - 1$ 的 χ^2 分布，其中 k 为区间个数，r 为需要估计的参数的个数。非参数的 χ^2 检验在使用时要求 n 足够大以及 np_i 也不能太小，在实践中，也要求样本容量 n 至少要大于 50。

4.5.2　科尔莫哥洛夫 – 斯米尔洛夫检验（K – S 检验）

χ^2 检验的困难在于按 p_j 相等来确定 $[a_{j-1}, a_j]$ 时，要对 $\hat{F}(x)$ 进行逆运算。而在某些情况下，求 $\hat{F}(x)$ 的逆运算比较困难，优势甚至 $\hat{F}(x)$ 无封闭形式导致根本无法求 $\hat{F}(x)$ 的逆运算，导致检验无法进行。另外，当 n 较小时，$p_j \geq 5/n$ 的值较大，从而得到的区间过大，结果造成观测数据的信息丢失。因此，需要采用其他的检验方法来进行检验。

科尔莫哥洛夫 – 斯米尔洛夫检验，简称 $K – S$ 检验。$K – S$ 检验也是一种拟合优度检验，它涉及一组样本数据的实际分布与某一指定的理论分布间相符合程度的问题，用来检验所获取的样本数据是否来自具有某一理论分布的总体。

其基本原理是将拟合的分布函数 $\hat{F}(x)$ 与由观测数据的实验分布函数 $\hat{F}(x)$ 进行比较。设观测数据为 x_1，x_2，$\cdots$，x_n。观测数据的实验分布函数 $\hat{F}(x)$ 采用如下定义：

$$\hat{F}(x) = \frac{(x_i \leqslant x) \text{数据的个数}}{n} (\text{对所有} x)$$

这样，$\hat{F}(x)$ 是右连续的阶跃函数。

$K-S$ 检验规则：根据 $\hat{F}(x)$ 与 $\hat{F}(x)$ 的接近程度来决定是否拒绝原假设 H_0。

评价接近程度的指标是采用 $\hat{F}(x)$ 与 $\hat{F}(x)$ 之间的最大距离 D_n：

$$D_n = \max_x \{ \mid \hat{F}(x) - \hat{F}(x) \mid \}$$

$K-S$ 检验的步骤：

①建立假设：对于所有 x，$S_n(x) = \hat{F}(x)$；对于一些 x，$S_n(x) \neq \hat{F}(x)$

②计算统计量：$D_n = max_x \{ \mid \hat{F}(x) - \hat{F} \mid \}$

③查找临界值：根据给定的显著性水平 α，样本数据个数为 n，查表的单临界值 d_α。

④作出判断：$D_n < d_\alpha$，则接受假设；反之，则拒绝。

$K-S$ 检验存在的问题在于不同的分布，d_α 的值是不同的；即使是同一分布，不同的 α 下 $d_{\alpha,1-\alpha}$ 也不相同，而且尚无通用的表可查。

χ^2 检验与 K – S 检验之间的比较

χ^2 检验	应用范围广，原理简单，受区间数量、大小选择的影响，对同一样本区间数选取不当则可能做出错误的判断；小样本事件无法采用 χ^2 检验
K – S 检验	无需划分区间，对样本数量没有要求，但操作比较繁琐，应用范围比较小，只能用于特定分布

第 5 章
物流系统仿真输出数据分析

许多仿真系统模型存在一些随机变量，对此类系统的仿真结果进行分析时，一般采用统计方法来估计系统的性能，用随机变量的概率分布、数学期望和方差等统计特征进行描述。然而利用统计分析方法要求样本数据具有统计独立性，但在实际问题中存在许多统计数据之间是不独立的。例如，某仓库统计每周的存货量得到一组存货量的统计数据是不独立的。因为前一周的期末库存是下一周的期初存货，会对下一周的最终期末存货造成影响。这样就不能直接用经典的统计方法来分析仿真输出数据。因此针对显示的物流系统，必须进行分析，进而判断其是否适合采用仿真的方法。

5.1 仿真输出数据概述

仿真输出的目的是用适当的统计技术对仿真过程中产生的数据进行统计分析，从而实现对未知参数的估计。在多数情况下，仿真实验的结果是由计算机计算得出，而这些数据通常不能直接反映出系统的性能，需要经过分析整理并形成仿真报告。

在现实世界中，物流系统存在很多类型（如某仓库统计每周的存货量，得到一组存货量的统计数据，则这些数据是不独立的）。

根据研究目的和模型的内部逻辑的不同，仿真运行方式可分为终态仿真（暂态仿真）和稳态仿真两大类。终态仿真是指仿真实验在某个持续时间段上运行。在该模型中明确地规定了仿真开始和结束条件的仿真，这些条件是目标系统实际运行模型的反映。稳态仿真则是通过系统的仿真实验，希望得到一些系统性能测度指标在系统达到稳态时的估计值，对于数量的估计是建立在长期运行的基础上，理论运行时间是趋于无穷的。终态仿真的结果对初始状态的依赖性很强，而稳态仿真的实验结果一般应该与初始状态无关。

对仿真的输出结构进行统计分析的主要目的是获得系统状态变量的高精度的统计特性，以便能够对仿真结构加以正确的利用。

5.2　终态仿真的结果分析

在仿真研究中，除了终态仿真研究之外，还需要研究一次运行时间很长的仿真，研究系统的稳态性能。

5.2.1　重复运行法

对于终态仿真，往往采用中断式系统，即将系统仿真特定的时间 T_E，当 E 时间发生时系统就停止仿真。一般情况下终态仿真采用的是重复运行法，又称为复演法。重复运行法是指选用不同的独立随机数序列，采用相同的参数、初始条件以及用相同的采样次数 n 对系统重复进行仿真运行。利用重复运行仿真方法可以得到独立的仿真结果。

对于某一终态仿真的系统，由于每次运行是相对独立的，因此可以认为每次仿真运行结果 X_i（$i = 1, 2, \cdots, n$）不存在统计上的相关性，它们是独立同分布的，因此可直接采用统计分析方法进行仿真结果的分析。由于每次仿真运行的初始条件和参数是相同的，每次仿真运行的结果也必然是相近的，相互之间的偏差不会很大，因此，很自然地可以假设仿真结果 X_1, X_2, $\cdots$, X_n 是服从正态分布的随机数。

定义统计结果的均值为 $\bar{X}$，则

$$\bar{X} = \frac{1}{n} \sum_{j=1}^{n} X_j$$

样本方差 $S^2(n)$

$$S^2(n) = \sum_{j=1}^{n} [\bar{x}(n) - x_j]^2 / (n-1)$$

方差的估计值为

$$\sigma^2(X_i) = S^2(n)/n = \frac{1}{(n-1)n} \sum_{j=1}^{n} [\bar{x}(n) - x_j]^2$$

$\sqrt{S^2(n)/n}$ 称为点估计的标准差。

设随机变量 X 的期望值的置信区间为 $1 - \alpha$，它的置信区间 μ 为

$$\mu = \frac{1}{n} \sum_{j=1}^{n} X_j \pm t_{n-1, \frac{\alpha}{2}} \sqrt{S^2(n)/n} \tag{5.1}$$

式中，α 为置信水平。

显然，随着仿真次数 n 的增加，即仿真运行的次效越多，则 X_j 越接近于正态分布，标准差的理论值会越来越小，而均值的精确度会越来越高。因此在终态仿真中使用仿真方法运行的重复次数 n 不能选得太小。

5.2.2 序贯程序法

在终态仿真结果分析的重复运行法中对构造的置信区间长度未加控制。置信区间的长度不但与 X_j 的方差有关，且与置信区间的长度与仿真次数的平方根成反比。因此，为了减少置信区间的长度，需要增加仿真的次数 n。

置信区间的半长称为它的绝对精度，用 β 表示。由公式（5.1）可知：样本 X 的 $100（1-\alpha）\%$ 置信区间的半长为 $\beta = t_{n-1,\frac{\alpha}{2}}\hat\sigma（X^2）$，其中 $\hat\sigma（X^2）= S/\sqrt{n}$ 式中，S 为样本的标准差；n 为重复运行次数。

设给定一准确的临界值 ε 即限定置信区间的长度为 $[\hat X - \varepsilon, \hat X + \varepsilon]$，并给定精度 $1-\alpha$。为了达到此精度要求，需要取足够大的仿真运行次数 n，使之满足：

$$P(|\hat X - \bar X| < \varepsilon) \geqslant 1 - \alpha$$

置信区间半长与点估计的绝对值之比称为置信区间的相对精度 v。

为了得到规定 β，v，可先运行 n 次，若得到 β 的 v 或太大，可再增加 n。一种解析地确定 n 的做法：设 X_j 的总方差估计 S^2 随着 n 加大而没有显著变化，则

$$n_a(\beta) = \min\{i \geqslant n; t_{i-1,1-\alpha/2}\sqrt{S^2(n)/i} \leqslant \beta\}$$

或

$$n_a(v) = \min\{i \geqslant n; t_{i-1,1-\alpha/2}\sqrt{S^2(n)/i}/|\bar X(n)| \leqslant v\}$$

实际上，利用 n_0 次仿真运行的方差 $S^2（n_0）$ 来替代 n 次仿真运行的方差，会使得计算得出的 n 值偏大。为了消除这种影响，一般采用序贯程序法，其步骤如图5.1所示。

5.2.3 重复删除法

终态型仿真时虽然每次运行是相互独立的，但是系统的初始状态是完全相同的，但初始状态并不能一定代表系统稳定特性的状态。同时，由于每次仿真的长度是有限的，初始状态对仿真结果的影响没有消除，因此得到的结果必然也是系统的有偏估计。

重复删除法的基本思想是设对某一系统进行 K 次独立仿真，每次长度为 m，运行得到的观测值是 Y_1，Y_2，$\cdots$，Y_m；Y_{21}，Y_{22}，$\cdots$，Y_{2m}；Y_{k1}，Y_{k2}，$\cdots$，Y_{km}。系统的稳态性能测度为

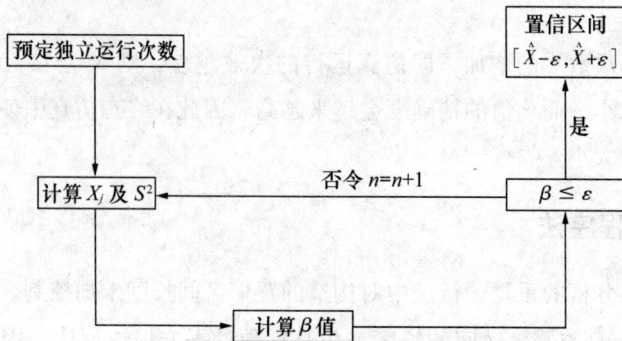

图 5.1   序贯程度法

$$v = \lim_{n \to \infty} \frac{1}{n} \sum_{i=1}^{n} Y_1$$

且 v 与系统的初始条件无关。由于初始条件的影响，系统的性能往往会经过一段时间的波动（瞬态过程）以后，才逐渐趋于平稳（稳态过程）。在统计计算系统性能是，应删除每一次运行的前 l 个观测数据。

令：

$$\overline{Y}_j(m,1) = \sum_{i=l+1}^{m} Y_{ji}/(m-1)$$

$$\overline{Y}_j(k,m,1) = \sum_{i=l+1}^{m} \overline{Y}_j/(m,1)/K$$

将 $\overline{Y}_j$（m, 1）作为每次运行的均值，$\overline{Y}_j$（k, m, 1）作为系统稳态性能的估计值，其置信区间半长为：

$$t_{k-1,k-\alpha/2} \sqrt{S\frac{2}{Y_j(m,1)}(K)/K}$$

其中

$$S\frac{2}{Y_j(m,1)}(K) = \frac{1}{k-1} \sum_{i=1}^{K} (\overline{Y}_j(m,1) - \overline{Y}_j(K,m,1))^2$$

给定初始条件（$L(0) = 1$）时，系统性能参数在 n 时的瞬态概率分布设为 $F_{n,1}$（x），即

$$F_{n,1}(x) = P\{Y_n \leq x \mid L(0) = 1\}$$

从理论上说，系统性能的稳态概率分布应为

$$F(x) = \lim_{n \to \infty} F_{n,1}(x)$$

但是，从实际应用的观点出发，总存在一个 n^*（n^* 为有限值），使得

$$F_{n,1}(x) \approx F(x), n \geq n^*$$

当 $F_{n,1}$（x）基本上不随 n 的增大而变化是，系统进入平衡状态。根据这一概念，在稳态

仿真中仍可作有限次仿真运行，来估计系统性能的置信区间。

重复删除法将每次仿真运行分为瞬态阶段 $(0, T_0)$ 和数据收集阶段 (T_0, T_E)，在 T_E 时终止仿真运行，要求 $t = T_0$ 时系统的状态有一定的稳态代表性。在此基础上做多次独立重复运行，即可对结果进行统计分析。

重复删除法虽然有很强的吸引力，它只需要运行 K 次独立的终止型仿真，所需样本容量可以大大减少。但是问题在于难于正确选择要去除的观测值数目和确定 l 的值。因为采用此方法需要每次运行结束时重新初始化系统，所以系统能较快进入稳态并运行长度有限时，较适宜采用重复删除法。

5.3 稳态仿真的结果分析

对于稳态仿真通常采用非中断式系统。非中断式系统指连续执行一段时间，甚至可近似认为永远不会中断系统。稳态型仿真的具体方法有：批均值法、稳态型序贯法、重新产生法、重复删除法。

对非中断系统来说，为了观察系统长期的特性，在仿真运行过程中，每隔一段时间即可获得一个观测值 Y，从而可以得到一组自相关时间序列的采样值 Y_1，Y_2，$\cdots$，Y_n。其稳态平均值定义为

$$v = \lim_{n \to \infty} \frac{1}{n} \sum_{n}^{1} Y_i$$

式中 v 值并不受系统起始状态的影响，即不同的起始状态的结果都应收敛于 v。

5.3.1 批均值法

稳态仿真若采用类似重复运行法那样利用全部观测值进行估计，得到的估计值 $\hat{Y}$ 与实际的稳态值 Y 之间会有偏差；$b = \hat{Y} - Y$ 这里 b 称为在点估计 $\hat{Y}$ 中的偏移。而偏移是由于人为的或任意的初始条件造成的，我们希望偏移值 b 相对于 Y 值尽可能地小。重复运行的次数越多，只会影响置信区间范围错误的估计点 $Y + b$ 变短，而不会围绕 Y 变短。

为了降低偏移的影响，可以采用批均值法。批均值法把仿真运行划分为长度（采样次数）相等的 N 段，每一段看作一次独立的仿真运行，得到的样本平均值为 X_1，X_2，$\cdots$，X_M，X 可以近似认为是独立同分布的随机变量；再利用与重复运行法相同的统计方法来构造仿真结果的置信区间，即如果运行的总次数为 M 次，分为 N 批。即将足够多的观测值 Y_1，Y_2，$\cdots$，Y_m（i =1，2，$\cdots$，m）分为 n 批，每一批中有 l 个观测值，则每批观测数据如下：

第一批：Y_1，Y_2，$\cdots$，Y_M

第二批：Y_{l+1}，Y_{l+2}，$\cdots$，Y_{21}，

.

.

第 n 批：$Y_{(n-1)l+1}$，Y_{n-1l+2}，$\cdots$，Y_{nl}

首先对每批数据进行处理，分别得出每批数据的均值：

$$\hat{Y}_1 = \frac{1}{l} \sum_{k=1}^{1} Y_{(i-1)1+k}$$

由此可得总得样本的均值和方差分别为：

$$\bar{Y} = \frac{1}{n} \sum_{j=1}^{n} \bar{Y}_J = \frac{1}{m} \sum_{i=1}^{m} Y_i$$

$$S_j^2(n) = \frac{1}{n-1} \sum_{j=1}^{n} (\bar{Y}_j - \bar{Y})^2$$

由于假设样本满足独立同分布且是正态分布，则对随机变量 Y 的期望值的区间为 μ：

$$\mu = \bar{Y} \pm t_{n-1,\frac{\alpha}{2}} \sqrt{S_j^2(n)/n}$$

重复运行法和批均值法在原理上和方法上类似，但是，它们对同一样本空间作了不同的处理。前者是每次运行都从初始状态开始，后者是每次运行的结束作为下一次运行的开始，因此，各自有不同的特点。重复运行法每次仿真运行都经过初始空载状态，空载状态的影响会导致较大的均值估计偏差，但是每次仿真运行之间独立性较好；批均值法有利于消除初始状态的影响，但需要特别注意消除各批之间的相关性。

5.3.2 稳态序贯法

批均值法对置信区间的精度未加控制，先讨论基于批均值的稳态型序贯法，以满足规定精度置信区间的要求。

设某次稳态运行得到的观测值是 Y_1，Y_2，$\cdots$，Y_m。其批长度为 l，共 n 批，每批观测值的均值为 $\bar{Y}$，总体样本均值为 Y_k（$k = 1$，2，$\cdots$，n）。

批均值法进行计算时，假定前提为每批观测值的均值是独立的，但实际上 Y_1，Y_2，$\cdots$，Y_m 是相关的。为了得到不相关的 Y_i，直观的做法是保持批数 n 不变，不断增加 l，直到满足不相关的条件为止。但是如果 n 选择过小，Y_j 的方差将加大，最终导致置信区间的偏差加大，因此 n 也应该足够大。这样为了达到精度要求就必须选择的 n 和 l 足够大，使得样本总量 $m = n \times l$ 特别大，时间的消耗也是仿真中应该考虑的因素，现这里介绍一种尽可能减少 m 的方法。

设仿真运行观测值的批长度为 l，已经有观测值 n 批，考虑相隔为 i 的两批观测值均值的

相关系数:

$$\rho_i \ (l) \ = cov \ [\overline{Y}_j, \ \overline{Y}_{j+1}], \ (j = 1, \ 2, \ \cdots, \ n-1)$$

随 l 的变化,$\rho_i \ (l)$ 的变化规律大致有 3 种情况。

①$\rho_i \ (l)$ 为递减函数。

②$\rho_i \ (l)$ 的值一次或多次改变方向,然后严格的递减到 0。

③$\rho_i \ (l)$ <0 或者随 l 的变换没有一定的规律。

设仿真运行观测值的批长度为 l,已经有观测值 n 批,相隔为 j 的两批观测值批均值的相关系数为 $\rho_j \ (n, \ 1) \ = cov \ [\overline{Y}_k, \ Y_{k+1}], \ (k = 1, \ 2, \ \cdots, \ n)$ 也满足以上三个条件。

基于批均值发的稳态序贯法原理如下:

①给定批数因子 nf 以及仿真长度 m_i(m_i 是 nf 的整数倍),$\rho_i \ (l)$ 的判断值为 u,置信区间的相对精度为 Y,置信水平为 α。令 $i = 1$。

②进行长度为 m_i 的仿真运行,获得 m_i 个观测值 $Y_1, \ Y_2, \ \cdots, \ Y_{mi}$。

③令 $1 = m_i / \ (nf)$,计算 $\overline{Y}_k \ (k = 1, \ 2, \ \cdots)$ 和 $\rho_j \ (nf, \ l)$(可以取 $j = 1$)。

④如果 $\rho_j \ (nf, \ 1) \ \leqslant 0$,则说明 m_i 太小,需加大 m_i,可令 $i = i + 1$,且 $m_i = 2m_i - 1$ 返回第(2)步获取其余 m_{i-1} 个观测值。

⑤如果 $\rho_j \ (nf, \ l) \ \leqslant \mu$,则表明增长仿真运行长度无助于 ρ_j 的判断,执行第(8)步。

⑥如果 $0 < \rho_j \ (nf, \ 1) \ \leqslant \mu$,计算 $\overline{Y}_k \ (21) \ \ (k = 1, \ 2, \ \cdots, \ nf/2)$,计算 $\rho_j \ (nf/2, \ 2l)$,$j = 1$,判断 $\rho_j \ (l)$ 是否具有第 2 类特征;如果 $\rho_j \ (nf/2, \ 2l) \ > \rho_j \ (nf, \ l)$,则说明该相关系数确实具有第 2 类特征,需要进一步加大 m_i,令 $i = i + 1$ 且 $m_i = 2m_i - 1$,返回第(2)步获取其余 m_{i-1} 个观测值。

⑦如果 $\rho_j \ (nf/2, \ 2l) \ < \rho_j \ (nf, \ l)$,则说明 $\rho_j \ (l)$ 已经具有第 1 类特征,而且达到 $\rho_j \ (l)$ 判断值 μ 的 l 已经得到,可以相信 $\rho_j \ (nf, \ l)$ 的值满足独立性要求,此时用批均值法计算该 fl 的批长度为 l 置信区间。

⑧计算 $\overline{Y}_k \ (n, \ fl)$、$\overline{Y} \ (n, \ fl)$ 以及置信区间的半长 $\delta = t_{n-1, \alpha/2} \cdot \sqrt{S^2/n}$

最后得,$\hat{Y} = \delta / \overline{Y} \ (n, \ fl)$

⑨如果 $\hat{Y} > Y$,说明精度不满足要求,令 $i = i + 1$ 且 $m_i = 2m_i - 1$,返回第(2)步获取其余 m_{i-1} 个观测值。

⑩如果 $\hat{Y} \leqslant Y$,则精度满足要求,可以令估计值 $v = \overline{Y} \ (n, \ fl) \ \pm \delta$,仿真停止。

与终态仿真结果分析类似,稳态序贯法较好地解决了批长度的确定及仿真运行总长度的确定问题,并能满足规定的置信区间要求。

5.3.3　重新产生法

在批均值法，将一次长度为 m 的稳态仿真结果分成等长的若干批数据进行处理，批长度的确定对于这种方法是十分重要的，它直接影响到批均值法的效能。但到目前为止，选取批长度的原则尚未完全确定，因此有必要考虑其他有效的方法。

重新产生法的基本思想为，在一次稳态性仿真中，设仿真从某一初始状态开始运行，当运行到系统重新达到该状态时，其以后的过程可以认为是与当前的过程独立的，这就相当于系统在此时重新运行，将这一过程称为重新生产周期。系统初始状态重复出现的时刻点称为系统的在重新产生点。重新产生法思想就是要找出稳态仿真过程中系统的重新产生点，由每个重新产生点开始的再生周期中所获得的统计样本都是独立同步的，可以采用经典统计方法对参数进行评估并构造参数值的置信区间。

重新产生法的缺点在于系统重新产生点的数量要求足够多，并且每个周期应该是独立的。但是在实际系统的仿真运行中可能没有重新产生点或者重新产生周期过长，则要求仿真运行的总长度要足够大。另外，这种方法难以预先确定置信区间的精度，因而无法得到规定精度要求的置信区间。

5.4　系统性能比较分析

很多情况下，仿真常用来对两种不同的规划方案进行对比分析。例如，在库存管理中，需分析何种库存策略使得库存水平最低且不至于缺货，也需要对两个不同的系统进行仿真并分析。制造车间中不同的派工方法、交通系统中不同的控制策略、生产线中不同工位的换成容量等，都需要对两个或两个以上系统进行对比分析。

两系统性能比较的基本思想为对每一个系统分别独立的运行 n 次，各自得到同一性能的 n 个样本值，然后建立对应样本的置信区间。以 ATM 取款机为例：经过仿真后，方案一的取款人平均等待时间为 θ_1；方案二的取款人平均等待时间为 θ_2。对 $\theta_1 - \theta_2$ 的差异进行分析，即求得 $\theta_1 - \theta_2$ 的点估计与置信区间。

假设比较两种不同系统 $i = 1$，2 的设计方案的绩效，仿真的重复次数为 N_i。Y_{ni} 为系统 i 的第 n 次仿真所收集到的绩效指标，用来估计系统 i 的绩效 θ_i（$i = 1$，2）。以 $\bar{Y}$ 和 S^2 代表系统 i 的样本均值和样本方差。于是 $\theta_1 - \theta_2$ 的点估计值可近似为 $Y_1 - Y_2$，且有：

$$\bar{Y}_1 = \frac{1}{N_i} \sum_{n=1}^{N_i} Y_{ni}$$

$$S^2 = \frac{1}{N_i - 1} \sum_{n=1}^{N_i} (Y_{ni} - \bar{Y}_m)^2$$

在 100 $(1-\alpha)$% 的置信区间下 $\theta_1 - \theta_2$ 的置信区间为：

$$Y_1 - Y_2 - t_{\frac{\alpha}{2}}(v) \sqrt{\frac{S_1^2}{N_1} + \frac{S_2^2}{N_2}} \leq \theta_1 - \theta_2 \leq Y_1 - Y_2 + t_{\frac{\alpha}{2}}(v) \sqrt{\frac{S_1^2}{N_1} + \frac{S_2^2}{N_2}}$$

其中 v 的计算方法为：

$$v = \frac{\left(\dfrac{S_1^2}{N_1} + \dfrac{S_2^2}{N_2}\right)^2}{\dfrac{\left(\dfrac{S_1^2}{N_1}\right)^2}{N_1 - 1} + \dfrac{\left(\dfrac{S_1^2}{N_1}\right)^2}{N_1 - 1}}$$

若 $\theta_1 - \theta_2$ 的置信区间完全落在零点左方，则有充分证据说明 $\theta_1 - \theta_2 < 0$，即有充分信心说明 $\theta_1 < \theta_2$；若 $\theta_1 - \theta_2$ 的置信区间完全落在零点右方，则有充分证据说明 $\theta_1 - \theta_2 > 0$，即有充分信心说明 $\theta_1 > \theta_2$；若 $\theta_1 - \theta_2$ 的置信区间包括零点，则没有充分证据表示两系统之间有明显差异。

实际发展是可能会出现多种方案的仿真结果，需要比较 K 种结果的优劣。多系统选择较优方案的本质上是参数优化问题。离散事件系统参数优化是一个非常困难的问题，到目前为止仍然没有得到很好的解决，特别是多参数的优化问题，原因在于离散事件系统的随机性。

第 6 章

现代物流系统优化概述

现代物流追求的主要目标有两个：一是满足物流用户的需求，实现最佳化服务；二是以用户能接受的成本效益比为前提，实现服务所消费的资源最小化。各行业的竞争日趋激烈，各企业在降低成本及提高售后服务质量的同时，更应该积极推行现代物流，使企业经济效益最大化。物流活动本身就是一个系统，对于物流系统来说，所有物流环节都只是整体的一部分，只是一个分系统，它们的一切作业活动必须在保证整体最优化的前提下实现局部优化。没有实现总体系统化的物流系统，其物流总成本一定高于实现物流系统化后的物流总成本。因此，只有实现物流系统化才能以最低物流总成本提供用户需要的物流服务，才能实现物流合理化。为了实现物流系统的目标，达到物流过程的整体合理化，对分系统物流进行局部优化，再根据物流系统总目标有关盈利及服务要求进行协调、平衡，以达到企业利润最大化下物流总成本尽可能少的目的，对提高物流的经济效益和社会效益具有十分重要的意义。

6.1 优化问题概述

6.1.1 优化问题的特点及求解方法

现实世界中存在大量的优化问题，虽然优化问题种类繁多，特性各异，但是基本上可以将它们分成函数优化问题和组合优化问题两大类。其中函数优化的对象是一定区间内的连续变量，而组合优化问题的对象则是解空间中的离散状态。最优化问题可以是求最大值也可以是求最小值，由于两者之间可以通过一些简单的变换进行相互转换（例如取倒数、取负值等），为了描述方便，可以将最优化问题统一描述成求最小值。

　　函数优化问题通常可描述为：令 S 为 R^n 上的有界子集（即变量的定义域），$f: S \rightarrow R$ 为 n 维实值函数，函数 f 在 S 域上的最优化即为求 $X_{min} \in S$，使得 $f(X_{min})$ 在 S 域上取全局最小值，即：

$$\forall X \in S : f(X_{min}) \leqslant f(X)$$

　　组合优化问题通常可描述为：令 $\Omega = \{s_1, s_2, \cdots, s_3\}$ 为所有状态构成的解空间，$C(s_i)$ 为状态 s_i 对应的目标函数值，要寻找最优解 s^*，使得 $C(s^*)$ 在解空间 Ω 中取全局最小值，即：

$$\forall s \in \Omega : C(s^*) \leqslant C(s)$$

而在现实的经济系统、工程技术领域存在的优化问题，一般具有以下几个特点：

　　①非线性特点：即问题的优化目标与决策变量之间的关系是非线性的。求解非线性关系问题一般要比求解线性关系问题困难得多。

　　②多极值的特点：即目标函数与决策变量之间的关系不是简单的递增或递减关系，视优化问题的不同，目标函数具有多个极大值或极小值。

　　③约束性特点：决策变量本身或多个决策变量之间存在约束关系。

　　④多目标特点：优化问题可能具有多个优化目标，而且多个目标之间存在相互制约。

　　⑤组合优化特点：即优化问题本身是组合优化问题或者通过一些变换能将其转换成组合优化问题，而且，这些组合优化问题属于计算复杂性理论中的 NP - 难问题（NP - Hard Problem）。由于 NP - 难问题不存在多项式时间算法，随着问题规模的增大，解的组合空间迅速变大，因此很难获得问题的精确最优解。

　　⑥复杂性特点：上述五个特点决定了此类优化问题一般比较复杂，在不少情况下，目标函数不可导、不连续。在某些情况下甚至很难建立传统意义上的解析模型，即使能建立解析模型也很难用传统的数学方法求取目标函数的最优解。

　　大量的研究实践表明，应用数学规划等经典的数学方法来求解此类优化问题的效果不够好。随着计算机计算能力的不断增强和计算机技术不断发展，从 20 世纪 70 年代开始，研究人员开始利用计算机及计算机技术解决此类问题，并获得了很多的研究成果，出现了一些解决上述复杂优化问题的新的方法技术及新的优化算法。

　　在新方法技术方面主要有系统仿真技术。由于现代仿真技术均是在计算机支持下进行的，因此，系统仿真也被称为计算机仿真。计算机仿真技术有着巨大的优越性，利用它可以求解许多复杂而无法用数学手段解析求解的问题，利用它可以预演或再现系统的运动规律或运动过程，利用它可以对无法直接进行实验的系统进行仿真实验研究，从而可以节省大量的资源和费用。由于计算机仿真技术的优越性，其应用领域非常广泛，而且也越来越受到普遍的重视。在新的优化算法方面则出现了一批以求解问题的近似满意解为特征的优化算法，如模拟退火算法（Simulated Annealing，SA）、遗传算法（Genetic Algorithrn，GA）、蚁群算法（Ant Colony Optimization，ACO）（也称为蚂蚁算法）、微粒群算法（Paticle Swarm Optimization，PSO）等。上述算法在国内也被统称为"智能优化算法"。鉴于待求解问题的复杂性，精确算法的计算复杂度很高，在可接受的计算时间内无法求出问题的确切最优解。与经典数学规划的求解目标截然不同，智能优化算法的目标并不是求解待优化问题的最优解，而是在可接受的计算时间内获得问题的近似满意解。对于很多经济系统和工程优化问题来说，由于存在大量的随机因素，往往没有确切的最优解，因此很适合采用智能算法求解此类问题。

6.1.2　仿真优化的特点及算法

1. 仿真优化的特点

研究基于仿真的目标优化问题，其原理如图 6.1 所示，即基于模型仿真给出的输入输出关系（性能）通过优化算法得到最佳的输入量。

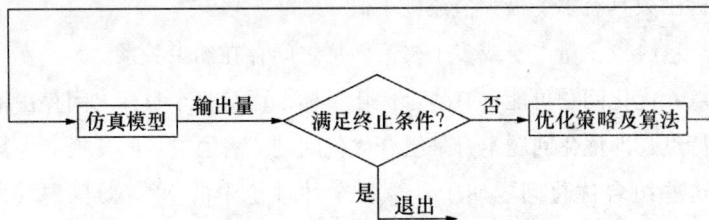

图 6.1　仿真优化原理图

大量实际工程问题均可归结为仿真优化问题，如制造系统、化工系统、电力系统、交通系统等。仿真优化的特点可归纳如下：

①系统的输入输出关系缺少结构信息，不存在解析表达式，仅能通过仿真得到。

②存在不确定因素，一次仿真仅给出对应某一输入的一次性能估计，通常存在误差。

③系统仿真过程较费时，且缺少与优化模块的合理接口，以至于整个优化过程很慢。

④输入变量空间大，且连续量、离散量和逻辑量共存，优化涉及多目标，并存在多极小，以至于难于高效实现全局优化。

鉴于仿真优化的工程背景和上述难点，它一直是不同领域理论和工程人员共同关注的重要课题，尤其在仿真、运筹学和 DEDS 领域。随着计算机技术、人工智能和数学分析方法的发展，仿真优化的研究取得了一定进展，但仍存在大量 open 问题，每年的 Winter Simulation 会议都将其列为一个国际前沿课题来研讨。下面就简单介绍一下仿真优化的一些方法。

仿真优化算法可归纳为基于梯度的方法、随机优化方法、响应曲面法、启发式方法和统计方法等 5 类以及这些方法的混合，如图 6.2 所示。

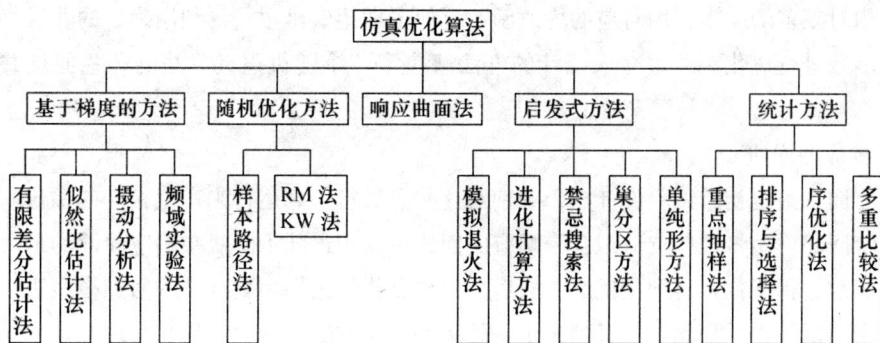

图 6.2　仿真优化算法分类图

2. 仿真优化的算法

（1）基于梯度的方法

该类方法通过估计性能指标的梯度来判定改进性能的方向，进而基于确定的数学规划方法进行求解。主要包括有限差分估计、似然比估计、摄动分析和频域实验法，其应用依赖于梯度估计的可靠性和高效性。

①有限差分估计法是最原始的梯度估计法，实现对梯度的估计需要多次重复仿真，运行成本大。

②似然比估计法分析系统样本路径的概率测度对随机变量分布函数的依赖关系，通过测度变换获得似然比来构造性能测度的估计量。它仅需一次仿真即可获得梯度估计，适合于瞬态和再生仿真优化问题。

③摄动分析法通过跟踪系统的样本路径，分析参数摄动对系统性能的影响，进而获得样本性能对参数的梯度以作为系统性能测度梯度的估计量。它通过一次运行估计即可得到所有的目标函数的偏梯度，因此计算效率高，但基于无穷小摄动分析得到的估计通常有偏差且不一致。

④频域实验法在一次长仿真运行中的不同频率上对选定的输入参数进行正弦振荡，然后对输出变量值进行谱分析，若输出量对输入量敏感则参数的正弦振荡将导致响应的相应振荡，以此来发现影响最大的输入参数，从而得到梯度的最大方向，但该方法必须解决振荡指数、频率和幅度的确定问题。

（2）随机优化方法

随机优化方法解决了目标函数不解析但可估计的优化问题，通常是基于梯度估计的迭代算法，也包括随机逼近方法。20 世纪 50 年代出现的 RM 和 KW 方法是最常用的非约束性随机逼近方法。但目标函数平坦时收敛慢，目标函数陡峭时会发散，而且缺少合理的终止准则且难以处理约束，最近有些改进的方法在某些假设条件下可以保证算法的收敛性。此外，样本路径法通过产生相对很多的样本，用对应的均值函数近似为期望值函数，再利用确定的非线性规划方法对均值函数进行优化。通过介入统计的方法解决了传统随机逼近方法的一些弱点并提高了效率。

（3）响应曲面法

响应曲面法给定初始试验设计点，分别对这些点进行仿真运行来产生相应的输出响应，通过应用一阶回归模型将这些响应拟合为响应曲面，进而用最陡下降法在响应曲面的最大梯度方向对回归函数进行优化来得到最优解，然后再以该点作为中心用更高阶的回归模型进一步做试验，得到新的试验点，如此重复直到终止条件满足。该方法是试验设计和数理统计相结合的优化方法，相对一般的梯度估计方法而言，该方法所需的仿真次数较少。

（4）启发式方法

启发式方法一般指对解空间不断进行探索和改进的直接搜索方法，如模拟退火（SA）、进化计算（EC）、禁忌搜索（TS）、巢分区（NP）和单纯形方法（SM）等。最近 Boesel 等指出没有启发式方法的应用就可能没有仿真优化的发展，可见启发式方法的重要地位，也正因如此它才尤其受到人们的重视。

SA 是基于 Monte Carlo 迭代求解的一种通用随机寻优算法，它基于物理中固体物质的退火过程与一般组合优化问题之间的相似性，通过设定初温和初态，伴随温度的不断下降，结合概率突跳特性在解空间中通过邻域函数进行随机搜索，最终得到全局最优。其概率性劣向转移使得算法具有跳出局部极小而实现全局最优的能力，但在提高效率方面还有待进一步研究。

EC 是遗传算法、进化规划、进化策略和遗传编程的统称，是基于适者生存的一类高度并行、随机和自适应优化算法。以遗传算法为例，它将问题的求解表示成染色体的适者生存过程，通过染色体群的一代代不断进化，包括复制、交叉和变异，最终收敛到问题的最优解。其特点在于：对问题参数编码成染色体后进行进化操作，不针对参数本身，从而不受函数约束条件的限制；搜索过程从问题解的一个集合开始而不是单一个体，具有隐含并行搜索特性，大大减小了陷入局部极小的可能；遗传操作具有随机性，并根据个体的适配值信息进行搜索，无需其他信息。其优越性主要表现在：算法进行全空间并行搜索，并将搜索重点集中于性能高的部分，从而提高效率且不易陷入局部极小；具有固有的并行性，通过对种群的遗传处理可处理大量的模式，且容易并行实现。目前，进化计算是应用最广的智能优化算法，但在避免早熟收敛方面还有待深入研究。

TS 是对局部邻域搜索的一种扩展，是一种全局逐步寻优算法，是对人类智力过程的一种模拟。它一方面沿用局部邻域搜索的思想，用于实现邻域搜索；另一方面通过引入一个灵活的存储结构和相应的禁忌准则来设置禁忌表和禁忌对象，并通过标记对应已搜索到的局部最优解的一些对象，以便在进一步的迭代搜索中尽量避开这些对象（而不是绝对禁止循环），从而体现算法避免迂回搜索的特点，并保证对不同的有效搜索途径的探索；另外，通过设置藐视准则来奖励和赦免一些优良状态。禁忌搜索的主要特点是：搜索过程中可接受劣解，因此具有较强的"爬山"能力；新解不是在当前解的邻域中随机产生，而或是优于 best so far 的解，或是非禁忌的最佳解，因此选取优良解的概率远远大于其他解。目前，提高算法效率仍是禁忌搜索面临的主要课题。

NP 的基本思想是对可行域进行系统性分区，然后集中搜索优良解可能位于的区域。在每一步迭代中，算法跟踪最有希望的区域，并用随机抽样得到的信息来实现有希望区域间的转移。该算法保证每一步对所有可行空间均进行抽样，尤其对最有希望区域通过重复分区而进行重点抽样，如此逐步缩小最佳区域。如何分区、如何得到抽样点、如何定义指标函数、如何选择撤退规则、如何选择初始最佳区域是该方法的基本问题。该方法容易实施，在理论上具有概率 1 全局收敛特性，并具有自然的并行性，因此被认为是一种有潜力的新方法。SM 首先在 n 维欧氏空间 En 中构造一个包含 $n+1$ 个顶点的凸多面体，求出各顶点的函数值，并确定其中的最大值、次大值和最小值；然后通过反射、扩张、内缩、缩边等策略求出一个较好解，用之取代最大（差）点，从而构成新的多面体。如此多次迭代则可逼近一个性能较好的极小点。该方法的缺点在于可行域的凸假设、约束处理和对初始点的依赖性。

（5）统计方法

统计方法主要包括重点抽样法、排序与选择法、多重比较法和序优化方法。①重点抽样法的原理是在不同概率测度下进行仿真来增加涉及稀少事件的典型样本路径的概率，对于各仿真路径通过对被估计测度乘上相关因子则可得到原系统的无偏测度估计。如何提出对稀少事件测度的合理改变是该方法面临的主要问题。②对于那些对所有方案的关系有所了解的问题，排序与选择法将其作为多指标决策问题来处理，当决策涉及选择最佳方案时使用 indifference 区域排序技术，当涉及选择包括最佳方案的子集时则采用子集选择技术，而在每种情况下决策应保证与预先假定的概率一致。③多重比较法是选择方案有限时排序与选择法的一种替代，它必须提供所有要检验的可替代方案的有关相对性能。④序优化方法的基本思想是：序比值更容易确定，放松优化目标可使问题求解更容易。序优化不过分强调得到精确的最优解，而是以一定期望概率以较少计算量通过"序"的评价得到足够好的解（如整个解空间 top−1%），一般具有指数收敛速度。因此，对于大量缺少结构信息而搜索空间巨大的不确定性优化问题，序优化在保证一定质量的基础上加速了优化过程、减少了计算量。

6.2　现代物流系统的复杂性

6.2.1　复杂物流系统的结构

随着科学技术的进步，生产规模不断扩大，产品花色品种不断更新，社会需求日新月异。大规模的生产要求大规模的流通相伴随，大规模的流通带来大规模的物流。这类物流系统通常包含若干个相互依赖的供应链，每个供应链可能具有多个制造商和零售商实体，制造商和零售商实体之间存在较多的批发商实体（经销商、配送中心等），供应链之间、实体之间通常存在竞争或合作的关系；经常包含若干运输车辆、多种运输路线；存在较多的不确定性因素，如顾客需求、原材料外部供应、交纳周期等；系统中每个实体、每个供应链都存在"供方"与"需方"的对应关系，而且这种供需关系是动态变化的。因此，这类系统规模大、结构复杂，属于复杂系统的范畴。它总是处在一个不确定的环境中，受很多随机因素的影响，具有多目标、多因素、多层次的特点，是以离散事件为主的复杂的连续－离散事件混合系统，而不是单纯的离散事件系统。这类系统，我们称之为复杂物流系统（Complex Logistics，简称 CL）。根据供应链和敏捷供需链的概念，我们将复杂物流系统定义为：在竞争、合作、动态、不确定的复杂市场环境中，由若干供方、需方等实体（自主、半自主或从属）构成的快速响应环境变化的供应链物流系统。实体是指参与物流活动的企业、企业集团或联盟，以及企业内部业务相对独立的部门。具有自主决策权的实体称为自主实体，具有部分决策权的实体称为半自主实体，没有自主决策权的实体称为从属实体。供方和需方可以是各类供应商、制造商、批发商和零售商实体。"动态"反映了为适应市场变化而进行的供需关系重构过程，它和"竞争"、"合作"以及"不确定性"一起构成了该类系统的复杂性。一个理想的物流问题是一个网络流问题，它由地理上分布的许多实体组成。典型的复杂物流系统由供应商、制造商、批发商和零售商中的若干类实体组成。它主要研究原材料、中间产品和最终产品在供应商、制造商、批发商和零售商之间的物理流动过程。其具体的物流方向是：由供应商向制造商提供原料，制造商通过生产工厂把原料转化成中间产品，并通过分销渠道把中间产品运送到批发商，批发商再把产品运送到零售商。运输工具是原材料、中间产品或最终产品的载体，联系着复杂物流系统中的各个实体。典型的复杂物流系统结构如图 6.3 所示。

供应链通常由一个核心企业（也称主导企业）将其他企业吸引在周围形成一个网链，这个核心企业可以包括供应链中的所有或部分实体。典型的供应链的核心企业通常包含若干个制造商实体。核心企业在供应链的运作中占有重要地位，它是整个供应链的信息交换中心和物流

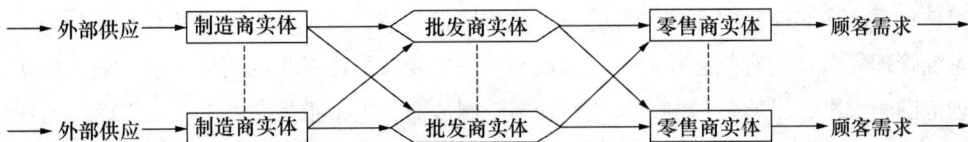

图 6.3 典型的复杂物流系统示意图

集散的调度中心，以保证各个实体能在正确的时间，得到正确品种和正确数量的零部件或产品，既不造成缺货，又不造成库存积压，把整个供应链的总成本减至最低限度。

6.2.2 物流系统复杂性的特点

1. 物流系统结构的复杂性

物流系统结构的复杂性主要表现在两个方面，一是物流系统网络形态的复杂性，二是构成物流系统实体的复杂性。

（1）物流系统网络形态的复杂性

一般来说，复杂物流系统呈现如图 6.3 所示的复杂网状结构。但是，对于具体的企业、企业集团或联盟，由于其核心企业、产品或服务的性质、业务管理与控制的范围、生产与经营过程中的瓶颈问题等因素的不同，具体的复杂物流系统中的供应链网络呈现不同的形态，主要有链状、树状、双向树状和星状，即每个供应链中的实体类型有多有少，实体对应关系也不尽相同。复杂物流系统网络形态的复杂性要求复杂物流系统仿真具有较好的通用性和可扩展性。

（2）构成物流系统的实体的复杂性

物流系统的实体的复杂性表现在实体的分散性、实体的性质差异以及实体数量众多三方面。构成某一特定复杂物流系统的实体在地理上一般是分散的，分散的范围可能是某一区域、某一城市、国家或全球。实体在地理上的分散性为复杂物流系统管理增加了额外的复杂性和难度。复杂物流系统中的实体根据其管理与决策的权限不同，可分为从属实体、半自主实体和自主实体。从属实体、半自主实体一般存在于企业内部物流，自主实体一般存在于企业外部物流。对于企业内部的从属实体和半自主实体，其管理的复杂性与企业文化、各实体的职能划分及相关的权利与义务、评价标准等因素有关。传统的垂直型组织结构使得每一个实体都独立完成自己的任务且独立评估。而复杂物流系统的管理是跨越实体界限的。因此，传统的组织结构和绩效评估系统是实施复杂物流系统全局管理的障碍，因为每个人都习惯于关注系统中单一部分的效率，而没有人去考虑整体的效益。对于企业外部的自主实体，其管理的复杂性与各实体在组织结构、企业文化、信息基础结构及资源状况等方面的差异有关。例如，各实体为了自身的利益不愿与其他实体共享某种重要信息，不愿意牺牲自身的利益去获取整个系统的最大利益。相关实体组成动态联盟后，相互之间的信息流畅通与否也直接影响复杂物流系统管理与决策的难易程度。在实体之间建立某种适当的供需协作关系，明确各自的责任与义务是降低复杂物流系统管理复杂性的有效途径之一。构成某一特定复杂物流系统的实体数量一般比较多，根据管理范围的大小，可能包括多个供应商、多个制造商、多个批发商及多个零售商。

物流系统的实体的复杂性使得在复杂物流系统仿真的时候要将分布在不同地域的各个实体的仿真子系统进行有效地集成，正确地区分实体类型并建立相应的仿真模型，众多的实体一起仿真则需要数据库技术的支持。

2. 物流系统的不确定性

物流系统的不确定性表现在零部件或产品的供应、生产、储运、销售等各个环节。

对于供应环节，生产所需的原材料需经过供应商的生产和运输才能到达生产现场，凡影响原材料生产和运输的因素都将影响原材料的准时到位。另一方面，在企业的生产流程中，后道工序所需的原材料和半成品，受到原材料供应和前道工序的制约，凡影响前道工序正常生产的因素都将影响后道工序的生产。这些因素都具有很大的不确定性，也很难甚至无法预先做到准确地计划和准备。为了避免这些不确定性给企业带来的损失，企业管理者不得不考虑设置仓库，以原材料（半成品）的库存来应对由不确定性造成的原材料短缺，然而，由此带来另一个问题，建立库存需要占用相当数量的资金，如果库存量不当，还会严重影响企业的正常工作；对于生产环节，物料、设备、人员、能源等的不确定性也必然会影响生产的正常进行，同时也会影响到上游的供应环节和下游的销售环节；对于储运环节，其不确定性的主要来源有物料的仓储环境、工作人员的责任心、运输资源、交通状况等。仓储环境直接影响零部件或产品的保管；运输资源和交通状况影响零部件或产品的能否及时到达消费者手中；对于销售环节，最大的不确定性来自于市场。凡是影响消费者购买欲望的因素，都会影响产品的销售，从而有可能导致库存积压或缺货。

因此，如何保持适当的库存量，既减少库存成本，又不影响正常的产品销售和对用户的服务水平，是复杂物流系统管理要考虑的主要问题之一，如何建立与市场不确定性需求相对应的供应、生产、储运和销售一体化系统，是复杂物流系统优化的重要内容之一。复杂物流系统仿真的时候要能够正确地描述和模拟这些不确定性，为决策者提供应对这些不确定性的解决办法。

3. 物流系统中信息的失真与放大

在复杂物流系统中，各实体通常通过订单联系在一起，每个实体从其下游获取订单并为上游实体提供需求等输入信息，作为上游实体进行或库存决策的依据。由于市场的变化，造成各级订单的内容、批量、产品价格、产品的调度规则等都是动态变化的。各级实体为了应付需求的变化而不得不进行需求预测，对整个系统而言形成多级预测。由于整个系统需求信息的非共享性及每个实体所拥有信息的不完全性，造成不准确（失真）的需求预测及相关信息在逐级传播过程中被放大，使复杂物流系统不能有效地运作，这也就是著名的牛鞭（Bullwhip）效应，即信息的失真与放大。牛鞭效应的直接后果是造成物料的过量库存或短缺，破坏正常的市场秩序。引起牛鞭效应的基本原因有以下几点。

（1）需求预测调整

在实际的生产经营中，为了各自的自身利益，复杂物流系统中的每一个企业都会根据生产经营的历史信息及市场状况做各自产品的需求预测，以便在此基础上控制库存，协调生产与经营资源。由于各种预测方法的局限性及市场需求的不可预测性，相关业务部门常常采用简单实用的方法（例如，指数平滑法）决定向供应商订货的数量，然后根据来自下游企业的新订单，不断调整未来需求量的预测值。当产品的生产提前期或采购提前期很长时，可能会出现产品的实际订货量与预测量偏离的现象，提前期越长，偏离的可能性及偏离的量越大。相应地，对于上游企业来讲，如果它仍然用指数平滑法调整未来需求量的预测值，那么，它向其供应商订货的数量就可能会发生更大的波动。

（2）批量订货

在复杂物流系统中，每一个企业通常使用某种方法控制库存，当库存耗尽或低于某一数量（例如，安全库存）时，企业就会向其上游供应商发出订货订单。从理论上讲，企业可以按月、旬、周、日甚至小时，向其上游供应商发出订货订单，然而，由于供应和需求往往存在空间距离和时间上的矛盾，连续订单几乎是不可能的。同时，订单的交货期还要受到订货成本的约束，一般来说，交货期越短，订货成本越高。在实际的生产经营中，每个企业都是通过监控库存水平来向上游企业订货的。当需求增加时，出于对订货成本等因素的考虑，企业常常并不立即向其供应商订货，而是等需求累积到一定程度时才按批量订货，订货批量有周期批量和直接批量等形式。在周期批量的情况下，订单是按一定的时间间隔均匀分布的。假设订单按月分布，即每月只有一次订货的情况，这样，在每月的某一段时间（例如，月初或月末）将可能出现订货高峰，而在该月的其他时间无任何订货。这时，如果大多数订货周期重叠，则很容易发生牛鞭效应。订货周期越长，发生牛鞭效应的可能性越大。

在直接批量的情况下，如果订货均匀地分布在各个周期，需求的变化将表现出某种规则性的波动，这时，需求的变化对企业影响不大。然而，理想情况很少出现，批发商、零售商往往随机地订货，甚至同一地区的多个零售商重复订货，极有可能发生订货重叠的现象，这种现象越显著，牛鞭效应就越明显。

（3）价格波动

据统计，约60%的企业提前向其供应商订货，这主要是由于市场中价格波动引起的。在市场中，不同时期、不同的销售量，产品的折价不同。另外，各种赠物券、返还款等促销手段虽然不属于直接价格折扣，但也导致实际价格的变化。由于价格波动现象的存在，当产品价格很低时，需方可能会购买未必需求的商品，一旦市场上的价格恢复到原来的水平，需方将不再购买这些产品，直到库存降到合适的水平或需要时才考虑订货或购买的问题。尽管这种决策从需方的角度看是合理的，但是后果是市场的需求信息与实际信息出现了偏差，这种偏差越大，引起牛鞭效应的可能性越大。在复杂物流系统的实际运作中，由于存在牛鞭效应，从需方反馈到供应商的订货量与实际需求的偏差是巨大的。当面临这一大幅度偏差时，供应商一方面不得不在某一特定时间超负荷供应，而在其他时间闲置无事；另一方面，供应商还不得不设置高额库存以满足需求的巨大波动。

（4）理性对策

在市场中，当需求大于供给时，供应商常常会理性地评价需求量的增加。例如，如果供应量只是需求量的50%，供应商往往会满足需方同样比例的订货量。由于人们知道，当产品短缺时，供应商将实行上述的配给制，因此，需方从其自身利益出发，在订货时就会自然地夸大真实需求而增加订货量，这种不真实的市场需求信息逐级传递下去，就有可能发生牛鞭效应。对于牛鞭效应，人们采取了很多措施来缓解，例如避免多头预测，加强系统中实体间的信息沟通与共享，实施供应商管理库存策略等。在实际应用中，这些措施在某种具体的场合，在一定程度上缓解了牛鞭效应。但是，由于引起牛鞭效应的原因较复杂，通常有人为的因素在里面，取决于管理者的决策目标甚至是个人的主观态度。因此，在复杂物流系统仿真的时候必须引入主体概念，反映管理者的心智状态。

4. 复杂物流系统组织机构的动态性

由于市场的变化和不可预测性，复杂物流系统的重要特征之一是供需过程不断重构的动态性。为了对复杂物流系统实施有效管理，客观上要求支撑复杂物流系统有效运作的企业组织机构具有灵活的动态性，即要对企业组织机构进行不断的适应复杂物流系统需求的调整或重组。我们知道，特定的企业组织机构实际上是一个权利、义务和利益的结合体，对企业组织机构进行调整或重组的过程实质上是对构成复杂物流系统的相关实体的权利、义务和利益进行调整的过程，其间充满重重阻力，问题的复杂性与企业文化、运行机制、员工素质、业务类型、产品特征、企业在市场中的竞争力等因素有关。供需关系的动态变化特性要求复杂物流仿真系统应具有较好的可扩展性，提供实体的加入、退出机制，根据管理者的要求可以随时改变供需对应关系。

6.3　物流系统优化的原则及必要性

6.3.1　物流系统优化的基本原则

对于大多数企业来说，物流系统优化是其降低供应链运营总成本的最显著的商机所在。但是，物流系统优化过程不仅要投入大量的资源，而且是一项需要付出巨大努力、克服困难和精心管理的过程。

美国领先的货运计划解决方案供应商 Velant 公司的总裁和 CEO Don Ratliff 博士集 30 余年为企业提供货运决策优化解决方案的经验，在 2002 年美国物流管理协会（CLM）年会上提出了"物流优化的 10 项基本原则"，并认为通过物流决策和运营过程的优化，企业可以获得降低物流成本 10% ~ 40% 的商业机会。这种成本的节约必然转化为企业投资回报率的提高。

（1）目标（Objectives）：设定的目标必须是定量的和可测评的

制定目标是确定我们预期愿望的一种方法。要优化某个事情或过程，就必须确定怎样才能知道目标对象已经被优化了。使用定量的目标，计算机就可以判断一个物流计划是否比另一个更好。企业管理层就可以知道优化的过程是否能够提供一个可接受的投资回报率。

（2）模型（Models）：模型必须忠实地反映实际的物流过程

建立模型是把物流运营要求和限制条件翻译成计算机能够理解和处理的某种东西的方法。例如，我们需要一个模型来反映货物是如何通过组合装上卡车的。一个非常简单的模型，不能充分地反映实际的物流情况。如果使用简单的重量或体积模型，许多计算机认为合适的载荷将无法实际装车，而实际上更好的装载方案会由于计算机认为不合适而被放弃。所以，如果模型不能忠实地反映装载的过程，则由优化系统给出的装车解决方案要么无法实际执行，要么在经济上不合算。

（3）数据（Data）：数据必须准确、及时和全面

数据驱动了物流系统的优化过程。如果数据不准确，或有关数据不能够及时地输入系统优化模型，则由此产生的物流方案就是值得怀疑的。对必须产生可操作的物流方案的物流优化过程来说，数据也必须全面和充分。例如，如果卡车的体积限制了载荷的话，使用每次发货的重量数据就是不充分的。

（4）集成（Integration）：系统集成必须全面支持数据的自动传递

因为对物流系统优化来说，要同时考虑大量的数据，所以，系统的集成是非常重要的。比如，要优化每天从仓库向门店送货的过程就需要考虑订货、客户、卡车、驾驶员和道路条件等

数据。人工输入数据的方法，哪怕是只输入很少量的数据，也会由于太花时间和太容易出错而不能对系统优化形成支持。

（5）表述（Delivery）：系统优化方案必须以一种便于执行、管理和控制的形式来表述

由物流优化技术给出的解决方案，除非现场操作人员能够执行，管理人员能够确认预期的投资回报已经实现，否则就是不成功的。现场操作要求指令简单明了，要容易理解和执行。管理人员则要求有关优化方案及其实施效果在时间和资产利用等方面的关键标杆信息更综合、更集中。

（6）算法（Algorithms）：算法必须灵活地利用独特的问题结构

不同物流优化技术之间最大的差别就在于算法的不同（借助于计算机的过程处理方法通常能够找到最佳物流方案）。关于物流问题的一个无可辩驳的事实是每一种物流优化技术都具有某种特点。为了在合理的时间段内给出物流优化解决方案就必须借助于优化的算法来进一步开发优化技术。因此，关键的问题是：①这些不同物流优化技术的特定的问题结构必须被每一个设计物流优化系统的分析人员认可和理解；②所使用的优化算法应该具有某种弹性，使得它们能够被"调整"到可以利用这些特定问题结构的状态。物流优化问题存在着大量的可能解决方案（如：对于 40 票零担货运的发货来说，存在着 1 万亿种可能的装载组合）。如果不能充分利用特定的问题结构来计算，则意味着要么算法将根据某些不可靠的近似计算给出一个方案，要么就是计算的时间极长（也许是无限长）。

（7）计算（Computing）：计算平台必须具有足够的容量在可接受的时间段内给出优化方案

因为任何一个现实的物流问题都存在着大量可能的解决方案，所以，任何一个具有一定规模的问题都需要相当的计算能力支持。这样的计算能力应该使得优化技术既能够找到最佳物流方案，也能够在合理的时间内给出最佳方案。显然，对在日常执行环境中运行的优化技术来说，它必须在几分钟或几小时内给出物流优化方案（而不是花几天的计算时间）。采取动用众多计算机同时计算的强大的集群服务和并行结构的优化算法，可以比使用单体 PC 机或基于工作站技术的算法更快地给出更好的物流优化解决方案。

（8）人员（People）：负责物流系统优化的人员必须具备支持建模、数据收集和优化方案所需的领导和技术专长

优化技术是"火箭科学"，希望火箭发射后能够良好地运行而没有"火箭科学家"来保持它的状态是不可能的。这些专家必须确保数据和模型的正确，必须确保技术系统在按照设计的状态工作。现实的情况是，如果缺乏具有适当技术专长和领导经验的人的组织管理，复杂的数据模型和软件系统要正常运行并获得必要的支持是不可能的。没有他们大量的工作，物流优化系统就难以达到预期的目标。

（9）过程（Process）：商务过程必须支持优化并具有持续的改进能力

物流优化需要应对大量的在运营过程中出现的问题。物流目标、规则和过程的改变是系统的常态。所以，不仅要求系统化的数据监测方法、模型结构和算法等能够适应变化，而且要求他们能够捕捉机遇并促使系统变革。如果不能在实际的商务运行过程中对物流优化技术实施监测、支持和持续的改进，就必然导致优化技术的潜力不能获得充分的发挥，或者只能使其成为"摆设"。

（10）回报（ROI）：投资回报必须是可以证实的，必须考虑技术、人员和操作的总成本

要证实物流系统优化的投资回报率，必须把握两件事情：一是诚实地估计全部的优化成本；二是将优化技术给出的解决方案逐条与标杆替代方案进行比较。

在计算成本的时候，企业对使用物流优化技术的运营成本存在着强烈的低估现象，尤其是在企业购买的是"供业余爱好者自己开发使用"的基于 PC 的软件包的情况下。这时要求企业拥有一支训练有素的使用者团队和开发支持人员在实际运行的过程中调试技术系统。在这种情况下，有效使用物流优化技术的实际年度运营成本极少有低于技术采购初始成本的（如软件使用许可费、工具费等）。如果物流优化解决方案的总成本在第二年是下降的，则很可能该解决方案的质量也会成比例的下降。

在计算回报的时候，要确定物流优化技术系统的使用效果，必须做三件事：一是在实施优化方案之前根据关键绩效指标（Key Performance Indicators）测定基准状态；二是将实施物流优化技术解决方案以后的结果与基准状态进行比较；三是对物流优化技术系统的绩效进行定期的评审。

要准确地计算投资回报率必须采用良好的方法来确定基准状态，必须对所投入的技术和人力成本有透彻的了解，必须测评实际改进的程度，还必须持续地监测系统的行为绩效。但是，因为绩效数据很少直接可得，而且监测过程需要不间断的实施，所以，几乎没有哪个公司能够真正了解其物流优化解决方案的实际效果。

6.3.2　物流系统优化的必要性

物流系统要素组成了物流系统的整体，但整体不是部分的简单叠加，它们之间存在一定的联系，系统要素或者部分之间的联系是系统的精髓。物流系统要素之间的联系同时也是冲突、相持和协同的综合表现。物流系统要素之间存在目标、产权、运作等方面的冲突。这些冲突决定了我们必须进行物流系统优化研究。

（1）要素目标冲突

要素目标冲突发生在三个层次：要素之间、要素内部和要素外部的目标冲突。

①要素之间的目标冲突。物流系统的基本功能要素包括运输功能、储存功能、包装功能、装卸搬运功能、流通加工功能和物流信息处理功能，这些功能要素独立存在时各自的目标存在

互相冲突的地方。比如，从运输的角度来看，为了降低运费，经常会采用整车运输或铁路运输。但这样就会导致收货人一次收货的数量增加，收货的间隔期延长，或在途运输时间的延长，从而导致收货企业库存水平提高、货主的在途库存增加，即增加收货企业的库存成本。因此，企业的运输目标（从降低运输成本角度考虑）与储存目标（从降低储存成本角度考虑）是冲突的。运输目标和储存目标的冲突是运输要素与储存要素的一种联系。

物流系统的其他要素之间也存在类似的目标冲突和矛盾。在物流系统还未形成的时候，它们都在追求各自的目标，其目标的一致性往往发生冲突。这些矛盾和冲突无法简单解决，只有在建立物流系统后通过系统的集成进行协调。

②要素内部的目标冲突。根据系统论的理论，系统是有层次的，一个系统下面还有更低层次的系统，每一个系统内部这些更低层次的系统都有各自独特的目标，这些目标间也同样存在冲突。这种冲突是普遍存在的。因此，在进行物流系统分析时，不能忽视物流系统中同一层次的子系统或者要素内部的目标冲突，这就是物流系统内部要素之间的联系。比如运输予系统中的铁路与公路两种运输方式，在方便、快捷、经济等许多特性上，所能达到的目标是不同的、矛盾的。

③物流系统与其他系统的目标冲突。物流系统本身是一个更大系统的低一层次的子系统，物流系统会与这些系统发生联系。任何一个系统都有自己的目标，物流系统有物流系统的目标，环境中其他系统与物流系统一样有着特定的目标，这些目标之间也普遍存在冲突，物流系统以这种方式同环境中的其他系统发生联系。比如一个生产企业的物流系统是与生产系统、销售系统等系统并列的一个系统，它们都是企业经营系统中的要素或者子系统。生产系统、销售系统和物流系统都有很多各自的目标，这些目标间充满了冲突，生产系统的目标和销售系统的目标还可能会形成对物流系统目标的夹击。物流系统与其他子系统的目标冲突不能在物流或者生产、销售、财务等层次解决，必须在整个公司的层次才能解决。同样，物流系统要素之间的目标冲突也不能在要素这个层次得到协调，必须在比要素高一层次的系统——物流系统才能解决。

（2）要素产权冲突

物流系统是由不同产权组织共同完成的。不管有多少个企业参与、涉及多少个部门，总是希望物流系统有一个比较明晰的边界，但实际上这是很难实现的。这样，要素产权冲突就产生了。

比如在我国，铁路由国家所有，国有铁路部门专营；公路由中央和地方所有，中央和地方企业共同经营。私人修建和经营的铁路和公路凤毛麟角。一些被称为"大动脉"的交通运输线路的产权状况也同样复杂。而在由各种运输方式和其他资源参与下的更加庞大的物流系统中，情况就更加复杂。在建设物流系统时，必须克服这种产权的分散性与物流系统的统一性之间的矛盾。

（3）要素运作冲突

物流系统的各种要素都有各自的运作规律和标准，在这个规律和标准还没有统一的情况下，由于要素之间在运作上互相不能适应对方的业务特点、流程、标准、规范、制度、票据格式等而产生的矛盾很普遍。

总之，要素之间的冲突时刻存在，建立物流系统就是要解决物流系统诸组成要素之间存在的矛盾和冲突，通过构建最优的物流系统使物流要素之间的运作更协调，以降低物流成本，提高物流服务水平。

6.4　物流系统优化方法

物流系统优化方法主要有三种：①智能优化方法；②运筹学方法；③模拟仿真法。本节对这些方法做一概略介绍。

6.4.1　智能优化方法及优点

1. 智能优化方法概述

现阶段，国内外对物流系统的研究主要集中在以下方面：配送问题的研究、库存控制问题的研究、需求预测问题的研究、选址决策问题的研究以及生产物流中调度问题的研究。物流系统是一个复杂的科学系统，根据系统中的优化问题所建立的模型极其复杂，大都具有 NP 难度。在对这些具有 NP 难度的优化问题的求解上，很多智能优化算法被应用在其中，如模拟退火算法、遗传算法、禁忌搜索算法、神经网络优化算法等，取得了很好的结果。但是，这并非意味着系统最优化问题已经解决了。随着物流系统的不断发展，越来越多的优化问题将被提出，同时原有的优化问题随着系统的扩展也会变得越来越复杂。

物流系统中最常见的组合优化问题是指那些含有有限可行解的问题。这其中一个重要的应用领域就是考虑如何有效利用稀缺的资源来提高生产力。典型的实际问题包括装箱、背包、机器调度排序与平衡、车辆路径、网络密度、设备定位与布局、推销员分配等。理论上这种问题的最优解可以通过简单枚举得到，但实际上并不能实现。任何一个具有一定规模的问题都需要相当的计算能力支持。这样的计算能力应该使得优化算法既能够找到最佳解决方案，也能够在合理的时间内给出最佳方案。显然，对在日常执行环境中运行的优化算法来说，它必须在几分钟或几小时内给出物流优化方案，而不是花几天的计算时间。

以旅行商问题为例：旅行商问题的搜索空间随着城市数的增加而增大，所有的旅程路线组合数为（n－1）！/2（其中 n 为城市数）。5 个城市的情形对应 120/10＝12 条路线，10 个城市的情形对应 3626600/20＝161440 条路线。在如此庞大的搜索空间中寻求最优解，对于常规方法和现有的计算工具而言，存在着诸多的计算困难。因此，组合优化中最具有挑战性的问题之一就是如何有效处理组合爆炸（eombinatorial exPlosion）。在不断提高计算机的计算能力的同时，新的更加优秀的优化算法被提出并且应用，同时在原有的优化算法基础上，针对不同优化问题的改进算法也层出不穷。遗传算法（GA）最早由美国的 John. H. Holland 教授提出，其目的用于解释自然的自适应过程以及设计一个体现自然界机理的软件系统，后来被广泛地用于函数优化以及其他各种优化问题。最近十多年，遗传算法在国内外倍受重视，已成功地应用于许多不同的实际问题，如机器学习、自适应控制和人工智能等。但是，遗传算法自身仍存在许多难以解决的问题，如早熟收敛、控制参数的选择等。因此，如何解决这些存在的问题，提高遗传算法的优化效率，对于它的实际应用显得十分必要。禁忌搜索（TS）算法由 Glove：提出，是一种全局逐步寻优法。禁忌搜索算法具有较强的爬山能力，但该算法对初始解有较强的依赖性。为了进一步改善禁忌搜索的功能，一方面可以对禁忌搜索算法本身的操作和参数选取进行改善，另一方面可以与 SA（模拟退火）、GA、神经网络等算法相结合。表 6.1 给出了模拟退火算法、禁忌搜索算法和遗传算法的比较。

表 6.1　　　　　　　　　　　　三种智能优化算法的比较

算法种类 性能特点	模拟退火法	禁忌搜索法	遗传算法
全局搜索能力	较强（不但向解得好的方向搜索，而且以一定方式向其他方向搜索）	只向使禁忌表的记忆方向进行搜索	较强（不但向解得好的方向搜索，而且以一定方式向其他方向搜索）
缺点	最后搜索结果比中间结果差	用于离散问题的寻优	"早熟"现象
参数	温度控制参数，退火速度	禁忌表，吸收水平函数	种群规模，交叉率，变异率等
解	近似最优解	近似最优解	近似最优解

2. 智能优化算法的优点

随着人们对优化技术研究的逐渐深入，智能优化方法被广泛应用在各个研究领域，智能优化算法具有以下优点。

①智能优化算法能显著地节省时间开支；

②智能优化算法灵活，在不能用定量表示的约束集合中，用它制定计划；

③智能优化算法比较简单，常能由缺乏高级训练的实践者来实现。

鉴于上述优点，智能优化从 20 世纪 60 年代初兴起至今发展迅速，其中以神经网络、遗传算法等为代表的人工智能和软计算方法在智能优化中得到广泛应用和关注。智能优化对求解问题不一定苛求最优解，注重满意解作为评价标准，具有计算步骤简单易于实现、不需高深和复杂理论知识、减小运算量、节约开支和时间以及求解搜索规则体现智能特点的优点，为许多工业、商业、工程和管理等方面的问题提供了有效的解决方法，研究具有重要的意义。

6.4.2　运筹学方法

物流与运筹学具有紧密的联系，它们作为科学概念都起源于 20 世纪 40 年代，从开始起，两者就互相渗透、交叉发展。然而，运筹学发展较快，已形成了比较完备的理论体系和多种专业学科，而物流科学发展比较迟缓，理论体系尚不完备，包含的专业学科也很少。

在第二次世界大战期间，运筹学家们在解决后勤保障（Logistics）、潜艇战术等一系列军事问题上做出了巨大的贡献，战后运筹学受到美国一些大公司的重视，它们把运筹学应用到企业管理之中，在部分企业取得成功以后，运筹学的应用得到了迅速的发展。随后，几乎在所有发达国家中都掀起了一股研究和应用运筹学和科学管理的热潮。运筹学是一门实用性很强的科学，它的方法广泛应用于各个领域，包括物流领域。如果查阅运筹学方面的著作，就会发现运筹学应用的典型案例大都是物流作业及其管理，这也说明物流与运筹学之间的密切关系。

1. 运筹学的主要内容

运筹学（Operations Research）也称作业研究，是运用系统化的方法，经由建立数学模型及其测试，协助达成最佳决策的一门科学。它主要研究经济活动和军事活动中能用数量来表达的有关运用、筹划与管理等方面的问题。它根据问题的要求，通过数学的分析与运算，做出综合的合理安排，以达到较经济地、有效地使用人力、物力、财力等资源。

运筹学的主要分支有规划论、对策论、排队论、网络计划（即统筹方法）和质量控制等，许多著作把预测技术也作为运筹学的一个分支。

（1）规划论

主要研究计划管理工作中有关安排和估计的问题。一般可以归纳为在满足既定的要求下，按某一衡量指标来寻求最优方案的问题。如果目标函数和约束条件的数学表达式都是线型的，则称为"线型规划"，否则称为"非线型规划"。如果所考虑的规划问题可划为几个阶段求解，则称为"动态规划"。

应用规划论的典型例子如"运输问题"，将数量和单位运价都给定的某种物资从供应站运送到消费站，要求在供销平衡的同时，定出流量与流向，使总运输成本最小。我国曾运用线型规划进行水泥、粮食和钢材的合理调运，取得了较好的经济效益。运用规划论方法还可以解决"合理选址"问题、"车辆调度"问题、"货物配装"问题、"物流资源（人员或设备）指派"问题、"投资分配"问题等。

（2）排队论

主要研究具有随机性的拥挤现象。所有这类问题都可以形象地描述为顾客来到服务台前要求接待服务。如果服务台已被其他顾客占用，那么就要等待，就要排队。另一方面，服务台也时而空闲，时而忙碌。排队论的主要内容之一，就是研究等待时间、排队长度等的概率分布。根据服务台是一台或是多台的情况，排队问题又分为单通道或多通道的排队问题。

排队论在物流过程中广泛地应用，例如机场跑道设计和机场设施数量问题，如何才能既保证飞机起降的使用要求，又不浪费机场资源；又如码头的泊位设计和装卸设备的购置问题，如何达到既能满足船舶到港的装卸要求，而又不浪费港口资源；再如仓库保管员的聘用数量问题、物流机械维修人员的聘用数量问题，如何达到既能保证仓储保管业务和物流机械的正常运转，又不造成人力浪费，等等，这些问题都可以运用排队论方法加以解决。

（3）质量控制

用数理统计方法研究控制产品和服务质量的各种问题的方法和实践活动。对一项质量参数的测试结果，总是在一定范围内波动，也就是说测量结果有误差存在。如果是随机误差，它就服从一定的概率分布，根据数理统计原理，测试数据将可能落在某一范围内。质量控制就是运用数理统计方法研究确定"质量控制"的上限和下限，如果质量测试数据在质量控制范围之内，则认为系统运行正常，否则认为系统运行不正常，应进行调整。

物流管理中也常应用质量控制技术。例如，配送中心按照顾客的要求在自动流水线加工的产品，都有一定的规格和质量要求，对产品要进行抽样检查，进行控制，等等。

（4）对策论

最初是运用数学方法研究有利害冲突的双方在竞争性的活动中是否存在自己制胜对方的最优策略，以及如何找出这些策略等问题。在这些问题中，把双方的损益用数量来描述，并找出双方最优策略。对策论的发展，考虑有多方参加的竞争活动，在这些活动中，竞争策略要通过参加者多次的决策才能确定。

常言道"商场如战场"，在市场经济条件下，物流业也充满了竞争。对策论是一种定量分析方法，可以帮助我们寻找最佳的竞争策略，以便战胜对手或者减少损失。例如，在一个城市内有两个配送中心经营相同的业务，为了争夺市场份额，双方都有多个策略可供选择，可以运用对策论进行分析，寻找最佳策略。又如，某一地区，汽车运输公司要与铁路系统争夺客源，有多种策略可供选择，这也可用对策论研究竞争方案。

2. 运筹学在物流领域的应用

运筹学概念虽然起源于欧美，但在学科研究方面，我国并不落后。在 20 世纪 50 年代末，著名数学家华罗庚等老一代科学家就曾为运筹学的发展和应用做出了突出贡献。60 年代，他们亲自指导青年科技工作者在全国推广应用运筹学方法，华罗庚的"优选法"和"统筹方法"被各部门采用，取得了很好的效果，受到中央领导的好评。他们还为管理人员编写了通俗易懂的普及性读物，让更多的人学习和运用运筹学方法。

改革开放以来，运筹学的应用更为普遍，特别是在流通领域应用更为广泛。例如运用线性规划进行全国范围的粮食、钢材的合理调运，广东水泥合理调运等；许多企业的作业调配、工序安排、场地选择等，也使用了运筹学方法，取得了显著的效果。与此同时，还创造了简单易行的"图上作业法"和"表上作业法"。现在，物流领域正在大力开发和应用物流信息系统，许多企业把运筹学融合在管理信息系统中，增加了辅助决策功能，取得了明显的经济效益，提高了企业的管理水平，受到企业决策层和主管部门的重视。我们相信，运筹学与信息技术相结合，广泛应用于物流管理，必将使我国物流管理上升到一个新的更高的水平。

运筹学作为一门实践应用的科学，已被广泛应用于工业、农业、商业、交通运输业、民政事业、军事决策等组织，解决由多种因素影响的复杂大型问题。目前，在物流领域中的应用也相当普遍，并且解决了许多实际问题，取得了很好的效果。以下是一些当前运筹学在物流领域中应用较多的几个方面。

（1）数学规划论

数学规划论主要包括线性规划、非线性规划、整数规划、目标规划和动态规划。研究内容与生产活动中有限资源的分配有关，在组织生产的经营管理活动中，具有极为重要的地位和作用。它们解决的问题都有一个共同特点，即在给定的条件下，按照某一衡量指标来寻找最优方案，求解约束条件下目标函数的极值（极大值或极小值）问题。具体来讲，线性规划可解决物资调运、配送和人员分派等问题；整数规划可以求解完成工作所需的人数、机器设备台数和厂、库的选址等；动态规划可用来解决诸如最优路径、资源分配、生产调度、库存控制、设备更新等问题。

（2）存储论

存储论又称库存论，主要是研究物资库存策略的理论，即确定物资库存量、补货频率和一次补货量。合理的库存是生产和生活顺利进行的必要保障，可以减少资金的占用，减少费用支出和不必要的周转环节，缩短物资流通周期，加速再生产的过程等。在物流领域中的各节点：工厂、港口、配送中心、物流中心、仓库、零售店等都或多或少地保有库存，为了实现物流活动总成本最小或利益最大化，大多数人们都运用了存储理论的相关知识，以辅助决策。并且在各种情况下都能灵活套用相应的模型求解，如常见的库存控制模型分确定型存储模型和随机型存储模型，其中确定型存储模型又可分为几种情况：不允许缺货，一次性补货；不允许缺货，连续补货；允许缺货，一次性补货；允许缺货，连续补货。随机型存储模型也可分为：一次性订货的离散型随机型存储模型和一次性订货的连续型随机存储模型。常见的库存补货策略也可分为以下四种基本情况：连续检查，固定订货量，固定订货点的（Q，R）策略；连续检查固定订货点，最大库存的（R，S）策略；周期性检查的（T，S）策略；综合库存的（T，R，S）策略。针对库存物资的特性，选用相应的库存控制模型和补货策略，制定一个包含合理存储量、合理存储时间、合理存储结构和合理存储网络的存储系统。

（3）图（网络）论

自从 20 世纪 50 年代以后，图论广泛应用于解决工程系统和管理问题，将复杂的问题用图与网络进行描述简化后再求解。图与网络理论有很强的构模能力，描述问题直观，模型易于计算实现，很方便地将一些复杂的问题分解或转化为可能求解的子问题。图与网络在物流中的应用也很显著，其中最明显的应用是运输问题、物流网点间的物资调运和车辆调度时运输路线的选择、配送中心的送货、逆向物流中产品的回收等，运用了图论中的最小生成树、最短路、最大流、最小费用等知识，求得运输所需时间最少或路线最短或费用最省的路线。另外，工厂、仓库、配送中心等物流设施的选址问题，物流网点内部工种、任务、人员的指派问题，设备更新问题，也可运用图论的知识辅助决策者进行最优的安排。

（4）排队论

排队论也称随机服务理论，主要研究各种系统的排队队长、等待时间和服务等参数，解决系统服务设施和服务水平之间的平衡问题，以较低的投入求得更好的服务。排队现象在现实生活中普遍存在，物流领域中也多见，如工厂生产线上的产品等待加工，在制品、产成品排队等待出入库作业，运输场站车辆进出站的排队，客服务中心顾客电话排队等待服务，商店顾客排队付款等等。根据系统排队的服务设施数量、系统容量、顾客到达时间间隔的分布、服务时间的分布等特征，可分为（M/M/1/∞），（M/M/1/k），（M/M/1/m），（M/M/s/∞），（M/M/s/k），（M/M/s/m）几种不同的情况，不同情形套用相应的模型可以求解。

（5）对策论、决策论

对策论也称博弈论，对策即是在竞争环境中做出的决策，决策论即研究决策的问题，对策论可归属为决策论，它们最终都是要做出决策。决策普遍存在于人类的各种活动之中，物流中的决策就是在占有充分资料的基础上，根据物流系统的客观环境，借助于科学的数学分析、实验仿真或经验判断，在已提出的若干物流系统方案中，选择一个合理、满意方案的决断行为。如制定投资计划、生产计划、物资调运计划、选择自建仓库或租赁公共仓库、自购车辆或租赁车辆等等。物流决策多种多样，有复杂有简单，按照不同的标准可划分为很多种类型，其中按决策问题目标的多少可分为单目标决策和多目标决策。单目标决策目标单一，相对简单，求解方法也很多，如线性规划、非线性规划、动态规划等。多目标决策相对而言复杂得多，如要开发一块土地建设物流中心，既要考虑设施的配套性、先进性，还要考虑投资大小问题等，这些目标有时相互冲突，这时就要综合考虑。解决这类复杂的多目标决策问题，现在用得较多的、行之有效的方法之一是层次分析法，一种将定性和定量相结合的方法。

6.4.3　模拟仿真方法

模拟，也称为仿真（Simulation），通俗来讲，它就是按照客观的实际情况，把所要研究的问题或对象构造成模型，然后在模型上进行实验或试验，以观察一项设计或计划方案，在接近于实际的条件下，其工作（或运行）情况是否合乎主观的意图或要求，或者是同时分析比较几个设计或计划方案，以确定其中哪一个方案更符合主观的意图或要求，具有更好的技术性能或经济效果，从而确定选择其中一个较好的设计或计划方案。

仿真技术是在 20 世纪 40 年代末以来，伴随着计算机技术的发展而发展起来的。仿真技术最初主要应用于航空、航天、原子反应堆等价格昂贵、周期长、危险性大、实际系统试验难以实现的少数领域，后来逐步发展到电力、石油、化工、冶金、机械等一些主要工业部门，并进一步扩大到今天的社会系统、经济系统、交通运输系统等一些非工程系统领域。现代系统仿真技术和综合性仿真系统已经成为复杂系统，特别是高技术产业中不可缺少的分析、研究、设计、评价、决策和训练的重要手段，其应用范围还在不断扩大。

随着仿真技术及理论的成熟，逐渐被应用到各个领域，在物流领域的应用就是其发展及应用的一个重要分支。计算机没有普及以前，进行物流系统仿真，普遍采用数学方法建立数学模型。当研究的物流系统不是十分复杂，或经过简化降低了系统的复杂程度时，可以利用数学方法，如线性代数、微积分、运筹学、计算数学等方法去求解问题。但在实际研究中，随着物流理论和实践的不断深入，所提出的研究问题日益复杂，非确定因素、不可知因素、模糊因素众多，因果关系复杂，单独应用数学方法就难以进行描述或无法求解及很难求解，使得我们的研究需要采用计算机仿真的方法来辅助解决。

因此，当前对物流系统仿真的研究，通常采用以下四个步骤：①对所研究的物流系统进行观测并设置目标；②在假设下拟定数学模型，用来对观测结果加以解释；③通过演算或逻辑推理，按所建立的物流系统数学模型预测实际系统的运动状态，即求模型的解；④通过计算机仿真软件来检验所建立模型的正确性。

当前，国内外对于物流系统仿真的研究主要集中在生产线能力的评估、配送中心的选址、集装箱码头的布局、数字化工厂的建设、物流车辆的监控等物流活动中，针对上文提出的现代物流系统仿真四个步骤，得出结论，物流系统仿真的重点和难点在于对系统的建模和仿真软件的参数输入阶段。

下面从生产物流系统仿真、供应链仿真及物流配送系统仿真三方面介绍通过仿真方法来优化物流系统。

(1) 生产物流系统仿真

生产物流是指从企业的原材料采购、车间生产、半成品与成品的周转直至成品发送的全过程中的物流活动。生产物流系统是一个复杂的综合性系统，如何提高其效率和效益是至关重要的，系统仿真作为一项用于系统分析和研究的十分有效的技术，已经被广泛用来对生产物流系统进行规划设计，运输调度和物料控制等。国内外学者对生产物流系统进行仿真时，大多采用建立基于 Petri 网的网络模型的方式，其基本思想是用库所集 P 代表系统中实体和活动的状态，用变迁集 T 代表系统中的事件。A. Sawhney（1999）将 Petri 网技术用于邮件处理中心，对整个处理中心的工作流程进行了分析与优化，提高了邮件处理的效率。詹跃东基于 Petri 网建模理论，对烟草行业的卷接包车间的 AGVS 进行了分析，并对该系统构造了 Petri 网模型。嵇振平等使用分层有色 Petri 网（HCPN）和事件操作表（EOL）的方法来减少复杂制造系统建模的复杂性，为物流仿真软件体系结构的模块化及层次化设计建立了良好的基础，并将 HCPN 应用于宝钢炼钢连铸生产物流仿真系统的建模中。虽然 Petri 网适合于建立系统动态模型，并且能对系统的动态特性进行分析，它的图形表示也为其应用带来很好的直观性，但是，当系统比较复杂时，利用 Petri 网进行建模与分析存在很大的难度，因为此时 Petri 网模型将变得十分复杂并产生组合爆炸，从而给仿真带来极大困难。因此，直接应用普通 Petri 网对复杂物流系统进行建模和分析是不合适的，必须扩展 Petri 网的定义，或直接采用实体流程图等比较简单的建模方法。近年来很多学者将人工智能技术引入到 Petri 网建模中，Antonio Reyes 等将 Petri 网和人工智能技术相结合用于解决柔性加工生产系统的规划问题，加强了 Petri 网对实际系统行为的推理能力。

还有一些学者在生产物流系统仿真中引入了面向对象的建模和仿真方法。面向对象的思想将系统分解成若干类对象，把具有相似功能和行为的实体归并为一类对象，每个对象类之间按照消息的传递关系连接起来。现代物流系统是一个复杂的离散事件动态系统，具有复杂性、递阶性、并发性、随机性等特点，而面向对象的技术具有分解、抽象、递阶等特性，非常适用于复杂问题的求解。Kelleret 提出了建立柔性制造系统面向对象仿真模型的一般框架，给面向对象的方法赋予一般化、标准化的特征。Anglani 基于 UML 建模语言和 ARENA 过程仿真语言，利用面向对象的技术建立了柔性制造系统的仿真模型开发环境——UMSIS，从而将概念模型转化为实际模型。Wolfgang Kreutzer 将面向对象的概念引入到离散事件系统的建模与仿真，并给出了一个系统实现框架 BetaSIM。

在目前对物流系统研究中，仿真方法大多只是被用来在算例中检验解析方法得到的结果，不能称为真正地对物流系统的仿真研究。用仿真方法研究物流系统，就应该用仿真语言或者商用的仿真软件建立物流系统的仿真模型，这样的仿真模型比起解析方法来能更加全面地反映实际物流系统的特征，在此模型之上对不同的系统参数和策略进行仿真实验，仿真过程所做的就是得到该策略下系统的性能，从而对不同的策略进行评价；还可以通过仿真实验改变系统的一些参数来方便地进行物流系统各参数的灵敏性分析，并且以此为基础进行系统的优化。

（2）供应链仿真

供应链是一个由核心企业连同它的供应商、分销商、零售商直到最终用户共同组成的功能网络结构模式。由于供应链这类复杂系统中存在着很多不确定性和随机性因素，而数学方法由于求解条件的限制，建立的数学模型有时存在着求解困难甚至不可解的结果。在此情况下，以数学模型为基础、以求数值解或特解为特征的仿真建模方法显示出了极强的技术优势。近年来，伴随着许多成熟的仿真软件的引入和使用，各种仿真建模方法解决供应链问题的适用性也得到了大幅度提高。

近年来，国内外很多学者进行了物流与供应链管理的仿真与建模方面的研究。如：朱卫峰、费奇针对复杂物流系统仿真及其现状进行了研究，给出了复杂物流系统的网络图结构，提出了复杂物流系统仿真 CLSim 的总体结构，同时指出了复杂物流系统仿真研究的三个问题：复杂物流系统中的不确定性建模、复杂物流系统仿真模型设计与实现及复杂物流系统控制，并将复杂物流系统仿真设计的思想应用于敏捷后勤仿真系统，提出了基于时间步进的事件调度仿真策略，用实体流程图法设计了敏捷后勤系统的仿真模型。彭晨等应用供应链思想对煤炭供应链进行研究，应用 Petri 网对供应链物流及供应流运行过程进行建模，然后运用子过程分析煤炭供应链存在的问题，最后结合煤炭供应链过程模型运用 VB 方法完成供应链决策过程的可视化仿真，找出煤炭供应链运营瓶颈。Ganapathy，S. 等用仿真的手段来解决复杂的供应链物流规划中的决策问题。Bruzzone，A 等用基于仿真和人工智能的技术和方法评价了供应链物流系统的性能。

供应链仿真是仿真技术一个新的应用领域。但是由于实际供应链的复杂性，目前的供应链仿真只停留在理论研究阶段，未能有效地应用于实际的供应链管理中。供应链仿真未来发展方向主要是在分布式仿真的支持下，增强供应链全过程的协作能力，从而提高供应链的整体效能。

（3）物流配送系统仿真

物流配送系统是一个复杂的离散事件系统，随着物流网络规模的扩大和物流量的巨大增长，要求服务的客户数量增多，覆盖面越来越广，对配送时间要求比较高，除了成本因素之外，还要考虑配送时间和环境等方面的因素，使其复杂性进一步增加。同时，道路交通状况，新的配送任务等随机因素对物流配送系统的影响越来越大。如果沿用传统的物流方法来组织配送，会带来诸如因反应速度较慢而导致服务质量下降、难以有效地控制物流成本、增加城市交通负担并加重城市污染等方面的问题。

国内外有一些学者在物流配送系统仿真方面做了初步的研究，取得了一些研究成果。Taniguchi 等提出了一个有时间窗的车辆路径规划问题和动态交通仿真的集成模型，这一模型包括两个子模型：一是货物承运商的有时间窗的车辆路径问题的模型；二是在城市道路网络中，集货/送货车辆和客车的动态交通仿真模型。唐孝飞指出第三方物流配送系统需要考虑交通堵塞、路径选择、环境噪音，能源危机、成本控制等各种复杂的因素，用数学方法表达则因存在多个 NP – Hard 问题难以得出精确的解析解，传统的数值计算不能满足物流管理的需要，提出面向对象的第三方物流配送仿真模型 O2 LDSM（the Object – Oriented Logistics delivery Simulation Model），通过描述配送系统各组成对象之间的关系，研究仿真中各种配送控制功能，从而获得配送系统平稳运行的有效参数。余峰等以 HLA（High Level Architecture）为计算机仿真标准，对物流配送系统进行了建模仿真；在分析物流配送仿真系统的体系结构基础上，开发了仿真系统中的对象类、交互类以及联邦成员，设计了联邦运行的整个流程。整个物流配送仿真系统是一个联邦，由客户、配送中心、运输中心、仓库和供应商五个联邦成员组成，各联邦成员之间通过公布/订购对象属性和发送交互仿真了整个物流配送活动，得到了满意的配送方案。

物流配送系统中由于其存在多个 NP – hard 问题使得其求解起来十分困难，目前各种求解大多停留在理论层面上，较少考虑实际的因素。这些算法与实际应用还有一段距离。通过仿真建模和仿真分析可以将现实配送系统中的各种随机因素和不确定因素考虑进来，通过仿真运行，对运输、人员成本、系统资源利用率等系统状况进行分析，寻求系统改进途径和最佳运行参数，为实际的物流配送系统的决策提供参考。

6.4.4　物流系统优化方法的比较

前面所述的三种物流系统优化方法中，其中前两种（运筹学方法和智能优化方法）可以统称为解析法。

解析法是将系统抽象成一种数学表达式并找到最优解，完全通过逻辑推理获得启发和借鉴的方法，如运筹学中的线性规划、动态规划和排队论等。解析法有比较悠久的发展历史，应用极为广泛，是比较成功的方法。多数情况下，用解析法求解比用仿真方法花费的时间要少。能够用解析法解决的就不要用模拟仿真法。

（1）解析法的优势

①解析法是建立在数学模型的基础上的，数学模型是最抽象的模型，是系统分析中采用最多的模型。数学模型是定量化的，可以产生更高的精确度，而精确与否直接关系到优化质量的优劣。

②模拟仿真活动有时要耗费大量的时间和物力和人力，花费高昂的代价才能够取得成果；而某些物流系统活动则不能或者很难做仿真技术实验。这时，只有采用解析法进行抽象模拟，才能经济方便地取得结果。

（2）仿真方法的优势

计算机仿真技术适用于系统复杂、有大量随机因素存在而又难以用其他定量技术解决的情况。与解析法相比计算机仿真具有以下优点。

①动态的、瞬时的影响。通常所要求的信息不仅仅限于所研究系统的正态或稳态行为，例如，当对一个存储系统建模时，了解一台堆高机发生故障的影响是有帮助的。仿真就有处理这种动态或瞬时影响的能力，这种能力便得它比解析工具更加有效。

②随机因素。计算机仿真有利于解决随机因素的影响，系统参数受随机因素影响所发生的变化在模型中得到充分体现，这一点解析法无法比拟。解析法一般针对一种固定的约束条件或环境求解；而实际系统特别是复杂的离散事件系统（如物流系统）往往受很多随机因素的影响。忽略随机元素的影响，用确定性模型代替随机模型研究系统，将会使分析结果有很大的误差。

③非标准分布。在排队论中，多数排队模型都假设顾客的到达速率服从泊松分布以求出完美的数学解，而现实中的顾客到达速率分布多种多样，服务时间也并不局限于标准的分布，因此必须对真实的分布做出近似假设。而计算机仿真可以模拟标准分布和基于数据的特定分布，这样避免不必要的简化。

④随机活动的交互作用。当生产线中一台机器发生故障，这一中断会导致连锁反应。解析法很难描述这种随机事件导致的复杂的相互作用。而计算机仿真能够应对这种复杂情况并预测其影响。

总之，解析法因为常要求分析者做出极为简洁的模型假设，而这些假设经常与复杂多变的现实情况相去甚远。解析法过于拘泥于数学抽象的逻辑模型，很难获得系统的真实感受。虽然解析法可以求解最优解，却不便于进行实际的复杂系统的分析。

计算机仿真方法不依据抽象的假设，而以现实为依据，依据对实际系统观察获得的数据建立动态模型，既表达系统的物理特性，又有逻辑特征；既反映系统的静态特性，也反映动态性质，它能够尽可能全面正确地描述复杂系统及过程，更贴近实际和真实。仿真能够将决策问题的限制和假设模型化，而且对于分析上一般不容易处理的不确定性特别有效，这两大特点使得仿真成为极为灵活的管理工具。

第 7 章

系统仿真在生产物流系统中的应用

生产线是一个大型复杂的离散动态系统，建立一个生产成本低、产品质量高的生产线，需要很大的投资，因而对生产系统的建模和仿真是必不可少的。通过在 Flexsim 中的实体演示，分析系统优化系统，确定生产线系统在组织生产时应该使用哪种生产组织方法，能有效地提高企业的生产效益。

生产系统由普通的设备构成，包括发生器、暂存区、处理器和吸收器。以此建模并对实体对象进行相应的参数设定。在对不同的组织方法进行仿真后，收集不同组织方法下的仿真数据，找出各自的优缺点，并统计其工作效率，通过比较确定在现有的设备条件下，生产线应该采取哪种组织方法使得生产线效率最优。

目前先进的系统设计方法是采用计算机仿真技术，在物流系统还未建立起来的情况下，把系统规划转换成仿真模型，通过模拟系统运行后的性能和效果，评价规划方案的优劣。这样可以在系统建成或改造之前就能发现系统存在的问题，对不合理的设计进行修正，从而避免了资金、人力和时间的浪费。因此，本章就在此基础上采用一种现代系统设施布置方法，即将系统工程理论、物流技术、计算机仿真技术等进行综合应用，综合考虑各种因素，以系统物流效率和物流成本的最优化为目标，对系统进行理论分析、建模并应用仿真软件进行二维仿真设计和动态优化决策，以增强系统设施布置设计的系统性、合理性和柔性，提高设备工作效率和效益，同时也对当前企业新建或改建项目的规划设计具有一定的指导意义。

7.1 生产系统建模与仿真的概述

7.1.1 系统

系统（system）是按照某种规律结合起来，相互作用、相互依存，具有特定功能对象的有机结合。这一定义解释了系统具有三个属性：

①系统包含两个或两个以上的组成要素；

②系统的诸要素之间、要素与整体之间及整体与环境之间存在一定的联系；

③系统具有一定的功能，这种功能的实现源自其内部的特定联系。

系统表达的本质是复杂的研究对象。在现实生活中，有很多复杂的系统问题，比如物流系统、信息系统，结合一系列研究方法对"系统"这个概念进行研究，是一种认识世界的角度和方法，这种方法可以达到客观对象的整体性、层次性、交互性和协调可控性。

7.1.2 模型

所谓模型是对实际系统进行简化和抽象、能够揭示系统元素之间关系和系统特征的相关元素实体。

由于实际的生产系统比较复杂，为便于研究，通常要建立一种与实际系统相类似，但经过抽象简化的"模型"。只要模型的简化能够反映所需研究特征的法则，在模型上能够对系统行为特性及其产生结果进行研究就能代表实际的系统。

利用模型的概念，我们能有一种非常有效的研究手段：即构造一个系统模型，在模型上进行试验并根据对模型的研究结果来认识、掌握对象系统的特性和规律。模型有三类：物理模型、数学模型和非形式化模型，它们的关系如图 7.1 所示。

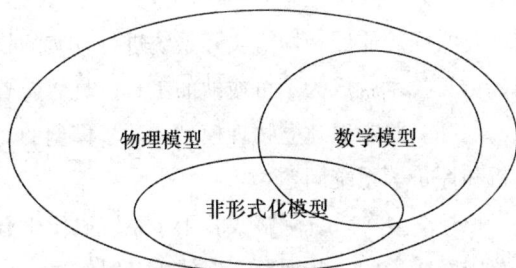

图 7.1 三种模型的关系图

其中，非形式化模型是指通过描述模型的本质，忽略细节以帮助人们抓住模型的基本特征和特性。

7.1.3 仿真

仿真（simulation）也叫系统仿真，是利用模型对实际系统进行试验研究的过程，或通过建立和运行实际系统的仿真模型，来模仿系统的运行状态和规律，以实现在计算机上进行试验的全过程。仿真是基于模型的，其目的是对模型进行实验研究，从而了解实际系统或尚未建立的系统。仿真有 3 个基本要素和 3 种基本活动,如图 7.2 所示。

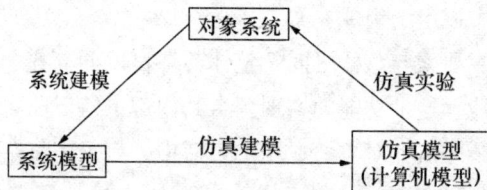

图 7.2 系统仿真方法的要素和相互关系

仿真能处理的问题很广泛,其在不同领域的具体应用特点种类繁多,但是从整体上看,利用系统仿真进行研究具有相似的作用,这些作用按时间和空间划分如下:

①仿真可以研究已经发生的系统、其所经历的历史过程和规律;

②仿真可以研究一个尚未存在的对象系统及其特征、性能、规律等;

③仿真可以研究某些因各种因素难以在现实中进行试验的系统;

④仿真可以对一个系统的多种方案做对比研究;

⑤仿真可以验证某些通过其他研究方法得到的结果。

综上,我们总结出系统仿真的优势:对复杂性问题的优势、对随机问题的优势、安全性优势、重复性优势、时间优势、风险优势、成本优势和可视化优势等。

7.1.4 系统仿真作用和特点

由于安全、经济、技术、时间等原因,即对实际系统进行真实的物理实验很困难或者跟踪记录实验数据难以实现时,仿真技术就成为不可或缺的工具。具体起着以下几个方面的作用。

①对一些复杂的随机问题和一些难以建立物理模型和数学模型的对象系统,可通过仿真模型来顺利地解决预测、分析和评价等系统问题。

②通过系统仿真,可以把一个复杂系统降解成若干子系统以便于分析,启发新的思想或产生新的策略,暴露出原系统中隐藏着的一些问题,以便于及时解决。

③现行运行系统的性能评价。对于现有的实际运行的系统,如果为了深入了解以及改进它,而在实际系统中进行实验往往要花费大量的人力、物力、财力和时间,有时甚至是不可能的,而通过计算机仿真可以使系统正常工作不受干扰,经过分析仿真结果,对现有系统在拟定工作条件下的性能做出正确分析与评价,并预测其未来发展,提出改进方案。

④新建系统的性能预测。对于所设计的新系统,在未能确定其优劣的情况下,可以不必大量投资去建立它,而是采用计算机仿真对新系统的可能性和经济效益做出正确的评价,帮助人们选择最优或较优的设计方案。

⑤决策方案评价与优化。在管理的宏观、微观决策中,通过收集、处理和分析有关信息,

可能拟定多个不同的决策方案，它们具有不同的决策变量和参数组合。针对这些不同的决策方案，进行计算机仿真的多次运行，按照既定的目标函数对不同的决策方案进行分析比较，从中选择最优方案，辅助最优管理决策。

物流系统具有复杂性、多目标性、多层次性，这就使我们在设计物流方案时，建立多目标函数时会遇到很大的困难，甚至有无法利用数学模型建立多目标函数或实现多目标函数目标值的求解，这就需要转而利用仿真技术进行物流方案的设计。利用仿真技术运用于整个物流过程，能从根本上降低物流方案设计的成本和方案验证所需费用，有助于进一步实现低成本、高服务的物流目标。比如将仿真模型应用于以下几个方面：自动化立体仓库的仿真、库存系统仿真设计、果蔬供应链系统的仿真设计、装卸服务中心人员调度仿真、配送中心车辆调度仿真、配送中心订单处理仿真等。

7.1.5　生产线仿真的基本过程

生产线仿真的基本流程如图 7.3 所示，它从明确仿真目的到分析仿真模型运行结果一共由七步组成，下面是对这七个步骤的详细分析。

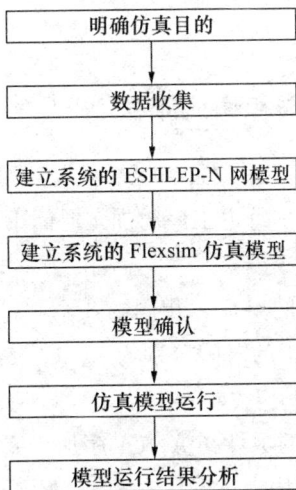

图 7.3　生产线仿真的基本流程

①明确仿真目的。建立生产线仿真首先要明确仿真的目的，这样才能避免对仿真过程中不必要细节的纠缠，突出问题的重点。

②数据收集。数据收集包括收集与系统输入输出有关的数据以及反应系统各部分之间关系的数据：包括各个生产线的相互关系、生产时间、准备时间、加工零件路径关系等。这是保证以后 Flexsim 生产线模型能真正反映真实生产线模型的必要条件。

③建立系统的 ESHLEP - N 网模型。生产线的加工过程中，机器与机器之间的关系很难用离散事件数学模型来描述，而用 ESHLEP - N 可以简单清晰地描述它们之间复杂的关系。

④建立系统的 Flexsim 仿真模型。建立系统的 Flexsim 仿真模型就是把前面建立的 ESHLEP - N 网模型转换为 Flexsim 仿真模型。这是建立 Flexsim 生产线系统最关键的一步。

⑤模型确认。确认是确定模型是否正确的代表实际系统，把模型及其特性与现实的系统及其特性比较的全过程。对模型的确认工作往往是通过对模型的矫正来完成，比较模型和实际系统的特性是一个迭代的过程。这个过程重复进行直到认为模型准确为止。

⑥仿真运行研究。仿真运行就是将系统的仿真模型放在计算机上运行。在运行过程中了解模型对各种不同的输入数据以及不同的仿真机制输出响应的情况。

⑦仿真结果分析。对仿真结果分析以确定仿真实验中所获得的数据是否合理和充分，是否满足系统的目标要求，同时将仿真结果整理成报告，确定比较系统不同方案的准则、实验结果、数据的评价标准和问题可能的解，为系统方案的最终决策提供辅助支持。

7.2　A 企业生产线运作概况

7.2.1　生产车间运作方案和作业流程

A 企业的生产车间在加工一批相同零件时都要经过若干工序，如：加工一批机械零件时需要经过车、钳、铣、磨等工艺工程。每道工序的加工时间不同，为了使企业的生产效率提高，应找到最优的生产组织形式。

按照规划设计，A 企业生产车间要加工相同的 8 个零件，经过 8 道工序，分别为 A、B、C、D、E、F、G、H。每道工序加工的时间分别为 12min、5min、15min、7min、9min、11min、22min、5min。

按照顺序移动方式，8 个相同的零件在 A 道工序加工完成后，再整批转移到 B 道工序加工，以此类推，直到加工到 H 道工序为止。具体的工序图如图 7.4 所示。

由工序图可得：

总加工时间 = 688min；

总设备的等待时间 = 0；

总设备的闲置时间 = 96 + 136 + 256 + 312 + 384 + 472 + 648 = 2304min。

按照平行移动方式，第一个零件在 A 道工序完成以后，立即转移到 B 道工序继续加工；同时第二个零件开始在 A 道工序加工，以此类推。直到第 8 个零件完成最后一道工序。具体的工

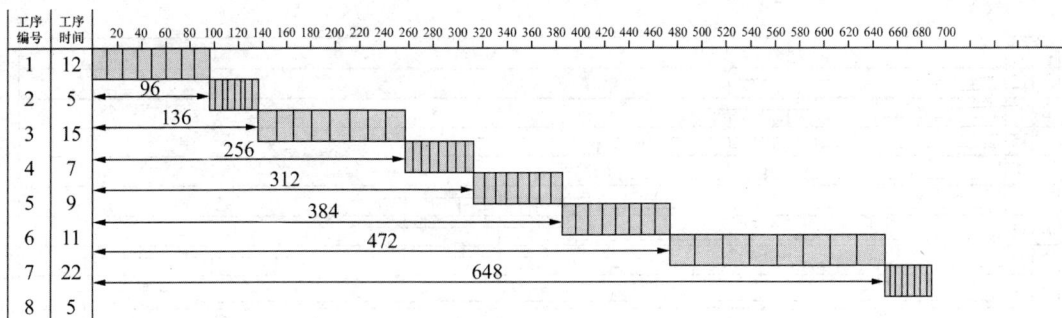

图 7.4　顺序移动工序图

序图如图 7.5 所示。

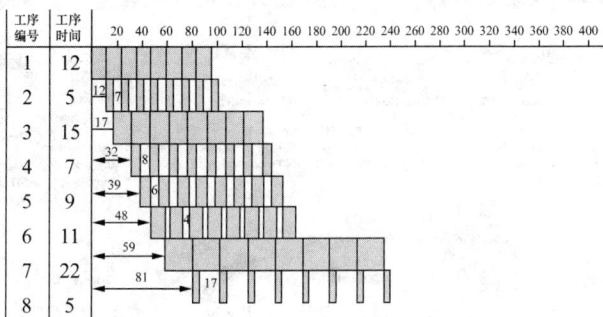

图 7.5　平行移动工序图

由工序图可得：

总加工时间 $=240\text{min}$；

总设备的等待时间 $=7\times7+8\times7+6\times7+4\times7+17\times7=294\text{min}$；

总设备的闲置时间 $=12+17+32+39+48+59+81=288\text{min}$。

按照平行顺序移动方式，是把顺序移动方式和平行移动方式综合运用的方式。即在整批零件尚未全部完成前道工序的加工时，就先将其中部分已经完成的零件转入到下道工序加工。往下道工序转移的提前时间，以能维持下道工序对该零件的连续加工为准。具体的工序图如图 7.6 所示。

由工序图可得：

总加工时间 $=345\text{min}$；

总设备的等待时间 $=0$；

总设备的闲置时间 $=61+66+137+144+153+164+305=1030\text{min}$。

利用 flexsim 软件对这种移动方式进行仿真，布置图如图 7.7 所示。

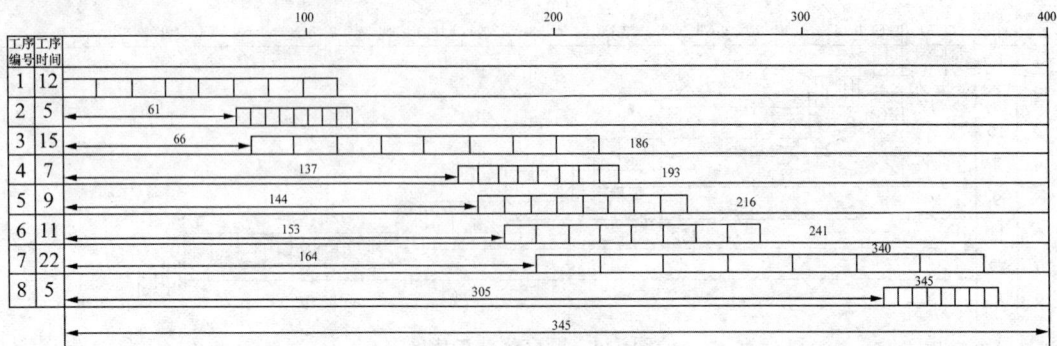

图 7.6 平行顺序移动工序图

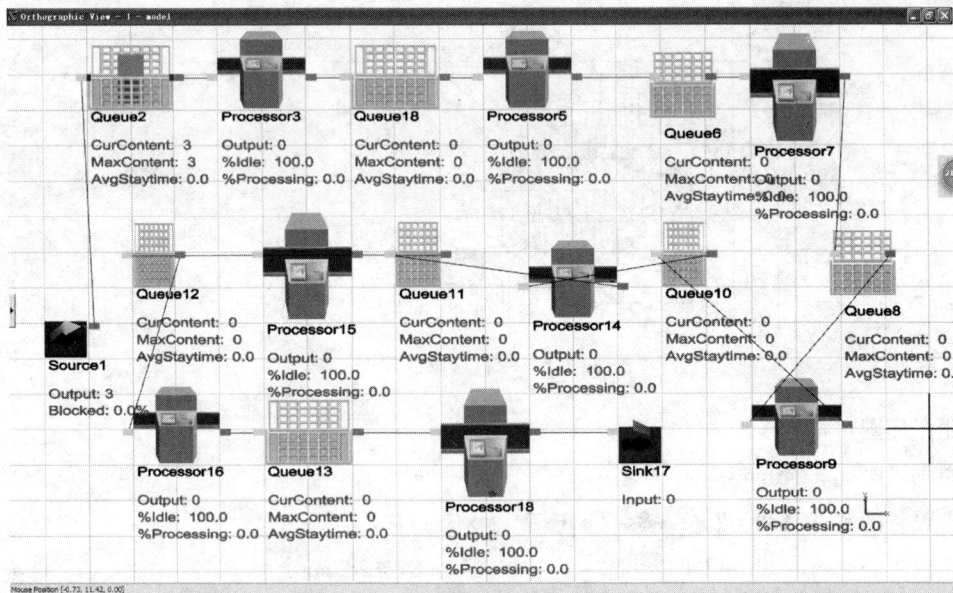

图 7.7 生产线整体概念图

7.2.2 参数设定

三种组织方法的参数设定有所不同，其中共同部分如下：

零件：按到达时间间隔，统计分布 exponential（0，10，1）；零件颜色为默认颜色灰色。

暂存区 91：目标批量为 8，进入触发 content（current）＝8；然后执行 close input。

处理器的加工时间依次设为 12min、5min、15min、7min、9min、11min、22min、5min。

顺序移动方法：暂存区的目标批量全部为 8，物品按垂直堆放。

平行移动方法：暂存区不设置批量，就可以基本上满足平行移动方式。

平行顺序移动方法：对于上道工序加工时间比下道工序加工时间短，可以满足平行移动方式的原则，即暂存区的设置方法与平行移动方式相同，通过观察割到工序加工时间可知，暂存区 4、9、13、15、17 的设置同平行移动方式一致；对于上道工序加工时间比下道工序加工时间长，先按照平行移动方式去设计，再把有等待时间的工序里面，把所有的等待时间都加到本道工序的闲置时间里面，把这个总时间设置成一个触发时间，这道工序必须到了这个触发时间，才能开始工作，这样就能保证上道工序的最后一个零件刚加工完，这道工序正好开始加工最后一个零件。此时暂存区就需要分不同情况设置，暂存区 7 设批量为 4，最长等待时间为 49min；暂存区 11 设批量为 4，最长等待时间为 56min；暂存区 19 设批量为 4，最长等待时间为 41min。

7.2.3　设计思路

本案例按照提出问题——分析问题——解决问题的思路进行展开，如图 7.8 所示。首先分析 A 企业生产车间的加工流程，其目标是保证加工效率最大。在这个目标的基础上，提出了三个生产组织方法，分别是顺序移动方式、平行移动方式、平行顺序移动方式。

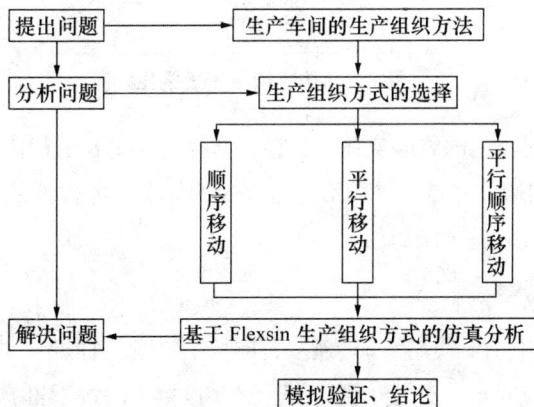

图 7.8　设计思路

在上述条件下，我们便可利用 Flexsim 进行仿真研究找出最优的方式，并分析其他两种生产方式的不足。

7.2.4　仿真的执行

基于该生产车间的数据，使用以 Flexsim 仿真软件为工具的仿真，一共分为四个步骤，即模型布局构建、物流流程定义、编辑对象参数、仿真结果分析。

1. 模型布局构建

将模型所需的对象依次从对象库中拖拽到仿真视图中，按照设计中布局排列，得到如图

7.9 所示平面视图。

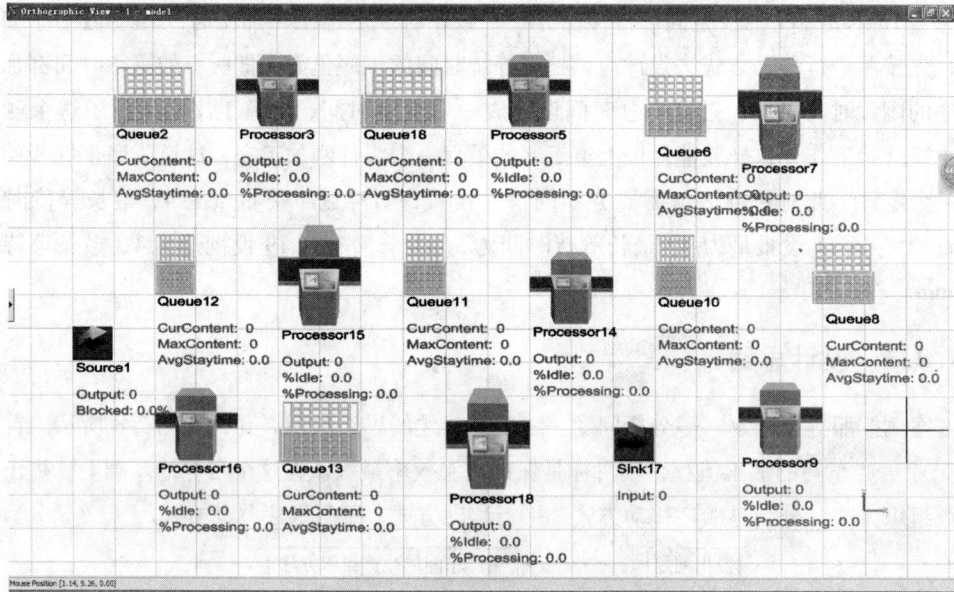

图 7.9　仿真模型平面视图

发生器产生 8 个相同颜色的临时实体，暂存于暂存区 91；8 个相同的零件依次按照产生顺序经过暂存区 4，然后到达处理器 6 进行第一道工序的加工，零件按照不同的移动方法进行相应的加工，直到完成最后一道工序的加工。

2. 物流流程定义

本次 FLEXSIM 仿真中主要使用 "a" 连接，即按下键盘快捷键 "a" 然后用鼠标分别单击所要连接的两个对象完成对象的连接，用 "q" 解除连接，即按下键盘快捷键 "q" 然后用鼠标分别单击所要解除连接的两个对象，连接时一定要记住点击的向后顺序，解除连接的顺序与连接时相同。图 7.9 经过 "a" 连接得到连接图，如图 7.10 所示。

3. 编辑对象参数

（1）发生器的设置

三种组织方法所设置的发生器参数是一致的。通过双击对象打开对象实体属性窗口如图 7.11 所示，进行对象参数编辑。

（2）暂存区的设置

暂存区 91 的设置比较特殊，它主要是约束发生器产生临时实体的数量，设置如图 7.12 所示。

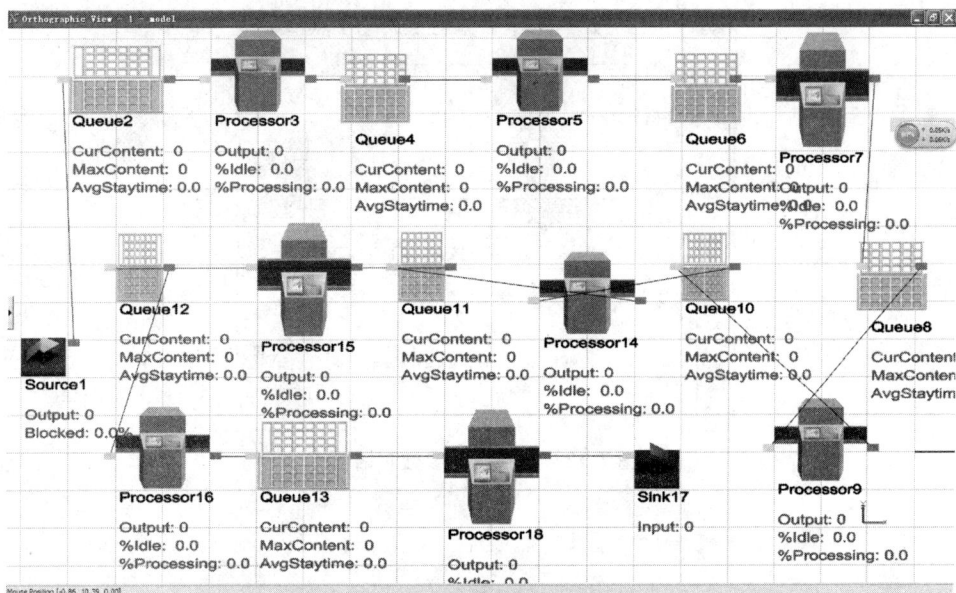

图 7.10　实体关系连接图

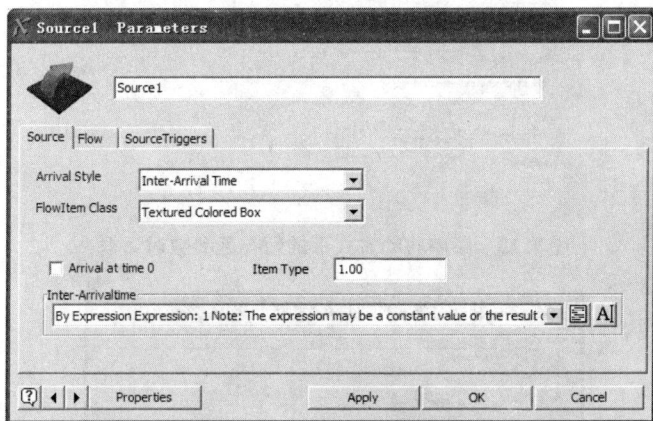

图 7.11　发生器参数对话

　　根据三种不同的组织方法，设置其余的暂存区。

　　顺序移动方法：暂存区 4、7、9、11、13、15、17、19 的参数设置相同，下图以暂存区 4 为例，进行参数设置，如图 7.13 所示。

　　平行移动方法：暂存区 4、7、9、11、13、15、17、19 的参数设置相同，暂存区不需设置批量，就可以基本上满足平行移动方式。下图同样以暂存区 4 为例，进行参数设置，如图 7.14 所示。

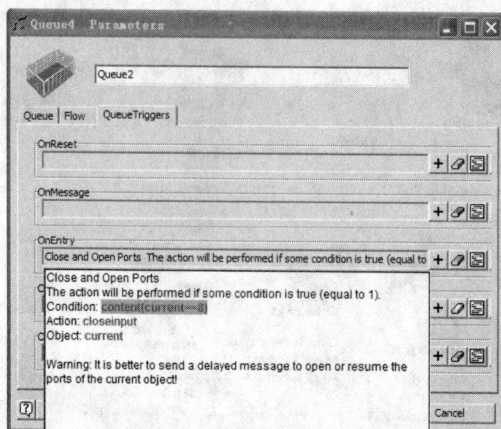

图 7.12　暂存区 2 参数对话框

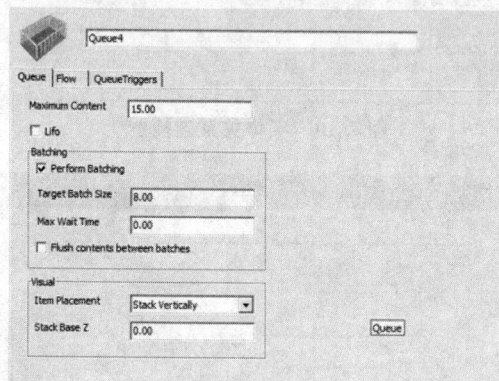

图 7.13　顺序移动方式下的暂存区参数对话框

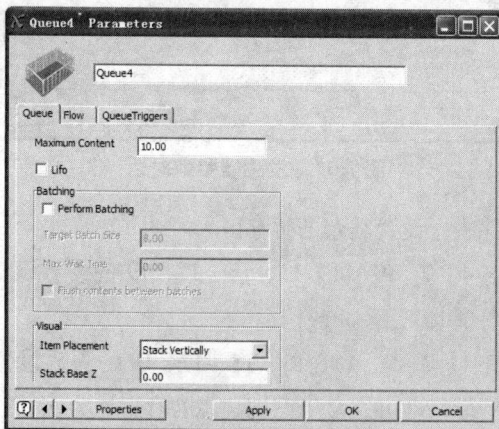

图 7.14　平行移动方式下的暂存区 4 参数对话框

平行顺序移动法：暂存区的设置大不相同，下面依次介绍。

暂存区 2、6、10、11、12 的设置，暂存区不需设置批量，就可以基本上满足条件要求。下图以暂存区 2 为例，进行参数设置如图 7.15 所示。

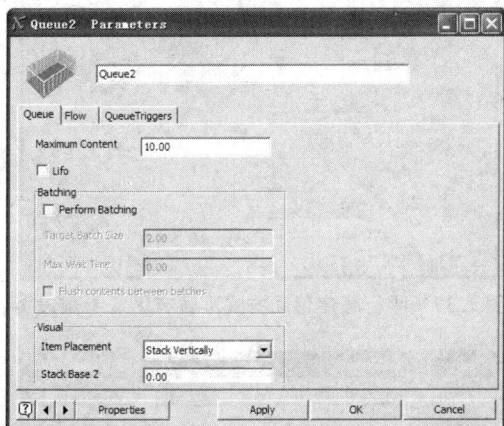

图 7.15   平行顺序移动方式下的暂存区 2 参数对话框

暂存区 4 的设置，如图 7.16。

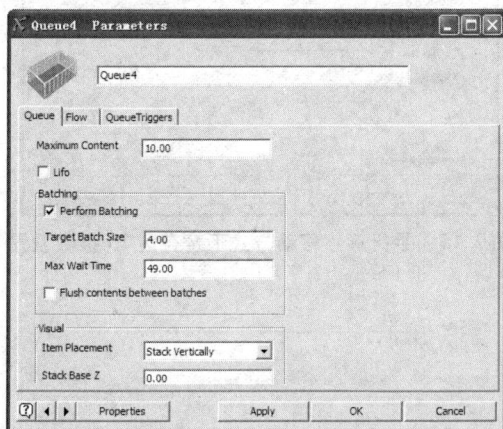

图 7.16   平行顺序移动方式下暂存区 4 参数设置

暂存区 8 的参数设置，如图 7.17 所示。

暂存区 13 的参数设置，如图 7.18 所示。

（3）处理器的设置

三种组织方法中，对处理器的设置也是相同的。把处理器的加工时间依次设为 12min、5min、15min、7min、9min、11min、22min、5min。下面以处理器 6 进行说明。通过双击对象打开对象实体属性窗口如图 7.19 所示，进行对象参数编辑。

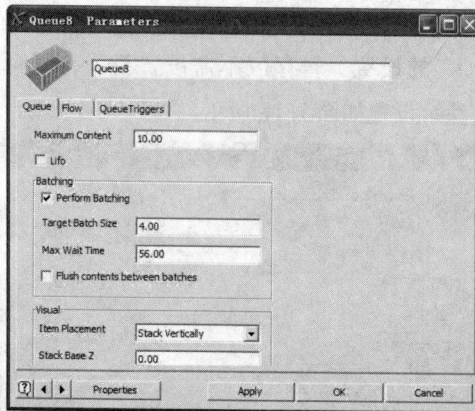

图 7.17　平行顺序移动方式下暂存区 8 参数设置

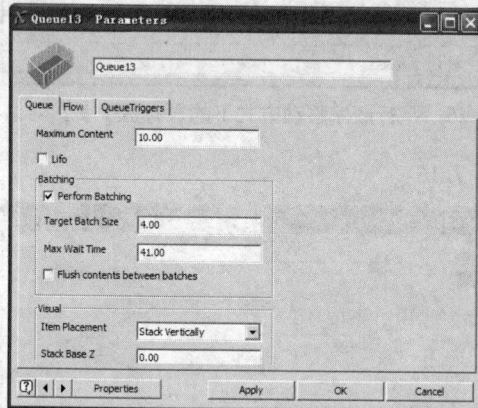

图 7.18　平行顺序移动方式下暂存区 13 参数设置

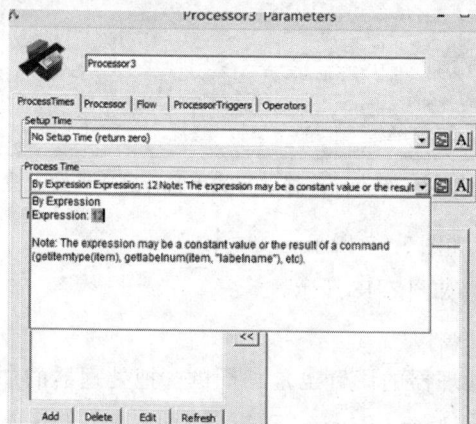

图 7.19　处理器的参数设置

（4）吸收器的设置

通过双击对象打开对象实体属性窗口如图 7.20 所示，进行对象参数编辑。

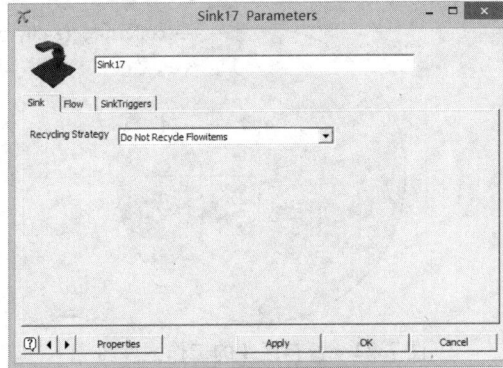

图 7.20　吸收器的参数设置

4. 仿真结果的收集与分析

通过对各属性参数的设计，我们在保证参数设计正确的情况下，进行系统仿真，并收集其仿真结果。

（1）顺序移动方法（图 7.21 所示）

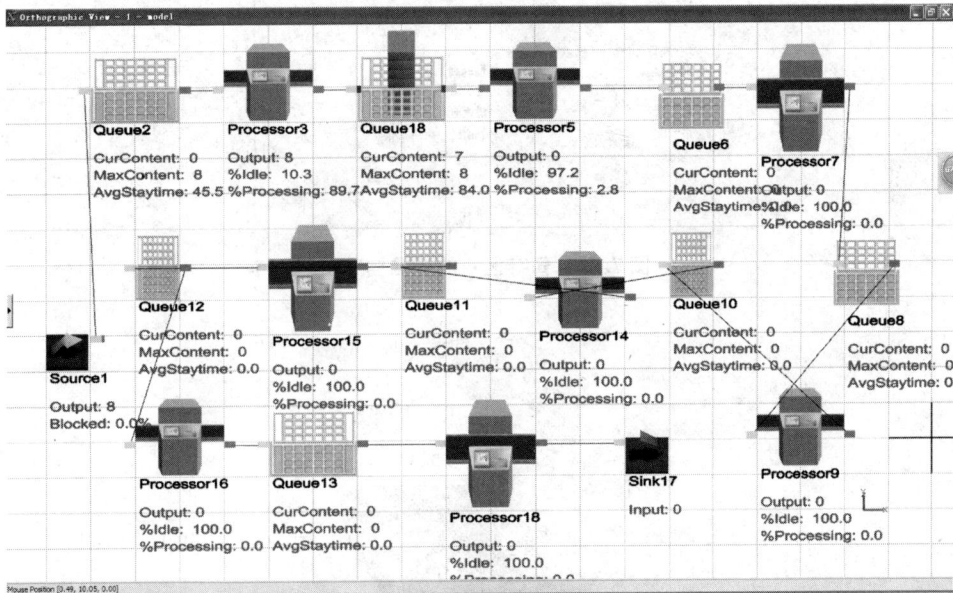

图 7.21　顺序移动仿真运行图

运行后，察看它们的工作强度和标准信息，图 7.22 为暂存区 4 的工作强度。

暂存区 4 的标准信息，如图 7.23 所示。处理器 8 的工作强度图，如图 7.24 所示。处理器 8 的标准信息，如图 7.25 所示。

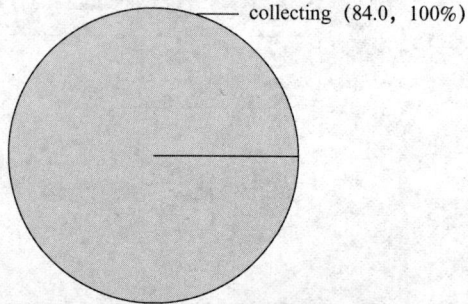

图 7.22　暂存区 4 的工作强度图

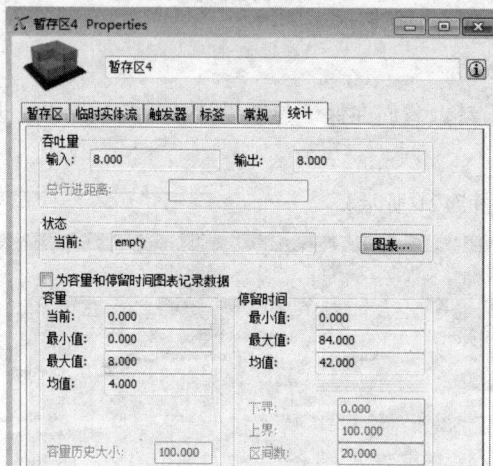

图 7.23　暂存区 4 的标准信息图

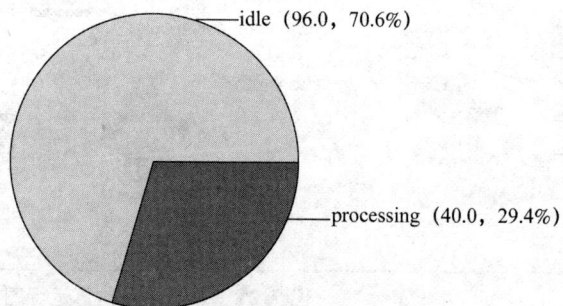

图 7.24　处理器 8 的工作强度图

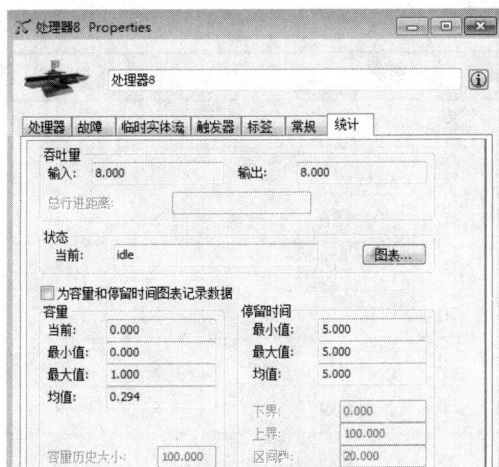

图 7.25 处理器 8 的标准信息图

其他的图就不做展示，将所有实体的运行结果全部整理出来，并且汇成表，可得标准报告表，如表 7.1 所示。

表 7.1 标准报告表

Flexsim summary report

Model Clock：688.000

	当前				吞吐量		停留时间		
	now	min	avg	max	输入	输出	min	avg	max
Source3	0	0	0	0	0	8	0	0	0
Queue171	0	0	0	8	8	8	0	0	0
Queue4	0	0	4	8	8	8	0	42	84
Processor6	0	0	1	1	8	8	12	12	12
Queue7	0	0	3.634	8	8	8	35	59	84
Processor8	0	0	0.294	1	8	8	5	5	5
Queue9	0	0	2.324	8	8	8	35	70	105
Processor10	0	0	0.469	1	8	8	15	15	15
Queue11	0	0	2.020	8	8	8	49	77	105
Processor12	0	0	0.179	1	8	8	7	7	7
Queue13	0	0	1.195	8	8	8	49	56	63
Processor14	0	0	0.188	1	8	8	9	9	9

	当前				吞吐量		停留时间		
	now	min	avg	max	输入	输出	min	avg	max
Queue15	0	0	1.215	8	8	8	63	70	77
Processor16	0	0	0.186	1	8	8	11	11	11
Queue17	0	0	1.476	8	8	8	77	115	154
Processor18	0	0	0.272	1	8	8	22	22	22
Queue19	0	0	1.107	8	8	8	35	94	154
Processor20	0	0	0.058	1	8	8	5	5	5
Sink5	1	1	0	1	8	0	0	0	0

通过表 7.1，可以读出零件在加工时的总等待时间为：

$$42 + 59 + 70 + 77 + 56 + 70 + 115 + 94 = 583\text{min}$$

将所有实体的工作强度整理出来，可得到所有实体的状态报告表，如表 7.2 所示。

表 7.2　　　　　　　　　　　　　状态报告表

	idle	processing	empty	collecting	releasing
Source3	0.00%	0.00%	0.00%	0.00%	0.00%
Queue171	0.00%	0.00%	0.00%	0.00%	0.00%
Queue4	0.00%	0.00%	0.00%	100.00%	0.00%
Processor6	100.00%	0.00%	0.00%	0.00%	0.00%
Queue7	0.00%	0.00%	9.20%	90.80%	0.00%
Processor8	70.60%	29.40%	0.00%	0.00%	0.00%
Queue9	0.00%	0.00%	41.90%	58.10%	0.00%
Processor10	53.10%	46.90%	0.00%	0.00%	0.00%
Queue11	0.00%	0.00%	49.50%	50.50%	0.00%
Processor12	82.10%	17.90%	0.00%	0.00%	0.00%
Queue13	0.00%	0.00%	70.10%	29.90%	0.00%
Processor14	81.30%	18.70%	0.00%	0.00%	0.00%
Queue15	0.00%	0.00%	69.60%	30.40%	0.00%
Processor16	81.40%	18.60%	0.00%	0.00%	0.00%
Queue17	0.00%	0.00%	63.10%	36.90%	0.00%

	idle	processing	empty	collecting	releasing
Processor18	72.80%	27.20%	0.00%	0.00%	0.00%
Queue19	0.00%	0.00%	72.30%	27.70%	0.00%
Processor20	94.20%	5.80%	0.00%	0.00%	0.00%
Sink5	0.00%	0.00%	0.00%	0.00%	0.00%

第二个表只给出部分表格，其余的部分都为零（下同）。

从这两个表可以看出顺序移动方式所带来的优缺点。缺点：①设备生产周期较长；②在制品数量较大。优点：①工件加工按顺序，有规律可循，同时机床的布置和连接较为简单；②加工过程中运输次数少。

（2）平行移动方法（图 7.26 所示）

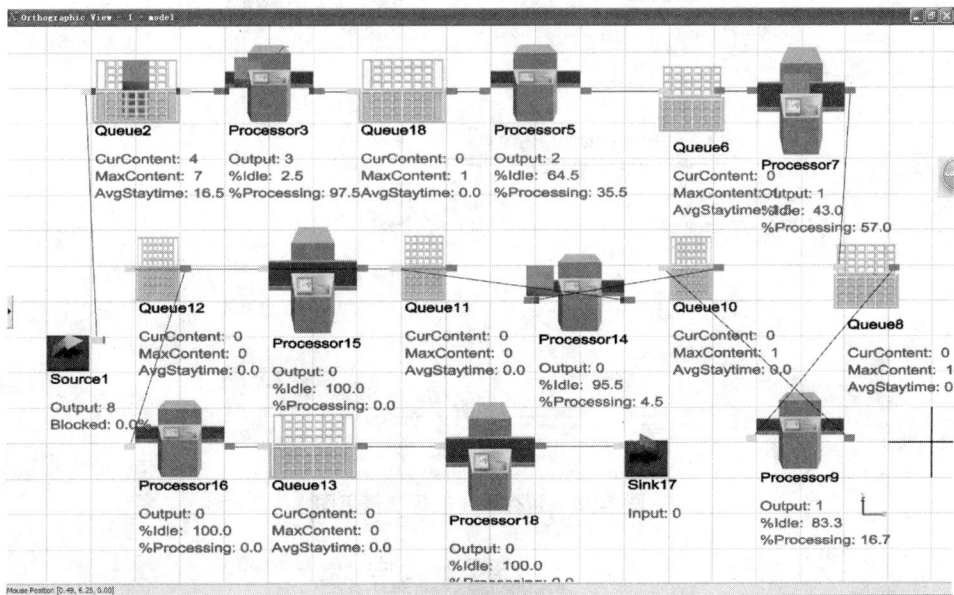

图 7.26　平行移动仿真运行图

运行结束后，得到相应的仿真结果。图 7.27 和图 7.28 是暂存区 4 的工作强度图和标准信息图。

处理器 8 的工作强度和标准信息图如图 7.29 和图 7.30 所示。

其他的图就不做展示，将所有实体的运行结果全部整理出来汇成表，可得标准报告表，如表 7.3 所示。通过该表，可以读出零件在加工时的总等待时间为：

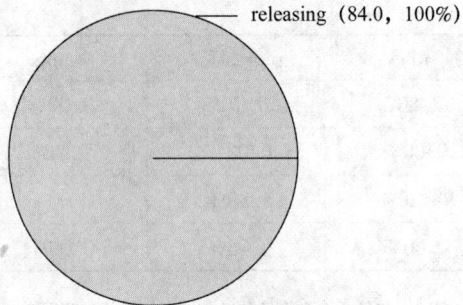

图 7.27　暂存区 4 的工作强度图

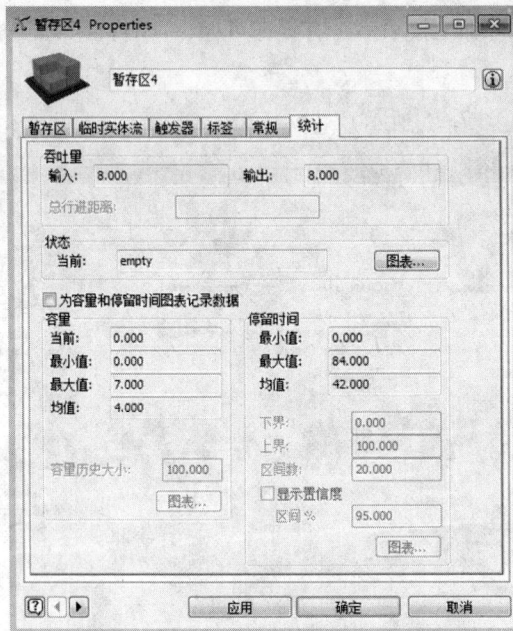

图 7.28　暂存区 4 的标准信息图

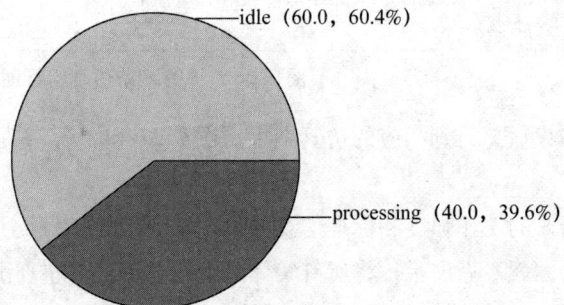

图 7.29　处理器 8 的工作强度图

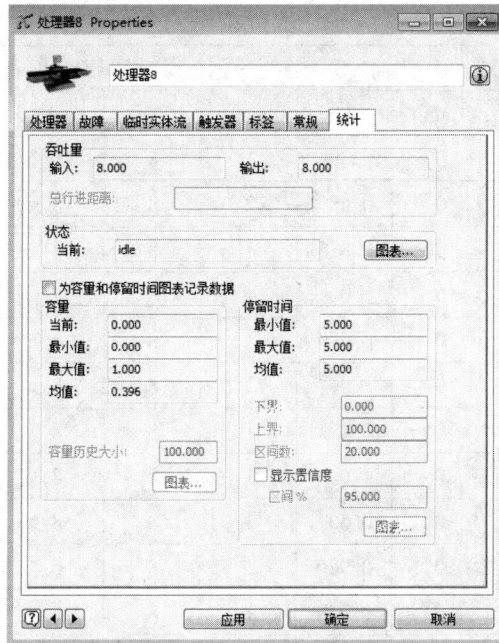

图 7.30　处理器 8 的标准信息图

$$42 + 0 + 10.5 + 0 + 0 + 0 + 24.5 + 0 = 77 \text{min}$$

将所有实体的工作强度整理出来，可得到所有实体的状态报告表，如表 7.4 所示。

从这两个表可以看出平行移动方式所带来的优缺点。缺点：①容易出现设备等待或零件等待的情况；②加工过程中搬运次数较多。优点：①加工的在制品减到最少；②缩短了加工周期。

表 7.3　标准报告表

Flexsim summary report

Model Clock：240.000

	当前				吞吐量		停留时间		
	now	min	avg	max	输入	输出	min	avg	max
Source3	0	0	0	0	0	8	0	0	0
Queue91	0	0	0	8	8	8	0	0	0
Queue4	0	0	4	7	8	8	0	42	84
Processor6	0	0	1	1	8	8	12	12	12
Queue7	0	0	0	1	8	8	0	0	0

	当前				吞吐量		停留时间		
	now	min	avg	max	输入	输出	min	avg	max
Processor8	0	0	0.396	1	8	8	5	5	5
Queue9	0	0	0.689	2	8	8	0	10.5	21
Processor10	0	0	0.876	1	8	8	15	15	15
Queue11	0	0	0	1	8	8	0	0	0
Processor12	0	0	0.389	1	8	8	7	7	7
Queue13	0	0	0	1	8	8	0	0	0
Processor14	0	0	0.471	1	8	8	9	9	9
Queue15	0	0	0	1	8	8	0	0	0
Processor16	0	0	0.537	1	8	8	11	11	11
Queue17	0	0	0.920	3	8	8	0	24.5	49
Processor18	0	0	0.749	1	8	8	22	22	22
Queue19	0	0	0	1	8	8	0	0	0
Processor20	0	0	0.167	1	8	8	5	5	5
Sink5	1	1	0	1	8	8	0	0	0

表 7.4　　　　　　　　　　　　　状态报告表

	idle	processing	empty	collecting	releasing
Source3	0.00%	0.00%	0.00%	0.00%	0.00%
Queue91	0.00%	0.00%	100.00%	0.00%	0.00%
Queue4	0.00%	0.00%	0.00%	0.00%	100.00%
Processor6	0.00%	100.00%	0.00%	0.00%	0.00%
Queue7	0.00%	0.00%	100.00%	0.00%	0.00%
Processor8	60.40%	39.60%	0.00%	0.00%	0.00%
Queue9	0.00%	0.00%	38.50%	0.00%	61.50%
Processor10	12.40%	87.60%	0.00%	0.00%	0.00%
Queue11	0.00%	0.00%	100.00%	0.00%	0.00%
Processor12	61.10%	38.90%	0.00%	0.00%	0.00%
Queue13	0.00%	0.00%	100.00%	0.00%	0.00%

续表

	idle	processing	empty	collecting	releasing
Processor14	52. 90%	41. 10%	0. 00%	0. 00%	0. 00%
Queue15	0. 00%	0. 00%	100. 00%	0. 00%	0. 00%
Processor16	46. 30%	53. 70%	0. 00%	0. 00%	0. 00%
Queue17	0. 00%	0. 00%	39. 00%	0. 00%	61. 00%
Processor18	25. 10%	74. 90%	0. 00%	0. 00%	0. 00%
Queue19	0. 00%	0. 00%	100. 00%	0. 00%	0. 00%
Processor20	83. 30%	16. 70%	0. 00%	0. 00%	0. 00%
Sink5	0. 00%	0. 00%	0. 00%	0. 00%	0. 00%

（3）平行顺序移动方法（图7.31 所示）

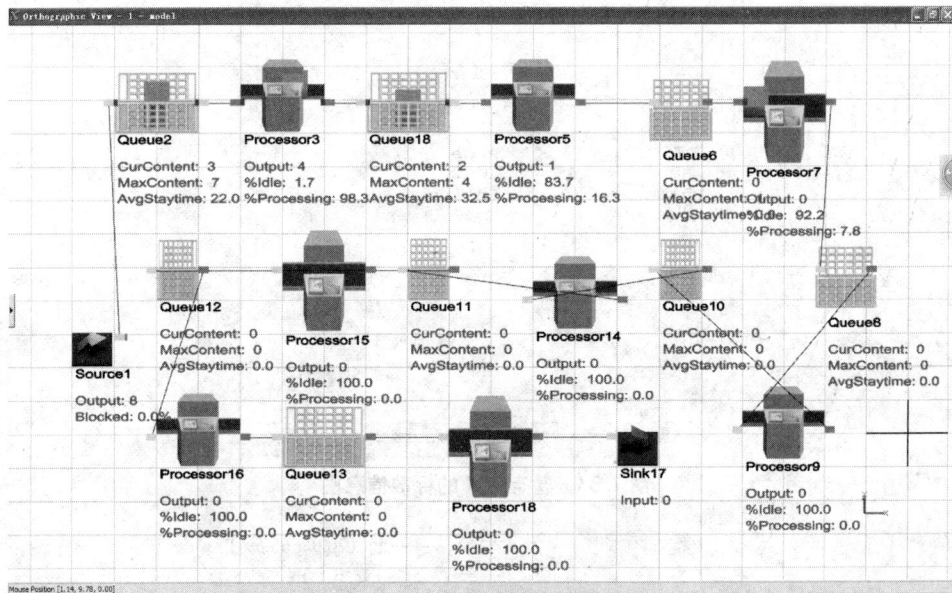

图 7.31　平行顺序移动仿真运行图

运行结束后，得到的相应的仿真结果。图 7.32 所示是暂存区 4 的工作强度图。图 7.33 是暂存区 4 的标准信息图。

处理器 8 的工作强度如图 7.34 所示。处理器 8 的标准信息图如图 7.35 所示。

其他的图就不做展示，将所有实体的运行结果全部整理出来汇成表，可得标准报告表，如表 7.5 所示。

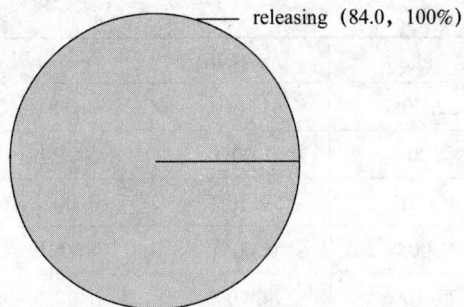

releasing（84.0，100%）

图 7.32   暂存区 4 的工作强度图

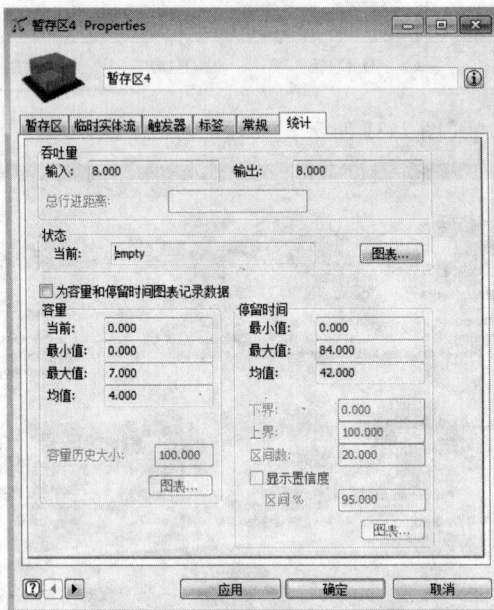

图 7.33   暂存区 4 的标准信息图

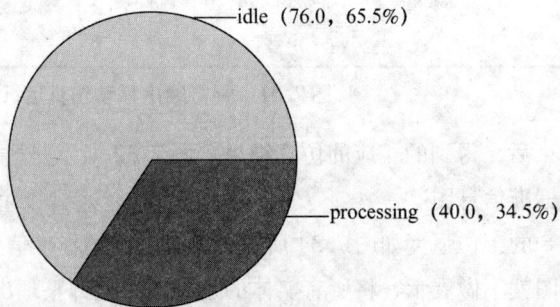

idle（76.0，65.5%）

processing（40.0，34.5%）

图 7.34   处理器 8 的工作强度图

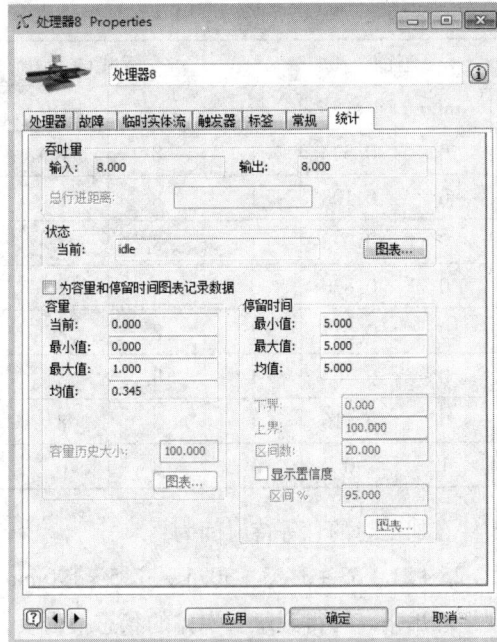

图 7.35　处理器 8 的标准信息图

表 7.5　　　　　　　　　　　　　标准报告表

Flexsim summary report

Model Clock：345.000

	当前				吞吐量		停留时间		
	now	min	avg	max	输入	输出	min	avg	max
Source3	0	0	0	0	0	8	0	0	0
Queue3	0	0	0	8	8	8	0	0	0
Queue4	0	0	4	7	8	8	0	42	84
Processor6	0	0	1	1	8	8	12	12	12
Queue7	0	0	1.838	4	8	8	15	25	36
Processor8	0	0	0.345	1	8	8	5	5	5
Queue9	0	0	1.063	3	8	8	0	21	42
Processor10	0	0	0.694	1	8	8	15	15	15
Queue11	0	0	1.361	4	8	8	21	33	45
Processor12	0	0	0.279	1	8	8	7	7	7
Queue13	0	0	0.116	1	8	8	0	3	6

续表

	当前				吞吐量		停留时间		
	now	min	avg	max	输入	输出	min	avg	max
Processor14	0	0	0.333	1	8	8	9	9	9
Queue15	0	0	0.108	1	8	8	0	3	6
Processor16	0	0	0.378	1	8	8	11	11	11
Queue17	0	0	0.830	3	8	8	0	30.5	61
Processor18	0	0	0.557	1	8	8	22	22	22
Queue19	0	0	0.765	1	8	8	24	32.5	41
Processor20	0	0	0.116	1	8	8	5	5	5
Sink5	1	1	0	1	8	0	0	0	0

通过上表，可以读出零件在加工时的总等待时间为：

$$42 + 25 + 21 + 33 + 3 + 3 + 30.5 + 32.5 = 190min$$

将所有实体的工作强度整理出来，可得到所有实体的状态报告表，如表 7.6 所示。

表 7.6   状态报告表

	idle	processing	empty	collecting	releasing
Source3	0.00%	0.00%	0.00%	0.00%	0.00%
Queue3	0.00%	0.00%	100.00%	0.00%	0.00%
Queue4	0.00%	0.00%	2.80%	0.00%	97.20%
Processor6	0.00%	100.00%	0.00%	0.00%	0.00%
Queue7	0.00%	0.00%	10.80%	89.20%	0.00%
Processor8	65.50%	34.50%	0.00%	0.00%	0.00%
Queue9	0.00%	0.00%	38.60%	0.00%	61.40%
Processor10	30.60%	69.40%	0.00%	0.00%	0.00%
Queue11	0.00%	0.00%	35.10%	64.90%	0.00%
Processor12	72.10%	27.90%	0.00%	0.00%	0.00%
Queue13	0.00%	0.00%	88.40%	0.00%	11.60%
Processor14	66.70%	33.30%	0.00%	0.00%	0.00%
Queue15	0.00%	0.00%	89.20%	0.00%	10.80%
Processor16	62.20%	37.80%	0.00%	0.00%	0.00%
Queue17	0.00%	0.00%	51.40%	0.00%	48.60%

	idle	processing	empty	collecting	releasing
Processor18	44.30%	55.70%	0.00%	0.00%	0.00%
Queue19	0.00%	0.00%	47.60%	52.40%	0.00%
Processor20	88.40%	11.60%	0.00%	0.00%	0.00%
Sink5	0.00%	0.00%	0.00%	0.00%	0.00%

从这两个表可以看出平行顺序移动方式所带来的优缺点。缺点：①每个工件都有不同的加工路线，生产组织安排比较复杂；②总设备闲置时间相对较长。优点：①周期相对较少；②搬运次数少。

7.3　各方案的分析与选择

生产过程的时间组织是研究产品生产过程各环节在时间上的衔接和结合的方式。生产过程各环节之间时间衔接越紧密，就越能缩短生产周期，从而提高生产效率，降低生产成本。

生产过程组织的目标是要使产品内在生产过程中的行程最短、时间最省、占用和耗费最少、效率最高、能取得最大的生产成果和经济效益。

7.3.1　三种组织方式的对比分析

前一章的仿真运行结果总结，可以把三种方法的仿真结果进行对比，主要从加工时间、设备等待和设备闲置三个指标来进行比较，建立表格，如表7.7所示。

表 7.7　　　　　　　　　　　　　组织方法的比较

	顺序移动	平行移动	平行顺序移动
加工时间（min）	688	240	345
设备等待（min）	0	294	0
设备闲置（min）	2304	288	1030

通过比较，可以看出顺序移动的加工时间最长，设备闲置时间也最长，说明该方法没能充分利用设备资源，因而加工时间最长；平行移动的加工时间虽然最短，但设备产出了等待时间，这说明在加工过程中设备有空运作现象，这使公司消耗了不必要的资源，在生产系统中也是应该避免的；平行顺序移动的加工时间处于两者中间，略高于平行移动的时间，设备闲置时

间也处于二者之间，但比顺序移动要少一半的时间，并且设备等待时间为零，在生产过程中避免了设备的空运转。综合考虑，三种方法中，平行顺序移动是三者中最优的方案。

下面对三种组织方法的每一个实体进行比较，比较它们在空闲、工作和拥堵时的状态，总结之后，如表7.8所示。

表7.8　　　　　　　　　　　　三种组织移动方法的详细比较（%）

	顺序移动			平行移动			平行顺序移动		
	空闲	工作	拥堵	空闲	工作	拥堵	空闲	工作	拥堵
发生器3	0.00	0.00	0.00	0.00	0.00	0.00	0.00	0.00	0.00
暂存区3	0.00	0.00	0.00	0.00	0.00	0.00	0.00	0.00	0.00
暂存区4	0.00	0.00	0.00	0.00	0.00	0.00	0.00	0.00	0.00
处理器6	100.00	0.00	0.00	0.00	100.00	0.00	0.00	100.00	0.00
暂存区7	0.00	0.00	0.00	0.00	0.00	0.00	0.00	0.00	0.00
处理器8	70.60	29.40	0.00	60.40	39.60	0.00	65.50	34.50	0.00
暂存区9	0.00	0.00	0.00	0.00	0.00	0.00	0.00	0.00	0.00
处理器10	53.10	46.90	0.00	12.40	87.60	0.00	72.10	27.90	0.00
暂存区11	0.00	0.00	0.00	0.00	0.00	0.00	0.00	0.00	0.00
处理器12	82.10	17.90	0.00	61.10	38.90	0.00	72.10	27.90	0.00
暂存区13	0.00	0.00	0.00	0.00	0.00	0.00	0.00	0.00	0.00
处理器14	81.30	18.70	0.00	52.90	41.10	0.00	66.70	33.30	0.00
暂存区15	0.00	0.00	0.00	0.00	0.00	0.00	0.00	0.00	0.00
处理器16	81.40	18.60	0.00	46.30	53.70	0.00	62.20	37.80	0.00
暂存区17	0.00	0.00	0.00	0.00	0.00	0.00	0.00	0.00	0.00
处理器18	72.80	27.20	0.00	25.10	74.90	0.00	44.30	55.70	0.00
暂存区19	0.00	0.00	0.00	0.00	0.00	0.00	0.00	0.00	0.00
处理器20	94.20	5.80	0.00	83.30	16.70	0.00	88.40	11.60	0.00
吸收器5	0.00	0.00	0.00	0.00	0.00	0.00	0.00	0.00	0.00

通过表7.8可知，顺序移动的设备空闲时间最长，顺序移动的工作时间最长，平行顺序移动的工作时间与平行移动的工作时间相差不大。

7.3.2　最终方案的选择

在实际的加工过程中，我们可能遇到各种各样的问题，不可能有一个完美的解决方案应对所有的问题。

在不同的场合，不同的条件下，应该采用相应的措施积极应对。比如工序的加工，不能一味地追求最短的总加工时间，方案中的平行移动虽然有最小的加工时间，但却是最先不考虑的，因为在只有 8 个工件的情况下它的物流强度都已经大得难以想象了。而综合起来，反而是另外两个加工时间大于它的比较适用。

通过上面的对比，根据行程最短、时间最省、占用和耗费最少、效率最高等指标，综合考虑，平行顺序移动是最优的组织生产方法。

本章基于 Flexsim 的生产系统建模与仿真。利用 Flexsim 仿真软件对生产线系统的组织方法进行仿真分析与优化研究，具有低成本、时间短、可多次重复运行等优点，对提高生产线系统的工作效率具有重要的实际价值。

本章针对 A 企业的生产线系统，以 Flexsim 为工具，在了解三种生产线组织方式后建立起系统仿真模型，通过录入系统运行的相应参数，运行仿真模型，根据仿真结果的分析，找出系统最优的组织方法。

第 8 章

系统仿真在自动化立体仓库中的应用

自动化立体仓库是现代物流系统的一个重要组成部分，广泛地运用于各行各业中。目前，它已经成为企业生产和管理不可缺少的一部分。本文在立体仓库的规划设计优化方面提出了利用软件仿真辅助设计的方法，对于提高立体仓库的作业效率，合理配置立库的物流设备，以及检验整个流程设计的合理性有着很大的实际应用价值。

本章利用仿真系统反映系统中发生阻塞和瓶颈的位置和情况，改变参数输入或者改变实体数目，通过模拟生产情况及波动对系统造成的冲击，从而避免了在理想化状态下系统设计所无法预料的各种因素，对系统的堵塞有着形象和直观的解决方案，在系统未投资建立之前，就可全方位地了解未来自动化物流系统的实际流程和生产信息。

8.1　自动化立体仓库概述

8.1.1　自动化立体仓库的综述

自动仓储系统是典型的离散事件系统。离散事件系统是指系统的状态仅在离散的时间点上发生变化的系统，而且这些离散时间点一般是不确定的。这类系统中引起状态变化的原因是事件，通常状态变化与事件的发生是一一对应的。对于自动立体仓库系统，如将其分解成若干个相对独立又相互作用的实体，首先建立这些实体的局部模型，然后按实体间的相互联系，连接局部模型来组成总体模型，则相对容易。

自动化立体仓库与生产企业的工艺流程密切结合，成为生产物流的一个组成部分。例如，柔性加工系统中的自动化仓库就是一个典型例子，在配送中心，自动化立体仓库与物品的拣选、配送相结合成为配送中心的一个组成部分。

　　自动化立体仓库已经成为现代物流系统中迅速发展的一个最重要组成部分，可谓为整个物流系统的一个核心集成技术所在，具有节约用地、减轻劳动强度、消除差错、提高仓储自动化水平及管理水平、提高管理和操作人员素质、降低储运损耗、有效地减少流动资金的积压、提高物流效率等诸多优点，是提高现代物流效率、降低物流成本的一个重要工具。

　　在自动控制与信息传输中采用高可靠性的硬软件，增强抗干扰能力；采用自动消防系统，货架涂刷耐火涂层，开发新的更可靠的检测与认址器件；采用低噪声车轮和传动元件，等等。

　　自动化仓库作为物流系统的一个核心和枢纽，是物流系统实现物流合理化的关键所在。通常，一种产品要从原材料做成成品，再把成品作为商品，送到消费者手中，需经过两个基本物流环节。前者是物流生产过程，如加工流水线，自动生产线；后者是把商品送到消费者手中的物流流通过程。目前立体仓库系统主要有两大应用领域，一是各种自动化生产线中的在线立体仓库系统；其二是各种物资配送中心。货物从一个地方转移到另一个地方，单件运输是不经济的，成批的和大量的组织运输有助于减少成本，而货物的等待就必须要由仓库来实现。自动化立体仓库在物流中就充当这样一个货物储存的角色。

　　自动化立体仓库是一个复杂的综合自动化系统，正是由于分类的多样性，使其可以广泛地服务于各行各业，也促进了自动化立体仓库自身的发展。其中整体式是指货架除了储存货物以外，还可以作为建筑物的支撑结构，就像是建筑物一个部分，即库房与货架形成一体化结构。分离式是指储存货物的货架独立存在。在现有的建筑物内可改造为自动化立体仓库，也可以将货架拆除，使建筑物用于其他用途。单元货架式是一种最常见的结构，货物先放在托盘或集装箱内，再装入仓库货架的货位中。移动货架式是由电动货架组成。货架可以在轨道上行走，由控制装置控制货架的合拢和分离。作业时货架分开，在巷道中进行作业。不作业时可将货架合拢，只留一条作业巷道，从而节省仓库面积，提高空间利用率。拣选货架式仓库的分拣机构是这种仓库的核心组成部分。它有巷道内分拣和巷道外分拣两种方式。每种分拣方式又可分为人工分拣和自动分拣。水平循环货架仓库的货架本身可以在水平面内沿环形路线来回运行。垂直旋转货架仓库与水平循环货架仓库相似，不同的是水平面内旋转改为垂直面内的旋转。一般的自动化立体仓库用于温度为 0~40℃，湿度为 45%~85% 的常温常湿环境下存储货物。低温自动化立体仓库用于温度为 0℃ 以下的环境中存储货物。高温自动化立体仓库用于温度为 40℃ 以上的环境中存储货物。防爆自动化立体仓库用于在有防爆要求的环境中存储货物。其他特殊环境型自动化立体仓库，一般用于防毒、防污染和防辐射等环境下使用。

8.1.2　自动化立体仓库功能

　　自动化立体仓库的基本作业流程为：进货作业、搬运作业、储存作业、盘点作业、订单处理作业、拣选作业、补货作业、发货作业、配送作业。

不同类型的物流配送中心，其结构与作用有不同侧重点。物流中心可以按经济功能、物流设施、服务范围和服务对象、运营方式来进行分类。

8.1.3　自动化立体仓库特点

自动化立体仓库结构特殊，与传统仓库相比具有以下特点。

1. 提高空间利用率

早期立体仓库的构想，其基本出发点就是提高空间利用率，充分节约有限且宝贵的土地。在西方有些发达国家提高空间利用率的观点已有更广泛深刻的含义，节约土地，已与节约能源、环境保护等更多的方面联系起来。有些甚至把空间的利用率作为系统合理性和先进性考核的重要指标来对待。自动化立体仓库的空间利用率与其规划紧密相连。一般来说，自动化立体仓库其空间利用率为普通仓库的 2～5 倍。自动分拣设备有两个主要优点：一个是减少了所需人工数量；一个是提高了分拣速度和准确率。

2. 便于形成先进的物流系统，提高企业生产管理水平

传统仓库只是货物储存场所，保存货物是其唯一的功能，是一种静态储存。自动化立体仓库采用先进的自动化物料搬运设备，不仅能使货物在仓库内按需要自动存取，而且可以与仓库以外的生产环节进行有机的连接，并通过计算机管理系统和自动化物料搬运设备使仓库成为企业生产物流中的一个重要环节。企业外购件和自制生产件进入自动化仓库储存是整个生产的一个环节，短时储存是为了在指定的时间自动输出到下一道工序进行生产，从而形成一个自动化的物流系统，这是一种动态储存，也是当今自动化仓库发展的一个明显的技术趋势。它有利于企业形成先进的物流系统，从而提高企业的整体管理水平。

3. 可以解决备品备件等零碎物料的复杂特性

备品备件物资供应部门管理着整个企业零零散散众多各类零部件、备品备件物资。物品的体积大小不规则，重量不一甚至温度、湿度仓储环境要求不同造成了物资总体物理特性复杂多样的现状。解决这些不同物理特性物资合理存放与管理是自动化立体仓库在备品备件物资管理工程应用的难点。

高架库系统是解决这一问题的最有效的手段之一。这是因为：以自动化立体库为中心的工厂物流系统，解决了生产各环节的流通问题和供求矛盾，使原材料的供给和零部件的生产数量和生产所需的数量可以达到一个最佳值；计算机网络系统的建立使原材料和零部件外购件的采购更及时和满足实际需求；计算机管理系统的建立加强了宏观调控功能，使生产中各环节生产量更能满足实际需求；建立成品库和半成品库，以解决市场供需的暂时的不一致，充分发挥企业的生产潜力。在采用自动化仓库后，库存物资占用金额比过去明显降低，节约了资金。

4. 可以提高仓储自动化水平

自动化立体仓库作为现代化的物流设施，对提高仓储自动化水平起着举足轻重的作用，主要体现在四方面：

①自动化立体仓库不仅对底层自动化设备控制和管理，而且针对某一具体的自动化仓库的基本数据进行管理，降低了工人的劳动强度，提高了物流工作的效率。

②自动化立体仓库管理与控制系统是比较独立的一个子系统，可以实现对立体库所有出入库作业进行最佳分配及登录控制，并对数据进行统计分析，以便对物流实现宏观调控，最大限度地降低库存量及资金的占用，加速资金周转。

③自动化立体仓库对其一具体仓库中的材料、货位等基本信息进行管理，优化了仓库存储的效率，管理材料的在库情况并控制仓库中的自动化设备，实现仓库中材料的自动出入库操作和存储操作。

④自动化立体仓库可以有效利用空间。分离式仓库高度受结构厂房的限制，一般不能过高。而自动化立体仓库实现了库架合一，能够承受较大的风载，其高度较高，能够有效合理地利用空间。

8.1.4　相关设备介绍

1. 货架

货架是自动化立体仓库中最主要的组成部分。它提供托盘和货物自动存储的空间。常用的货架有悬臂货架、流动货架、货格式货架、水平或垂直旋转货架等。货架的结构及功能有利于实现仓库的机械化和自动化。由于货架是一种架式结构物，所以它可以充分利用仓库空间，提高库容利用率，扩大仓库存储能力。存入货架中的货物，互不挤压，可完整保证物资本身的功能，减少货物的损失。货架中的货物存取方便，便于清点及计算。

2. 托盘

托盘是用于集装、堆放、搬运和运输的放置货物的水平平台装置。其基本功能是装物料，同时还应该便于叉车和堆垛机的叉取和存放。托盘是由两层面板中间夹以纵梁（或柱脚）或单层面板下设纵梁（垫板或柱脚）组成的一种平面结构。为了提高出/入库效率和仓库的利用率，实现存储自动化作业，通常采用货物连带托盘的存储方法，托盘成为一种存储工具。

3. 堆垛机

堆垛机是自动化立体仓库中的重要设备，它是实现托盘货物自动出/入库作业的主要工具。堆垛机一般用电力驱动，通过自动或手动控制，实现货物搬运。它的主要用途是在高层货架的巷道内来回穿梭运行，将位于巷道口的货物存入货格，或者相反，取出货格内的货物运送到巷道口。整机结构高而窄，由起升机构、运行机构、货叉、伸缩机构、机架以及电气部分等组成。堆垛机的类型可按其支承方式、结构形式和作业方式等进行分类。

4. 货物输送系统

输送系统是伴随着生产物流和存储仓库产生的。它通过各种输送设备把工厂中的各个部分和各个生产工位连接起来，从而形成整个工厂物流，实现货物出/入库的自动输送功能。货物输送装置包括辊道输送机，链条输送机及平带式输送机等。采用什么样的输送装置，需要根据货物的类型、装运条件和仓库结构等因素来决定。

5. 分拣系统

分拣系统把很多货物按品种、不同的输送地点和客户的订货要求，迅速准确地从货位拣取出来，按一定的方式进行分类、集中并分配到指定位置，等待装配送货。按分拣的手段不同，可分为人工分拣、机械分拣和自动分拣三大类。

8.1.5　自动化立体仓库的设计原则与设计过程

1. 设计原则

自动化立体仓库由于具有节约占地、提高储存效率、提高仓库管理及时性和准确性等诸多优点，因此得到越来越广泛的应用。由于篇幅所限，本文对立体仓库的形式及分类等介绍内容不再赘述，主要就自动化立体仓库的规划、选购做一介绍。

好的自动化仓库系统一般都遵循以下几个原则：

①系统高性能、低造价（高性价比）；

②尽量使用简单合适的设备，使用设备最少，简化整个物流系统；

③物品处理次数最少，整体运行效率最高；

④充分考虑人员和系统的安全；

⑤无人化程度高，尽量减少人工干预；

⑥满足国家和行业有关标准，尽量采用标准的零部件和系统；

⑦操作、维护简单、方便；

⑧降低使用和维护成本；

⑨系统集成商较高的服务质量；

⑩灵活性高,系统易于改进、扩充和升级。

此外,还有降低能耗、环保等方面的要求。

在特定场合下,以上原则有些可能是互相影响甚至互相制约的。为了做出最好的设计,设计人员必须具有扎实的理论基础、丰富的实际经验和对买方要求的深入了解,并做出取舍,对相关原则进行修正和补充。

2. 设计过程

为完成一个自动化立体仓库的设计,应组织相关有经验的技术人员进行如下工作。

①需求分析:对买方提出的要求和数据进行归纳、分析和整理,确定设计目标和设计标准,还应认真研究工作的可行性、时间进度、组织措施及影响设计的其他因素。

②确定货物单元形式及规格:根据调查和统计结果,并综合考虑多种因素,确定合理的单元形式及规格。这一步很重要,因为它是以下各步设计和实施的基础。

③确定自动化仓库的形式、作业方式和机械设备参数:立体仓库的形式有很多种,一般多采用单元货格形式。根据工艺要求确定作业方式,选择或设计合适的物流搬运设备,确定它们的参数。

④建立模型:确定各物流设备的数量、尺寸、安放位置、运行范围等仓库内的布置,以及相互间的衔接。

⑤确定工艺流程,对仓库系统工作能力进行仿真计算:确定仓库存取模式,以及工艺流程。通过物流仿真软件和计算,得出物流系统作业周期和能力的数据。根据仿真计算的结果,调整各有关参数和配置(重复第 2 ~ 5 步),直到满足要求为止。

⑥确定控制方式和仓库管理方式:控制方式有多种,主要是根据以上的设备选择合理的方式,并满足买方需求。一般是通过计算机信息系统进行仓库管理,确定涉及哪些业务部门、计算机网络及数据处理的方式、相互之间的接口和操作等。

⑦确定自动化系统的技术参数和配置:根据设计确定自动化设备的配置和技术参数,例如,选择什么样的计算机、控制器等问题。

⑧确定边界条件:明确有关各方的工作范围,工作界面以及界面间的衔接。

⑨提出对土建及公用工程的要求:提出对基础承载、动力供电、照明、通风采暖、给排水、报警、温湿度、洁净度等方面的要求。

⑩形成完整的系统技术方案:考虑其他各种有关因素,与买方讨论,综合调整方案,最后形成切实可行的初步技术方案。

8.1.6 AS/RS 自动化立体仓库存取系统

AS/RS(Automated Storage and Retrieval System,自动存取系统),也就是通常所指的自动

化仓储系统，是由高层立体货架、堆垛机、输送系统、信息识别系统、计算机控制系统、通信系统、监控系统、管理系统等组成的自动化系统。

目前全国自动化立体仓库的保有量在 300 座左右，主要集中在烟草、医药保健品、食品、通信和信息、家具制造业、机械制造业等传统优势行业。由于其具有存储量大、存储效率高、自动化和信息化水平高等优点，越来越得到用户的广泛认同和普遍使用。

本论文设计的自动化立体仓库的 AS/RS 可持续地检查过期或找库存的产品，防止不良库存，提高管理水平。自动化仓储系统能充分利用存储空间，通过计算机可实现设备的联机控制，以先入先出的原则，迅速准确地处理物品，合理地进行库存管理及数据处理。当商品库存降低到一定数量系统自动发出订单订购需要的商品。

8.2　某物流中心自动化立体仓库概况

8.2.1　某物流中心自动化立体仓库基本情况

某仓库是专门存储附加值高的手提式电脑。该仓库是企业存储型物流配送中心，必须存储足够数量的商品，目的是防止出现商品脱销，导致用户的流失。该自动化立体仓库主要由理货区、入库区、货物存放区、出库区四个部分组成。

货物运送到仓库后，首先在理货区进行验收、理货，并按照码盘工艺要求将成件货物集中码放在托盘上，然后在每个托盘上贴上一个入库标签，入库扫描 RFID 标签，使系统记录入库数量及品种。托盘货物由分类输送机传送到入库站台，由巷道堆垛机沿巷道运行到货架的货位放置货物（放置位置由 AS/RS 系统控制），完成货物的入库过程。出库时巷道堆垛机根据管理系统的指示行驶到指定的货位处，取出托盘货物，放在输送机上，由输送机将货物送到出库站台扫描 RFID 电子标签记录出库货物的信息，并做出库货物记录，货物数量的变化有 AS/RS 系统全程监控，叉车运送到出库口。当监控系统检测到货物的数量低于最低存储量时，发出订货请求。本论文研究的是最大入库量与最大出库量的情况。

1. 自动化立体仓库设备及相关设备的技术参数

电脑的种类众多，将电脑仅按照不同的品牌以及品牌内不同的型号分类。此仓库针对联想、三星、苹果、索尼四个热销品牌进行分类具体型号如表 8.1 所示。

网上数据可知每年的电脑销售台数约为 2.525×10^7 台。4 个品牌共 19 种型号的笔记本电

表 8.1   商品分类表

品 牌	型 号
联想（lenovo）	flex14
	yoga2
	yoga2pro
	yoga11s
	yoga11
	yoga13
三星（SAMSUNG）	700T1C – EG1
	450R4V – EG4
	900X3F – EG1
	600B4C – EG1
苹果（Apple）	MacBook Air
	MacBook Pro
	SVF11N15SCP
索尼（SNOY）	SVF13N28SCB
	SVF15N28SCB
	SVP13227SCB
	SVT11227SCW
	SVF15327SCW

脑。全国有 6 个这样的仓库。已知每台电脑的储存单位成本（H）为 300 元，每次订购的费用（S）为 600 元。订单下达后第 7 天货物到达仓库入库口。一年的工作日期为 365 天。规定每次到货都必须在当天全部入库，每天的仓库工作 8 小时。根据统计仓库一天内同时缺货的品种数在是随机的，也就是说最大的缺货品种数为 19 种。一个托盘上可以放置 44 台笔记本电脑。联想销量占总销量的 59.41%，三星销量占总销量的 19.82%，苹果销量占总销量的 5.92%，索尼销量占总销量的 14.85%。品牌内型号的销量基本均衡。

客户服务水平为 0.90，查表可得安全系数（Z）为 1.29，标准差（σd）为 20 台/天。

该仓库每年的出库量为：$2.525 \times 10^7 \div 6 \approx 4208337$ 台；

联想每年的销量：$4208337 \times 59.41\% = 2500002$ 台；

联想每品牌年的销量（D）：$2500002 \div 6 = 416667$ 台；

联想品牌下每个型号每天的销量（d）为：$416667 \div 365 \approx 1146$ 台；

三星每年的销量：$4208337 \times 19.82\% = 833335$ 台；

三星每品牌年的销量（D）：$833335 \div 5 = 166667$ 台；

三星品牌下每个型号每天的销量（d）为：$16667 \div 365 \approx 460$ 台；

苹果每年的销量：$4208337 \times 5.92\% = 250000$ 台；

苹果每品牌年的销量（D）：$250000 \div 2 = 125000$ 台；

苹果品牌下每个型号每天的销量（d）为：$125000 \div 365 \approx 344$ 台；

索尼每年的销量：$4208337 \times 14.85\% = 625000$ 台；

索尼每品牌年的销量（D）：$625000 \div 5 = 125000$ 台；

索尼品牌下每个型号每天的销量（d）为：$125000 \div 365 \approx 345$ 台；

安全库存（SS）计算公式：$SS = z\sigma_d \sqrt{LT}$；

由于订货提前期相同所以每个型号的电脑的安全库存均为：$1.29 \times 20 \times \sqrt{7} = 68$ 台；

再订购点的计算公式为：$ROP = LT \times d + SS$；

联想每个品牌的再订购点为：$68 + 7 \times 1146 = 8090$ 台；

三星每个品牌的再订购点为：$68 + 7 \times 460 = 3288$ 台；

苹果每个品牌的再订购点为：$68 + 7 \times 344 = 2476$ 台；

索尼每个品牌的再订购点为：$68 + 7 \times 345 = 2483$ 台；

经济订购批量的计算：$EOQ = \sqrt{\dfrac{2 \times S \times D}{H}}$ 台；

联想的经济订购批量为：$\sqrt{\dfrac{2 \times 600 \times 416667}{300}} = 1261$ 台；

三星的经济订购批量为：$\sqrt{\dfrac{2 \times 600 \times 166667}{300}} = 817$ 台；

苹果的经济订购批量为：$\sqrt{\dfrac{2 \times 600 \times 125000}{300}} = 707$ 台；

索尼的经济订购批量为：$\sqrt{\dfrac{2 \times 600 \times 125000}{300}} = 707$ 台；

每天的最大入库量为：$1261 \times 6 + 817 \times 5 + 707 \times 2 + 707 \times 5 = 16600$ 台；

每天的最大入库托盘量为：$1261 \times 6 \div 44 + 817 \times 5 \div 44 + 707 \times 2 \div 44 + 707 \times 5 \div 44 \approx 377$ 托盘；

以上品牌的笔记本电脑的销售尺寸一般都在 16 寸以下，16 寸的包装最大尺寸为：$43.7\text{mm} \times 387\text{mm} \times 120.6\text{mm}$，如图 8.1 所示。

自动化立体仓库的主要参数：

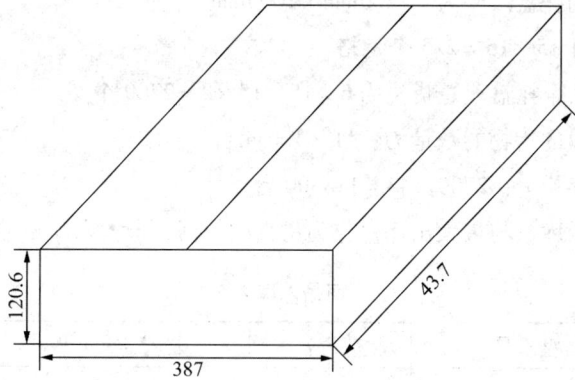

图 8.1　外包装尺寸（单位：mm）

库房空间 $60m \times 50m \times 26m$；

堆垛机的型号为 DF（P）M – 25 – 1000，升起高度最大为 25m，运行的速度为 2m/s；

自动分拣装置对每个货物的处理时间是 10s；

码盘装置对每个货物的处理时间是 5s；

拆盘装置对每个货物的处理时间是 10s；

输送机水平速度为 1m/s；

叉车选用平衡式叉车，运行速度为 2m/s。

选用的货架结构如图 8.2 所示：

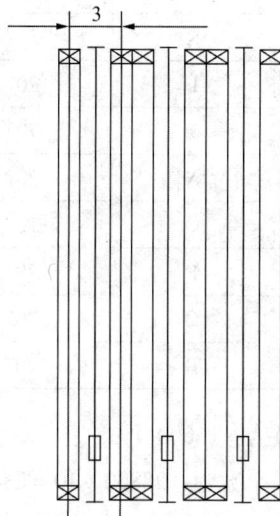

图 8.2　部分货架俯视图（单位：m）

在此案例中选用的托盘尺寸为：$1200\text{mm} \times 1000\text{mm}$

货架有 6 排，每排 $15 \times 15 = 225$ 个货格

每个货格中存放 2 个托盘，总货位为 $6 \times 15 \times 15 \times 2 = 2700$ 个

每个托盘可以存放的货物的数量为：$11 \times 4 = 44$ 台

仓库能的最大储存量为：$2700 \times 44 = 118800$ 台

现以仓库的最大入库量与最大出库量作为仿真的数据，最大入库量的具体数据如表 8.2。

表 8.2 商品入库表

品　牌	型　号	被命名	入库数量（台）	入库间隔时间
联想 （lenovo）	flex14	A	1261	exponential（0，20，1）
	yoga2	B	1261	exponential（0，20，1）
	yoga2pro	C	1261	exponential（0，20，1）
	yoga11s	D	1261	exponential（0，20，1）
	yoga11	E	1261	exponential（0，20，1）
	yoga13	F	1261	exponential（0，20，1）
三星 （SAMSUNG）	700T1C－EG1	G	817	exponential（0，20，1）
	450R4V－EG4	H	817	exponential（0，20，1）
	900X3F－EG1	I	817	exponential（0，20，1）
	600B4C－EG1	J	817	exponential（0，20，1）
	MacBook Air	K	817	exponential（0，20，1）
苹果 （Apple）	MacBook Pro	L	707	exponential（0，20，1）
	SVF11N15SCP	M	707	exponential（0，20，1）
索尼 （SNOY）	SVF13N28SCB	N	707	exponential（0，20，1）
	SVF15N28SCB	O	707	exponential（0，20，1）
	SVP13227SCB	P	707	exponential（0，20，1）
	SVT11227SCW	Q	707	exponential（0，20，1）
	SVF15327SCW	R	707	exponential（0，20，1）

由表 8.2 可以得出一天的入库量为：16600 个；

一台处理器一天能处理到位商品个数为：$28800 \div 10 = 2880$ 个；

需要处理器（使用率为 70%）的个数：$16600 \times 0.9 \div (2880) \approx 6$ 台；

按最低出库量具体数据如表 8.3 所示。

表 8.3　　　　　　　　　　　　　　　　最低出库表

商 品	需求数量（台）	托盘数（个）	出库率
A	1146	26	90.88%
B	1146	26	90.88%
C	1146	26	90.88%
D	1146	26	90.88%
E	1146	26	90.88%
F	1146	26	90.88%
G	460	10	56.30%
H	460	10	56.30%
I	460	10	56.30%
J	460	10	56.30%
K	460	10	56.30%
L	344	8	48.66%
M	344	8	48.66%
N	345	8	48.80%
O	345	8	48.80%
P	345	8	48.80%
Q	345	8	48.80%
R	345	8	48.80%
总托盘数		263	

按最高出库量具体数据如表 8.4 所示。

表 8.4　　　　　　　　　　　　　　　　最大出库表

商 品	需求数量（台）	托盘数（个）	出库率
A	1261	29	100.00%
B	1261	29	100.00%
C	1261	29	100.00%
D	1261	29	100.00%
E	1261	29	100.00%
F	1261	29	100.00%
G	817	19	100.00%

续表

商　品	需求数量（台）	托盘数（个）	出库率
H	817	19	100.00%
I	817	19	100.00%
J	817	19	100.00%
K	817	19	100.00%
L	707	16	100.00%
M	707	16	100.00%
N	707	16	100.00%
O	707	16	100.00%
P	707	16	100.00%
Q	707	16	100.00%
R	707	16	100.00%
总托盘数	377		

货物在仓库的停留时间 exponential（0，10，1），利用模型的仿真试验控制器，将系统的仿真设置为终止型仿真，仿真时间为 $10h = 60s \times 10 \times 60s = 36000s$。

8.2.2　某物流中心自动化立体仓库平面图

立体仓库主要由理货区、入库区、货物存放区、出库区等部分组成，其总体结构如图 8.3 所示。由于该仓库具有上述特点，因此，在设计时充分考虑到最大使用量，以及今后的仓库的扩大，在设计时有留留出一下空间，以便以后货物的品种与数量增加后仓库经过简单的改造后仍然满足需求。

内部的具体模块如表 8.5 所示。

表 8.5　　　　　　　　　　自动化立体仓库具体模块

模型组成	实体	数量	实体的功能
理货区	发生器 Source	19	输入货物
	暂存区 Queue	25	堆放货物及托盘
	自动分拣装置 Processor（处理器）	9	①货物检验及分类处理 ②贴入库标签及扫描电子标签
	叉车 Transporter	6	将分类后的货物运送到码盘装置处
	码盘装置 Combiner	18	对分类后的货物分别码盘

模型组成	实体	数量	实体的功能
入库区	叉车 Transporter	1	运送托盘货物到输送机端口
	输送机 Conveyor	10	将托盘货物输送到入库站台
存储区	货架 Rack	6	储存托盘货物
	巷道堆垛机 ASRSvehicle	3	将托盘货物放置到指定货位，或从指定货位取出货物出库
出库区	输送机 Conveyor	10	将出库货物输送到出库站台
	分发器（拆盘）Separator	1	将托盘和货物分离
	叉车 Transporter	1	运送货物至仓库出口
	吸收器 sink	2	1 个吸收托盘 1 个吸收货物

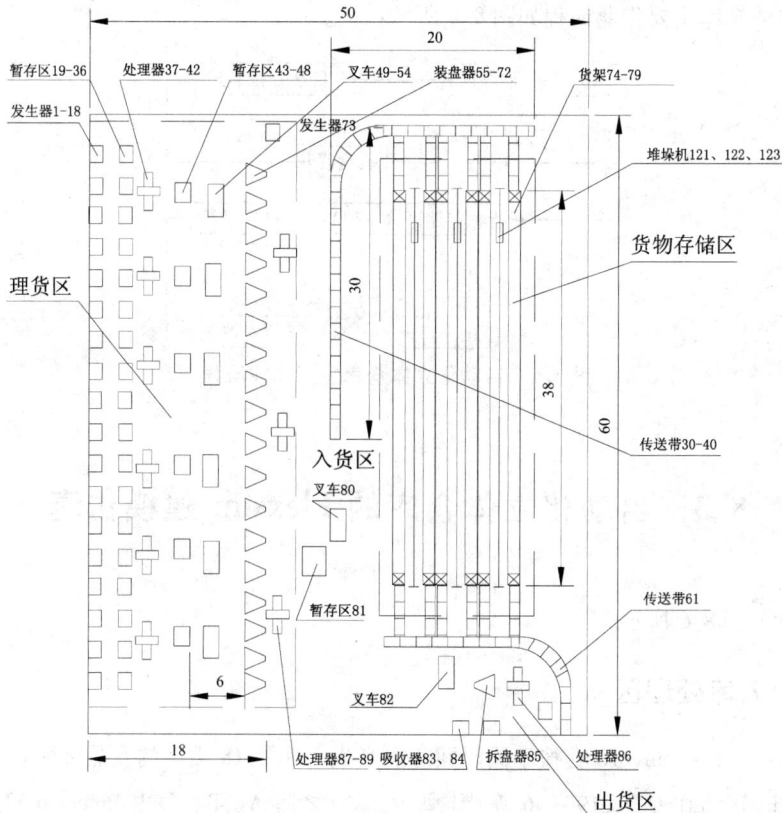

图 8.3 立体仓库（单位：m）

8.2.3　自动化立体仓库的出入库作业流程

自动化立体仓库的总体结构示意图如图 8.4 所示：

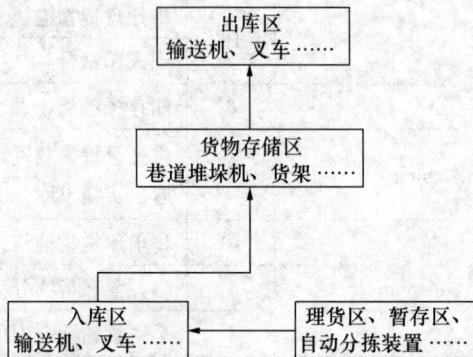

图 8.4　自动化立体仓库的总体结构示意图

自动化立体仓库主要作业流程如图 8.5 所示：

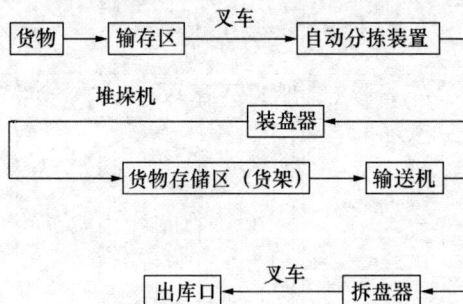

图 8.5　自动化立体仓库主要作业流程

8.3　自动化立体仓库的 Flexsim 建模仿真

整体模型如图 8.6 所示。

8.3.1　入库处理区

发生器 Source1 – Source18 会按不同时间间隔产生入库的 18 类型的商品被命名 A – R，然后 A – R 分别暂时存储在 Queue19 – 36 等待检验入库，之后 A、B、C 由 Processor37 检验，然后 D、E、F 由 Processor38 检验，然后 G、H、I 由 Processor39，之后 J、K、L 由 Processor40 检验，

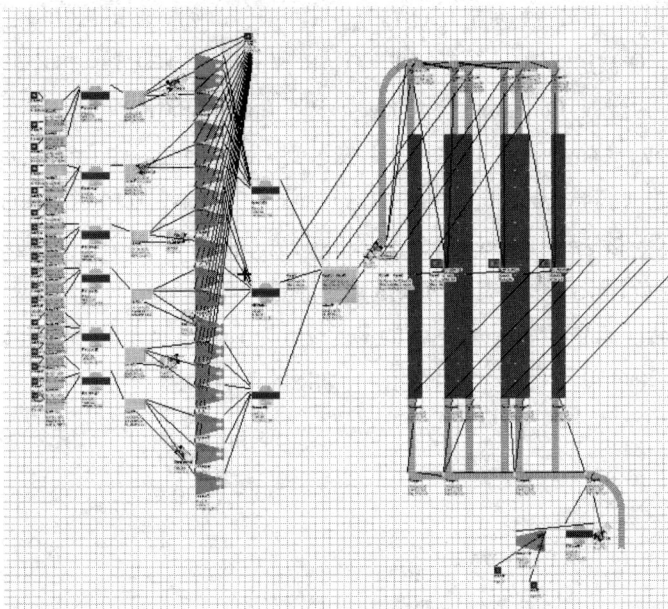

图 8.6　整体模型

然后 M、N、O 由 Processor41 检验，然后 P、Q、R 由 Processor42 检验，每个类型的商品的检验时间为 10s，检验完成后 A、B、C 三个类型的货物暂存在 Queue43 里，等待被叉车 Transporter49 搬运，D、E、F 三个类型的货物暂存在 Queue44，等待被叉车 Transporter50 搬运，G、H、I 三个类型的货物暂存在 Queue45，等待被叉车 Transporter51 搬运，J、K、L 三个类型的货物暂存在 Queue46，等待被叉车 Transporter52 搬运，M、N、O 三个类型的货物暂存在 Queue47，等待被叉车 Transporter53 搬运，P、Q、R 三个类型的货物暂存在 Queue48，等待被叉车 Transporter54 搬运，分类装盘。装盘按照 A－R 分别依次对应到 18 个装盘器上，装盘器的顺序依次为 Combiner55、Combiner56、Combiner57、Combiner58、Combiner59、Combiner60、Combiner61、Combiner62、Combiner63、Combiner64、Combiner65、Combiner66、Combiner67、Combiner68、Combiner69、Combiner70、Combiner71、Combiner72。每个装盘器的装载商品数量为 44 个，装盘时间为每个 5s。装完盘后贴电子标签及扫描电子标签，系统记录入库类型及入库数量，由 Processor87、Processor88、Processor89 完成贴电子标签及扫描记录，花费时间为每托盘 10s，然后将装好的货物放置到 Queue81 等待被叉车运输到 Conveyor30 上。

8.3.2　货架区

货物经过传送带 Conveyor30、Conveyor31、Conveyor32、Conveyor33、Conveyor35、Conveyor36、Conveyor37、Conveyor38、Conveyor39、Conveyor40 被分别送到不同的货架上，A、B、C

被送到 Rack74 上，D、E、F 被送到 Rack75 上，G、H、I 被送到 Rack76 上，J、K、L 被送到 Rack77 上，M、N、O 被送到 Rack78 上，P、Q、R 被送到 Rack79 上，出库顺序为 A、B、C 被送到 Conveyor62 上，经过 Conveyor51、Conveyor59、Conveyor60，D、E、F 被送到 Conveyor63 上，经过 Conveyor59、Conveyor60，G、H、I 被送到 Conveyor66 上，经过 Conveyor59、Conveyor60，J、K、L 被送到 Conveyor69 上，经过 Conveyor60，M、N、O 被送到 Conveyor70 上，经过 Conveyor60，P、Q、R 被送到 Conveyor71 上，最终到达 Conveyor71，经过处理器 Processor86 处理（扫描电子标签，系统记录出库的类型与数量）再经过拆盘器 Separator85 拆盘后，sink83 吸收托盘，sink84 吸收商品（商品出库）。传送带的速度设置为 1m/s，叉车的移动速度设置为 2m/s。

货架 Rack74 – Rack79 上的尺寸设置相同，如图 8.7 所示：

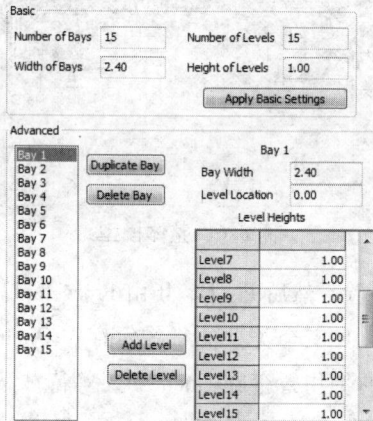

图 8.7　货架尺寸

已经装盘的不同种类的商品在立体仓库 Rack74 – Rack79 中停留的最长时间为 exponential（0，10，1），设置如图 8.8 所示：

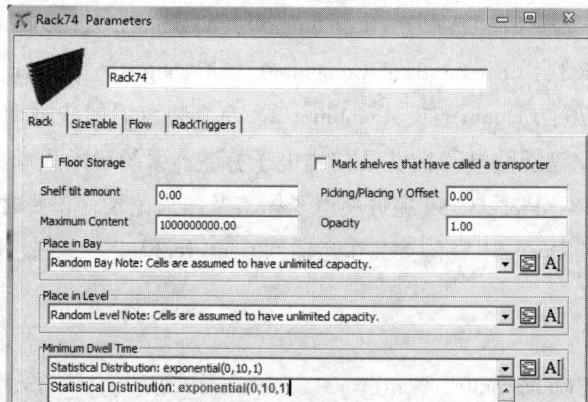

图 8.8　Rack74 设置

8.3.3　出库处理区

所有传送带的速度设置为 1m/s，如图 8.9 所示：

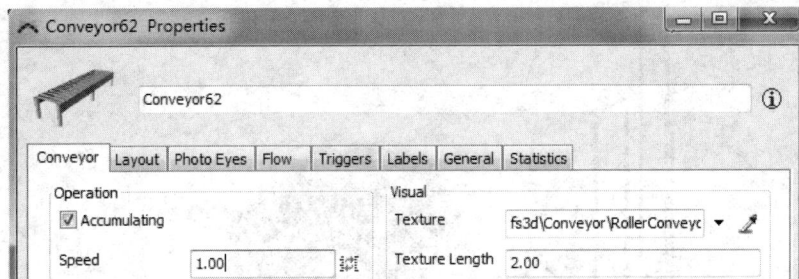

图 8.9　传送带速度设置

所有叉车的速度设置为 2m/s，如图 8.10 所示：

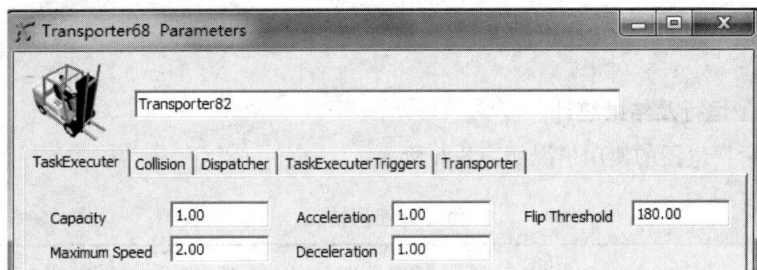

图 8.10　叉车速度设置

拆盘器 Separator85 拆盘速度设置如图 8.11 所示：

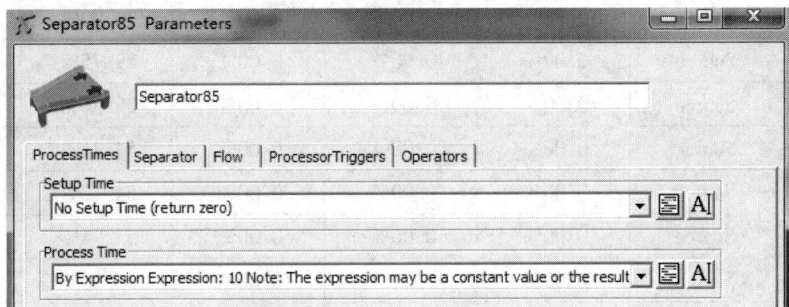

图 8.11　Separator85 速度设置

8.3.4　自动化立体仓库仿真分析

经过 36000s 后仿真完成如图 8.12 所示。

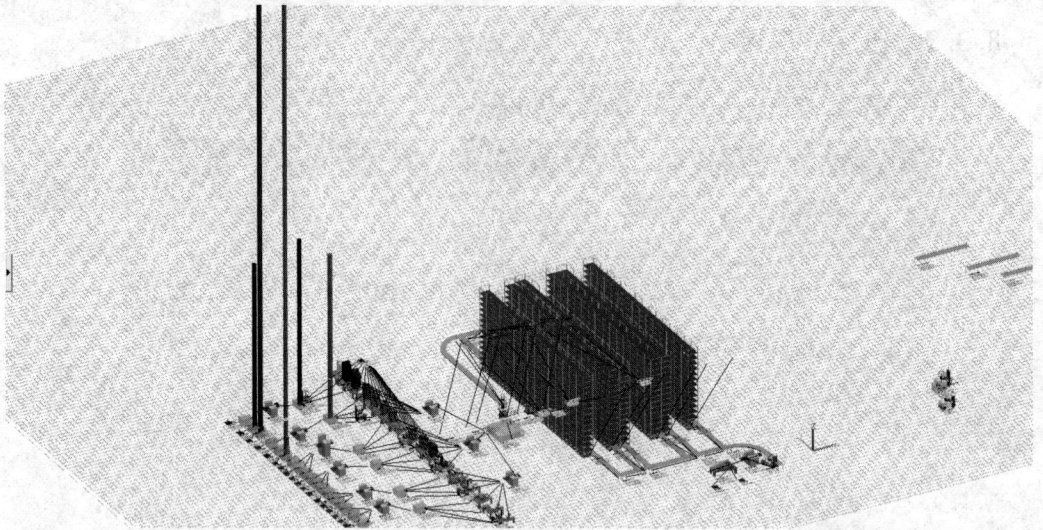

图8.12　运行图

1. 仿真模型运行及结果统计

运行完成后发生器的使用情况如表8.6所示：

表8.6 source 使用情况

Object	Class	idle	processing	busy	blocked	generating
Source1	Source	0.00%	0.00%	0.00%	29.28%	70.72%
Source2	Source	0.00%	0.00%	0.00%	27.73%	72.27%
Source3	Source	0.00%	0.00%	0.00%	40.90%	59.10%
Source5	Source	0.00%	0.00%	0.00%	29.75%	70.25%
Source6	Source	0.00%	0.00%	0.00%	29.91%	70.09%
Source7	Source	0.00%	0.00%	0.00%	54.71%	45.29%
Source8	Source	0.00%	0.00%	0.00%	54.12%	45.88%
Source9	Source	0.00%	0.00%	0.00%	53.94%	46.06%
Source10	Source	0.00%	0.00%	0.00%	56.20%	43.80%
Source11	Source	0.00%	0.00%	0.00%	51.91%	48.09%
Source12	Source	0.00%	0.00%	0.00%	57.75%	42.25%
Source13	Source	0.00%	0.00%	0.00%	58.80%	41.20%
Source14	Source	0.00%	0.00%	0.00%	57.94%	42.06%
Source15	Source	0.00%	0.00%	0.00%	61.27%	38.73%

续表

Object	Class	idle	processing	busy	blocked	generating
Source16	Source	0.00%	0.00%	0.00%	60.39%	39.61%
Source17	Source	0.00%	0.00%	0.00%	62.79%	37.21%
Source18	Source	0.00%	0.00%	0.00%	59.40%	40.60%
Source4	Source	0.00%	0.00%	0.00%	30.71%	69.29%

运行完成后暂存区使用情况如表 8.7 所示：

表 8.7   Queue 使用情况

Object	idle	busy	blocked	generating	empty	collecting	releasing
Queue19	0.00%	0.00%	0.00%	0.00%	49.88%	0.00%	50.12%
Queue20	0.00%	0.00%	0.00%	0.00%	4.30%	0.00%	95.70%
Queue21	0.00%	0.00%	0.00%	0.00%	4.36%	0.00%	95.64%
Queue22	0.00%	0.00%	0.00%	0.00%	53.72%	0.00%	46.28%
Queue23	0.00%	0.00%	0.00%	0.00%	12.39%	0.00%	87.61%
Queue24	0.00%	0.00%	0.00%	0.00%	4.48%	0.00%	95.52%
Queue25	0.00%	0.00%	0.00%	0.00%	68.62%	0.00%	31.38%
Queue26	0.00%	0.00%	0.00%	0.00%	39.05%	0.00%	60.95%
Queue27	0.00%	0.00%	0.00%	0.00%	13.81%	0.00%	86.19%
Queue28	0.00%	0.00%	0.00%	0.00%	69.61%	0.00%	30.39%
Queue29	0.00%	0.00%	0.00%	0.00%	42.33%	0.00%	57.67%
Queue30	0.00%	0.00%	0.00%	0.00%	17.73%	0.00%	82.27%
Queue31	0.00%	0.00%	0.00%	0.00%	71.60%	0.00%	28.40%
Queue32	0.00%	0.00%	0.00%	0.00%	47.18%	0.00%	52.82%
Queue33	0.00%	0.00%	0.00%	0.00%	22.11%	0.00%	77.89%
Queue34	0.00%	0.00%	0.00%	0.00%	72.11%	0.00%	27.89%
Queue35	0.00%	0.00%	0.00%	0.00%	43.29%	0.00%	56.71%
Queue36	0.00%	0.00%	0.00%	0.00%	13.19%	0.00%	86.81%
Queue43	0.00%	0.00%	0.00%	0.00%	0.09%	0.00%	96.89%
Queue44	0.00%	0.00%	0.00%	0.00%	0.07%	0.00%	96.80%
Queue45	0.00%	0.00%	0.00%	0.00%	5.50%	0.00%	90.42%

续表

Object	idle	busy	blocked	generating	empty	collecting	releasing
Queue46	0.00%	0.00%	0.00%	0.00%	8.81%	0.00%	88.38%
Queue47	0.00%	0.00%	0.00%	0.00%	13.06%	0.00%	84.77%
Queue48	0.00%	0.00%	0.00%	0.00%	4.54%	0.00%	92.96%
Queue81	0.00%	0.00%	0.00%	0.00%	96.09%	0.00%	0.24%

运行完成后处理器使用情况如表 8.8 所示：

表 8.8 **Processor 使用情况**

Object	Class	idle	processing	busy	blocked
Processor37	Processor	0.86%	66.35%	0.00%	32.79%
Processor38	Processor	0.92%	46.38%	0.00%	52.69%
Processor39	Processor	9.70%	57.35%	0.00%	32.95%
Processor40	Processor	13.54%	52.06%	0.00%	34.40%
Processor41	Processor	17.69%	55.64%	0.00%	26.67%
Processor42	Processor	9.93%	55.96%	0.00%	34.11%
Processor86	Processor	91.31%	8.69%	0.00%	0.00%
Processor87	Processor	96.92%	3.08%	0.00%	0.00%
Processor88	Processor	97.06%	2.94%	0.00%	0.00%
Processor89	Processor	97.33%	2.67%	0.00%	0.00%

运行完成后 Queue20 的运行情况如图 8.13、8.14 所示：

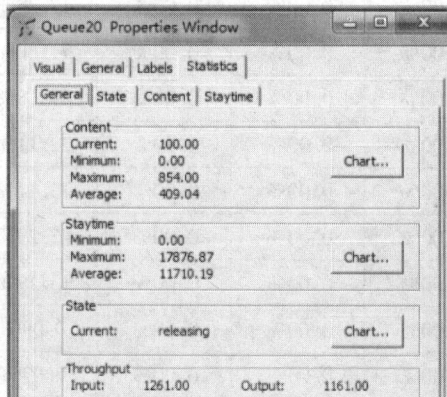

图 8.13　Queue20 的 input 与 output 数量

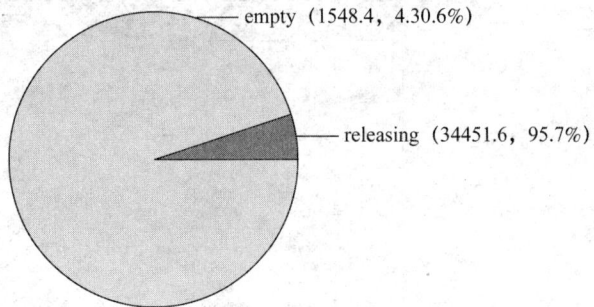

图 8.14 Queue20 使用率

运行完成后 Queue21 的运行情况如图 8.15、8.16 所示:

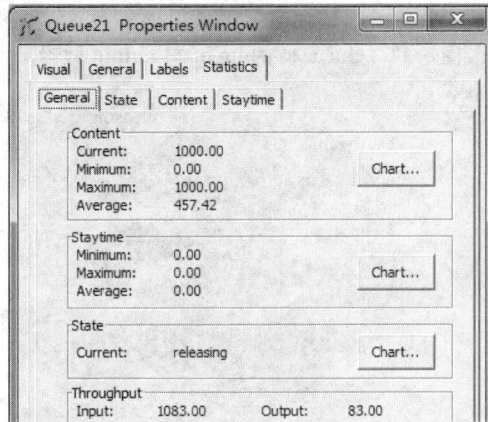

图 8.15 Queue21 的 input 与 output 数量

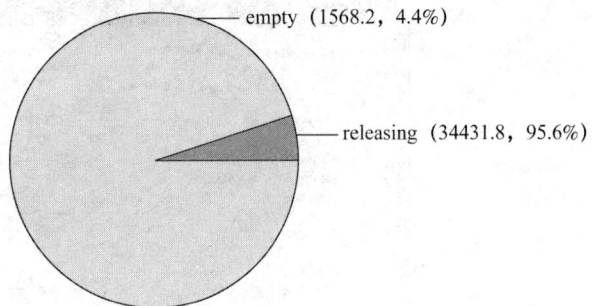

图 8.16 Queue21 使用率

运行完成后 Queue24 的运行情况如图 8.17、8.18 所示。

运行完成后 Queue43 的运行情况如图 8.19、8.20 所示。

运行完成后 Queue44 的运行情况如图 8.21、8.22 所示。

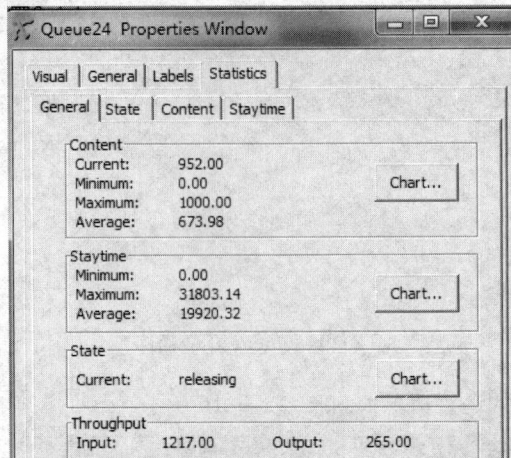

图 8.17　Queue24 的 input 与 output 数量

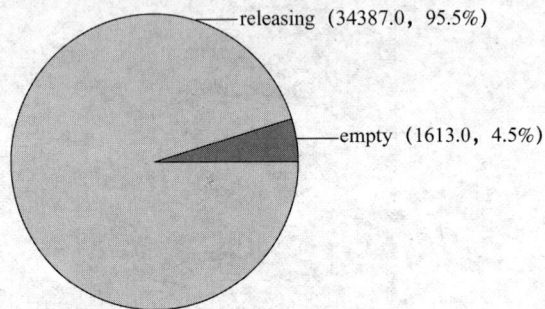

图 8.18　Queue24 使用率

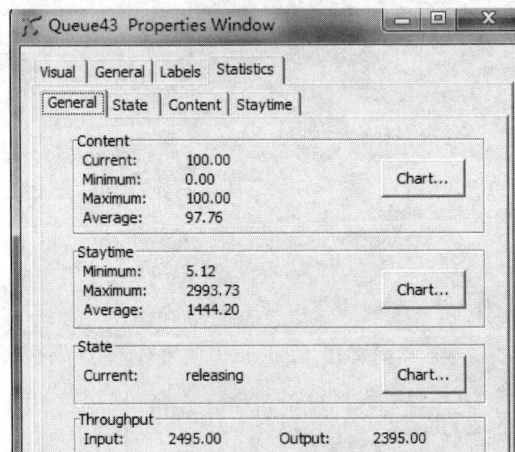

图 8.19　Queue43 的 input 与 output

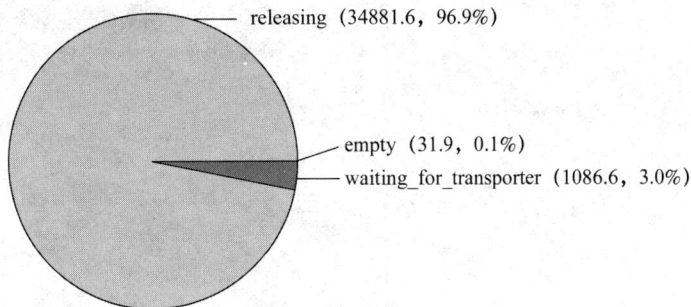

releasing（34881.6，96.9%）

empty（31.9，0.1%）
waiting_for_transporter（1086.6，3.0%）

图 8.20　Queue43 使用率

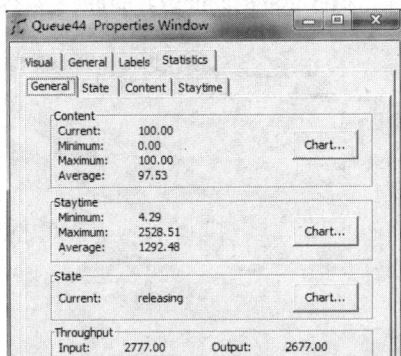

图 8.21　Queue44 的 input 与 output 数量

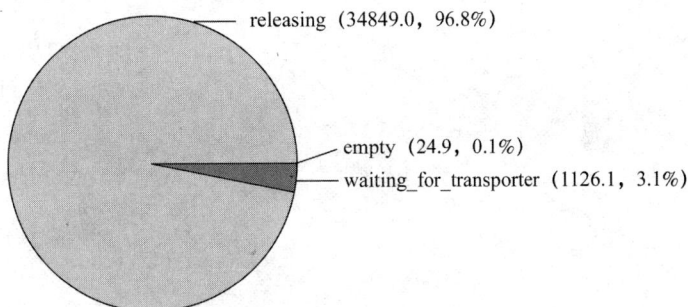

releasing（34849.0，96.8%）

empty（24.9，0.1%）
waiting_for_transporter（1126.1，3.1%）

图 8.22　Queue44 使用率

要检验入库与出库数量是否基本达标，仅需检验 Conveyor30 与 Conveyor61 的出入库数量。运行完成后 Conveyor30 与 Conveyor61 的出入库数量如图 8.23、8.24、8.25 所示。

2. 问题分析

运行完成后明显可以看出在 Queue20、Queue21、Queue24，出现货物严重堆积情况如图 8.12 所示，系统可能存在检验加工能力不足的问题，由表 8.6 可以看出所有发生器处于被阻碍

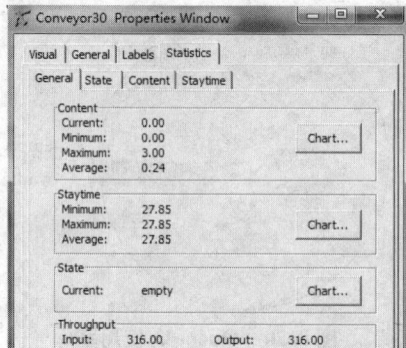

图 8.23　Conveyor30 的 input 与 output 托盘货物数量

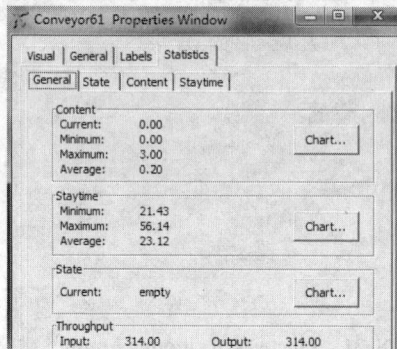

图 8.24　Conveyor61 的 input 与 output 托盘货物数量

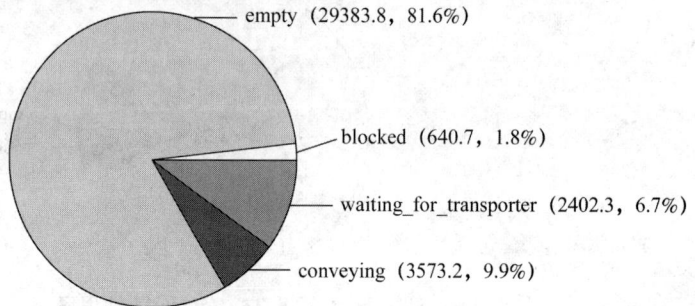

图 8.25　Conveyor61 使用率

生成货物的情况，经分析得到的原因是发生器后连接的暂存区为 1000 容量，处理器的处理量不够导致货物堆积在暂存区，暂存区的 1000 容量满了以后会阻碍发生器继续生成货物。由表 8.8 可知 Processor86、Processor87、Processor88、Processor89 空闲率分别为 91.31%、96.92%、97.06%、97.33%，明显存在处理能力过剩的情况。其余处理器运行处于正常情况。

　　并且实际入库率仅为 316 托盘如图 8.23 所示，没有达到要求的 377 托盘如表 8.4 所示，实际出库率也仅为 314 托盘如图 8.24 所示，出库数量也没有达到要求。如以上表可知入库托盘数没有达到要求是因为货物在暂存区的大数量堆积。要使出、入库托盘数达到要求必须解决货物堆积问题。

8.4　自动化立体仓库的分析优化

8.4.1　优化方案

要解决问题必须解决在 Queue20、Queue21、Queue24 的货物堆积问题，以及 Processor86、Processor87、Processor88、Processor89 的运力过剩问题。解决方案为在入库货物检验环节在增加一个处理器，并且增加一个暂存区，增加一辆叉车。在入库贴电子标签及扫描标签记录环节减少两个处理器，由于 Processor86 为出库扫描标签及记录出库数量缓解的唯一处理器，不做修改。

优化方案如图 8.26 所示：

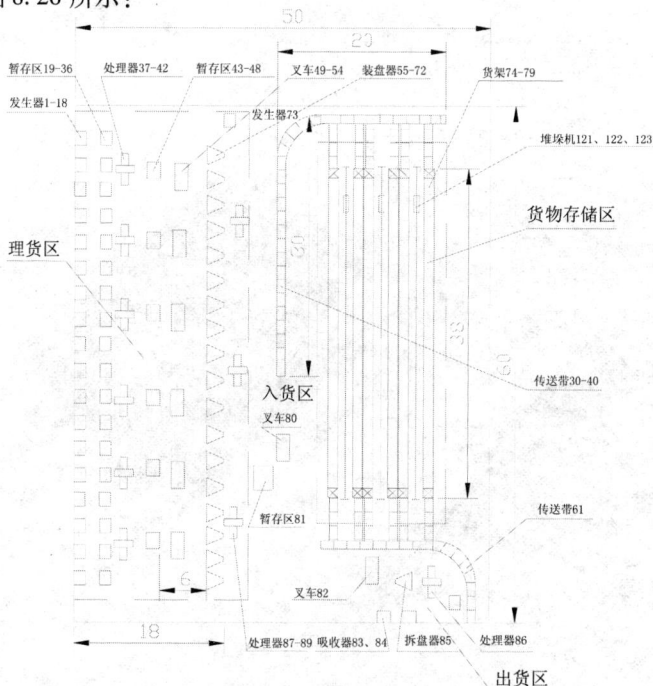

图 8.26　修改后结构图

在如图 8.26 所示位置增加处理器 90、暂存区 91、叉车 92，删除处理器 87、89。

8.4.2　模型修改及仿真

修改后的模型如图 8.27 所示：

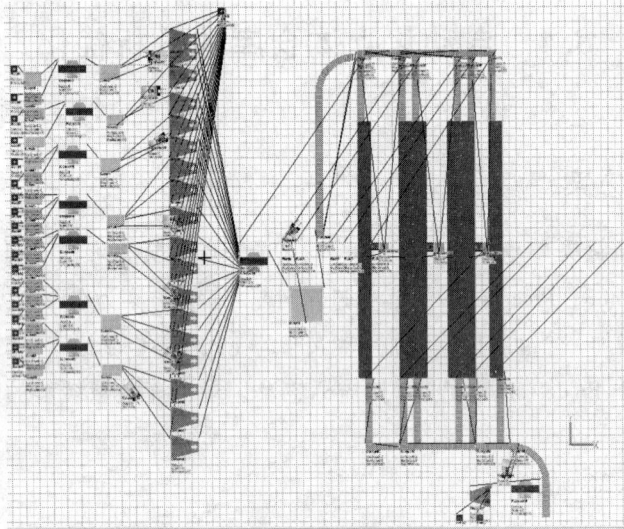

图 8.27　修改后的仿真模型

修改后的仿真模型运行完成后如图 8.28 所示：

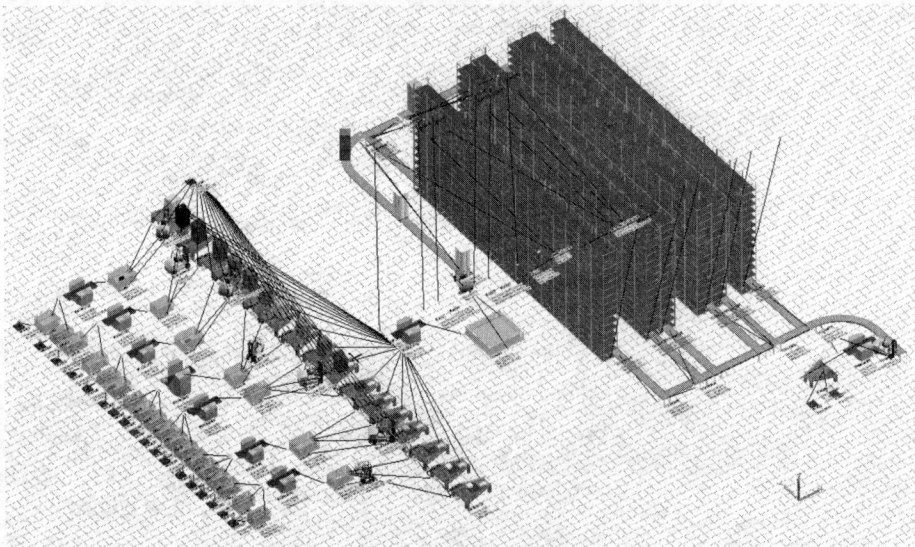

图 8.28　仿真完成后的模型

8.4.3 模型分析修改

运行修改后的模型得到之前出现货物积压的 Queue20、Queue21、Queue24 的参数如图 8.29、图 8.30、图 8.31 所示：

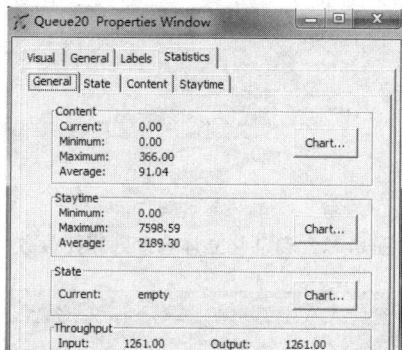

图 8.29 Queue20 的 input 与 output 数量

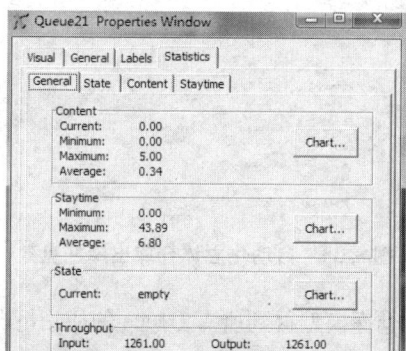

图 8.30 Queue21 的 input 与 output 数量

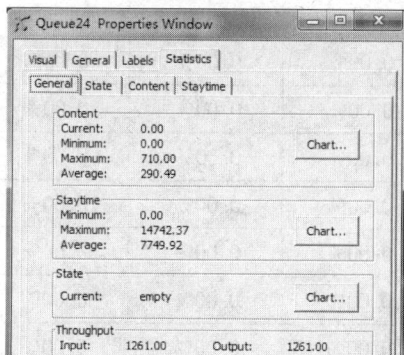

图 8.31 Queue24 的 input 与 output 数量

运行修改后的模型得到入库的托盘数与出库托盘数如图 8.32、图 8.33 所示：

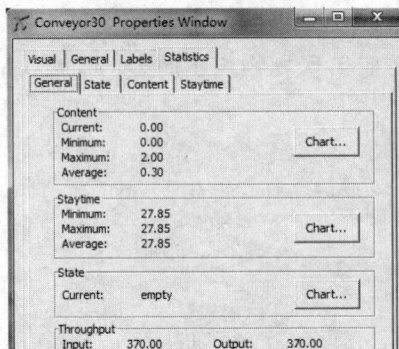

图 8.32   自动化立体仓库入库托盘数

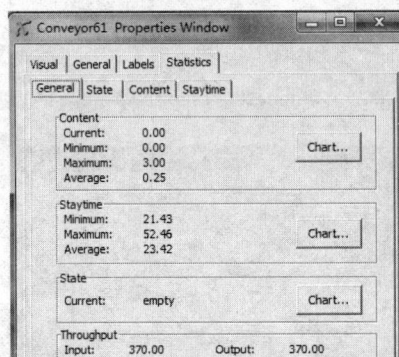

图 8.33   自动化立体仓库出库托盘数

运行修改后的自动化立体仓库模型得到所有 Queue 的使用情况如表 8.9 所示：

表 8.9   自动化立体仓库 Queue 使用情况

Object	Class	idle	busy	generating	empty	releasing
Queue19	Queue	0.00%	0.00%	0.00%	68.42%	31.58%
Queue20	Queue	0.00%	0.00%	0.00%	47.07%	52.93%
Queue21	Queue	0.00%	0.00%	0.00%	74.82%	25.18%
Queue22	Queue	0.00%	0.00%	0.00%	32.88%	67.12%
Queue23	Queue	0.00%	0.00%	0.00%	41.82%	58.18%
Queue24	Queue	0.00%	0.00%	0.00%	19.55%	80.45%
Queue25	Queue	0.00%	0.00%	0.00%	36.88%	63.12%
Queue26	Queue	0.00%	0.00%	0.00%	9.02%	90.98%

续表

Object	Class	idle	busy	generating	empty	releasing
Queue27	Queue	0.00%	0.00%	0.00%	6.57%	93.43%
Queue28	Queue	0.00%	0.00%	0.00%	36.23%	63.77%
Queue29	Queue	0.00%	0.00%	0.00%	7.73%	92.27%
Queue30	Queue	0.00%	0.00%	0.00%	5.53%	94.47%
Queue31	Queue	0.00%	0.00%	0.00%	33.17%	66.83%
Queue32	Queue	0.00%	0.00%	0.00%	8.08%	91.92%
Queue33	Queue	0.00%	0.00%	0.00%	5.54%	94.46%
Queue34	Queue	0.00%	0.00%	0.00%	28.95%	71.05%
Queue35	Queue	0.00%	0.00%	0.00%	7.80%	92.20%
Queue36	Queue	0.00%	0.00%	0.00%	5.27%	94.73%
Queue43	Queue	0.00%	0.00%	0.00%	0.23%	75.00%
Queue44	Queue	0.00%	0.00%	0.00%	0.41%	93.39%
Queue45	Queue	0.00%	0.00%	0.00%	0.08%	95.40%
Queue46	Queue	0.00%	0.00%	0.00%	0.10%	97.14%
Queue47	Queue	0.00%	0.00%	0.00%	0.07%	96.97%
Queue48	Queue	0.00%	0.00%	0.00%	0.03%	95.74%

运行修改后的模型得到所 Transporter 的使用情况表如表 8.10 所示:

表 8.10   自动化立体仓库 **Transporter** 使用情况

Object	idle	travel_ empty	travel_ loaded	offset_ travel_ empty	Offset_ travel_ loaded
Transporter80	84.15%	6.35%	7.40%	1.80%	0.29%
Transporter51	0.47%	30.08%	28.21%	18.81%	22.43%
Transporter53	0.36%	29.20%	27.47%	20.49%	22.48%
Transporter49	0.34%	33.25%	31.28%	15.49%	19.64%
Transporter50	0.54%	30.86%	29.07%	17.82%	21.72%
Transporter52	0.42%	28.22%	26.38%	21.19%	23.78%
Transporter54	0.37%	33.34%	31.71%	15.21%	19.38%
Transporter82	0.47%	36.90%	34.76%	6.93%	20.94%

运行修改后的模型得到所 Combiner 的使用情况表如表 8.11 所示:

表 8.11　　　　　　　　　自动化立体仓库 Combiner 使用情况

Object	idle	processing	busy	blocked	generating	collecting
Combiner55	0.00%	0.52%	0.00%	0.04%	0.00%	99.44%
Combiner56	0.00%	0.45%	0.00%	0.05%	0.00%	99.50%
Combiner57	0.00%	0.55%	0.00%	0.00%	0.00%	99.44%
Combiner58	0.01%	0.53%	0.00%	0.15%	0.00%	99.32%
Combiner59	0.01%	0.52%	0.00%	0.03%	0.00%	99.44%
Combiner60	0.01%	0.41%	0.00%	0.06%	0.00%	99.53%
Combiner61	0.02%	0.48%	0.00%	0.18%	0.00%	99.32%
Combiner62	0.01%	0.36%	0.00%	0.04%	0.00%	99.59%
Combiner63	0.01%	0.28%	0.00%	0.06%	0.00%	99.64%
Combiner64	0.03%	0.49%	0.00%	0.04%	0.00%	99.45%
Combiner65	0.02%	0.37%	0.00%	0.14%	0.00%	99.46%
Combiner66	0.02%	0.26%	0.00%	0.04%	0.00%	99.68%
Combiner67	0.03%	0.45%	0.00%	0.17%	0.00%	99.35%
Combiner68	0.03%	0.35%	0.00%	0.03%	0.00%	99.59%
Combiner69	0.03%	0.27%	0.00%	0.05%	0.00%	99.66%
Combiner70	0.05%	0.52%	0.00%	0.02%	0.00%	99.41%
Combiner71	0.04%	0.35%	0.00%	0.08%	0.00%	99.54%
Combiner72	0.03%	0.25%	0.00%	0.05%	0.00%	99.67%

8.4.4　模型优化分析

通过对模型的修改，并运行修改后的模型。由表8.8、图8.28、图8.29 可以得出，在原来发生货物积压的地方不在发生货物积压。由图8.26 也可以得出结论为商品在整个过程中没有发生货物积压。由图8.30、图8.31 可以得出，由于商品不再积压在理货区，真正进入立体库的数量增加到370 托盘出库达到363 托盘。这表示货物可以正常入库出库。由表8.10、8.11 所示，可以得出叉车与装盘器基本不存在运力过剩的情况。Transporter80 虽然有84.15% 的空闲，但是由于它是此处唯一搬运设备不能去掉，所以不做修改。

第 9 章

系统仿真在配送中心分拣系统中的应用

  配送中心的各项作业中，分拣作业是其中十分重要的环节，其作用好比人体的心脏，计算机的 CPU。分拣作业包括"拣货"、"分类集中"两个部分，其动力的产生来自于客户的订单，拣选作业的目的也就在于如何正确且迅速地集合客户所订购的货品。为了达到这一目标，配送中心除采用适当的拣选设备外，还需切实可行且高效的分拣方法策略组合。

  配送中心分拣策略的仿真分析与优化具有成本低、时间短、可多次重复运行等优点，对提高配送中心管理与运作水平具有重要的实际价值。本章针对特定配送中心的分拣系统，考虑分拣人员分工与订单可并行处理数量两个维度，提出了四种分拣策略，并对四种方案分别进行仿真，对其分拣效率进行综合比较，最后确定出不同条件下的优势策略，分析影响各方案分拣效率的关键因素，并尝试进行改进。实际上，配送中心分拣策略远不止上述四种，其分类的维度可以是多样、多维的，而且，分拣策略的适用性还与分拣商品的特点、订单特点、分拣区存货水平、补货条件的设置、分拣人员的素质等诸多因素有关。由于具体情况不同，适用方案可能会因时、因地、因条件而变，因此需要管理人员不断关注具体情况的变化，及时进行仿真优化，选用最合适的分拣策略。

9.1 拣货流程分析

  配送中心的物流作业可分为进货物流作业和出货物流作业。接受顾客的订单后，经过订单处理，开始拣货、理货、分类、装车、出货等出货物流作业。而配送中心为了继续营运、满足客户需求，必须补充商品库存，向供应商采购，因此又有进货、检验、入库、储存保管等进货物流作业。配送中心的物流作业可以说是直接或间接由订单处理作业开启。因此订单处理的正确性、效率性会直接影响到后续作业的绩效。

拣货作业是订单处理的后继作业，也是配送中心内部作业中的核心环节。配送中心拣货系统规划是否合理、订单处理速度快慢、拣货资讯是否得当，直接影响配送中心的经济效益。在配送中心，商品必须先按客户的订单转换成拣货单从配送中心内拣取、配货后，才能最终送到客户手中。订单的拣取过程是配送中心所有作业最费力的，其劳动量占配送中心所有劳动量的60%。尤其是要求配送中心必须缩短出货时间来满足客户的需求，对拣货时间上的要求越来越高。

货物拣货的一般流程图如图9.1所示。

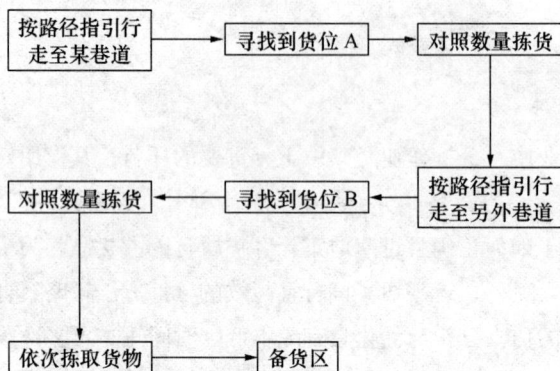

图 9.1　货物拣货的一般流程

配送中心在发货时，需要根据发货的去向进行分拣。在整箱拣货区，配送中心以箱为拣选单位，出货简单。假设配送中心的存储总容量为1440个货位，12个巷道，每个巷道由10列3层货架构成。主要设备配置参数见表9.1。

表9.1　　　　　　　　　　　　配送中心主要设备配置参数

名　称	数　量	主要性能指标
货架区	巷道数：12 个 货架数：24 排	货架列数：7 货格载货数：2 货架层数：3
入库区	入库口：1 个	
出库区	出库口：1 个	
堆垛机	堆垛机数：3 台	货叉速度：30m/min 运行速度：150m/min 起升速度：40m/min

9.2 建模仿真

9.2.1 模型搭建

根据系统描述可以建立配送中心的概念模型如图 9.2 所示。

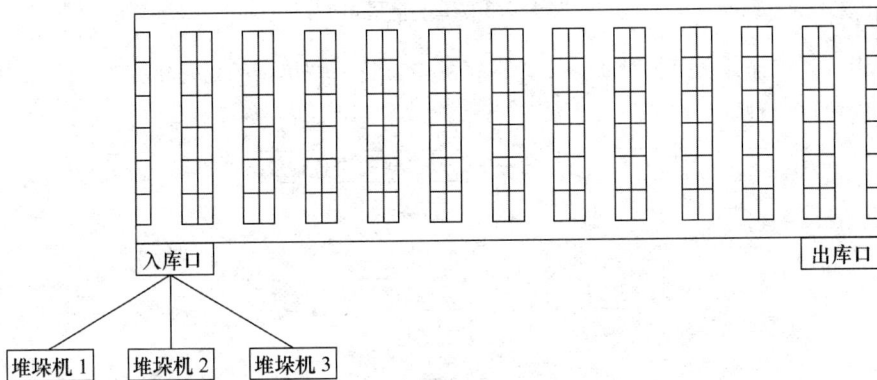

图 9.2 配送中心的概念模型图

9.2.2 参数设置

（1）高架立体仓库参数设置

先设置仓库的容量，为 100 个托盘的容量，再设置起重机的速度，水平方向和垂直方向的速度各为 40m/min 和 30m/min。

（2）堆垛机参数设置

堆垛机的货叉速度为：30m/min；运行速度为：150m/min；起升速度为：40m/min。

（3）其他参数设置

最后设置其他各部分的具体参数，模型搭建及参数设置完毕后的模型全景图如图 9.3 所示。

9.2.3 设计思路

本章按照提出问题——分析问题——解决问题的思路进行展开，如图 9.4。首先分析研究 A 配送中心分拣作业流程，其目标保证出货正常。在这个目标的基础上，本章提出四种分拣策略，它们是分区按单拣选策略，分区并行拣选策略，不分区按单拣选策略，不分区并行拣选策

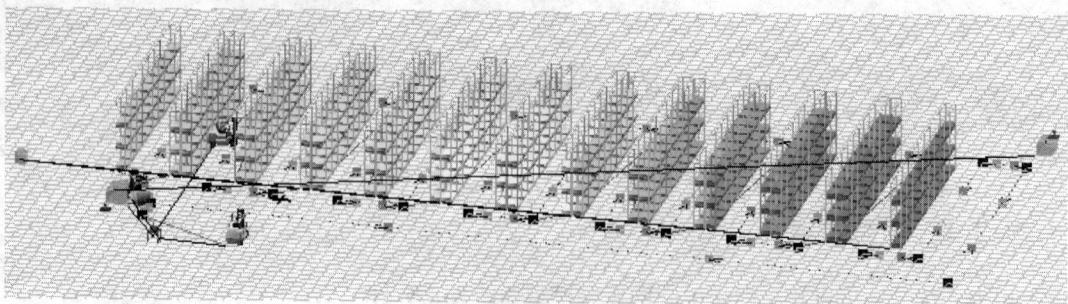

图 9.3　模型全景图

略。分区指的是工作人员每人负责一个库区，独自拣选，按单指的是每次拣选一种货品，并行指的是每次捡取两种货品以上。

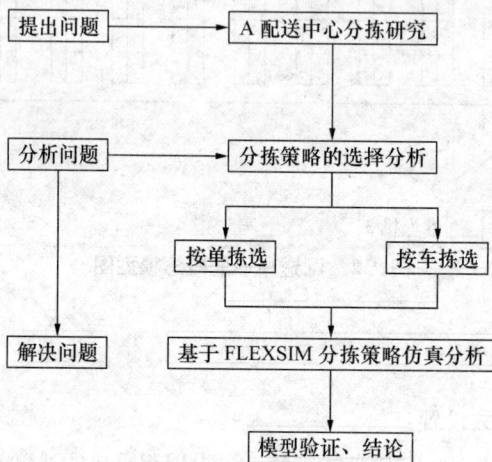

图 9.4　设计思路

9.3　关于 A 配送中心的假设

9.3.1　库位安排

库位安排的假设如图 9.5 和图 9.6 所示。

9.3.2　库存内容的假设

库存内容的假设如表 9.2 所示。

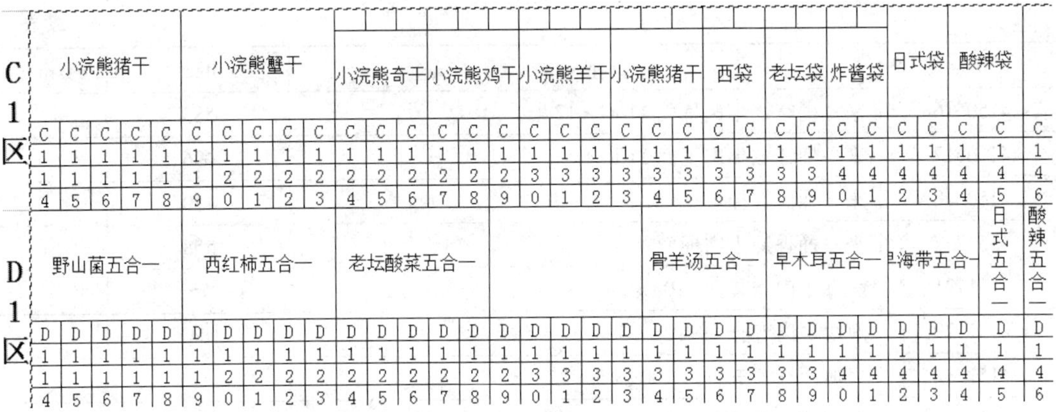

图 9.5 的上部（C1 区）

小浣熊猪干						小浣熊蟹干						小浣熊奇干				小浣熊鸡干				小浣熊羊干				小浣熊猪干				西袋			老坛袋			炸酱袋			日式袋			酸辣袋	

C1区：库位编号 C114、C115、C116、C117、C118、C119、C120、C121、C122、C123、C124、C125、C126、C127、C128、C129、C130、C131、C132、C133、C134、C135、C136、C137、C138、C139、C140、C141、C142、C143、C144、C145、C146

图 9.5 的下部（D1 区）

野山菌五合一						西红柿五合一						老坛酸菜五合一								骨羊汤五合一				早木耳五合一				里海带五合一		日式五合一	酸辣五合一

D1区：库位编号 D114、D115、D116、D117、D118、D119、D120、D121、D122、D123、D124、D125、D126、D127、D128、D129、D130、D131、D132、D133、D134、D135、D136、D137、D138、D139、D140、D141、D142、D143、D144、D145、D146

图 9.5 库位安排图一

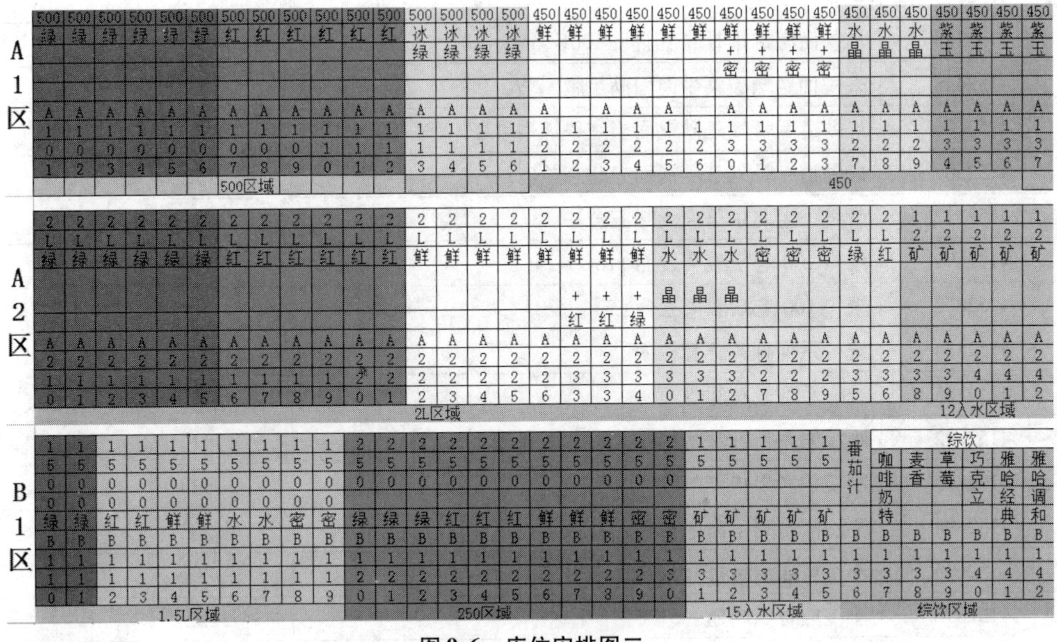

图 9.6 库位安排图二（A1区、A2区、B1区；含 500 区域、450、2L 区域、12 入水区域、1.5L 区域、250 区域、15 入水区域、综饮区域）

表 9.2   库存内容假设表

Name	time	item	quantity
4000072	统一中华名面老北京炸酱面原味	483	
4000073	统一中华名面老北京炸酱面香辣味	792	
4140743	统一炸酱袋面100G*27	675	
4150491	统一炸酱面五合一100G*5*12	737	

Name	time	item	quantity
4150616	来一桶红烧牛肉桶面 110G＊12	585	
4150617	来一桶红椒牛肉桶面 110G＊12	496	
4150618	来一桶西红柿 110＊12	450	
4151257	来一桶香辣牛肉桶面	558	
4151721	葱爆牛肉味袋面 110g＊24	75	
4151729	葱爆牛肉五合一 110g＊5＊12	1841	
4151732	经典西红柿五合一 100g＊5＊12	1131	
4151736	西红柿打卤袋面 110g＊24	91	
4152063	早餐面木耳鸡汤味五合一 102G＊5＊12	240	
4152288	早餐面海带排骨味五合一 106G＊5＊12	478	
4152448	来一桶老坛酸菜牛肉面满足版 12 人	1202	
4152506	好劲道－骨气王砂锅面当红香辣牛骨	60	
4152507	好劲道－骨气王砂锅面老北京羊肉汤	159	
4152512	骨气王老北京羊肉汤味五合一	587	
4152692	统一 100 老坛酸菜袋面 116G＊24	398	
4152872	统一 100 老坛酸菜五合一	794	
4152884	统一系列日式豚骨拉面	1078	
4152885	统一系列酸辣豚骨面	1406	
4152892	小浣熊系列香辣蟹 60G 小浣熊香辣蟹（3D 版）	1919	
4152893	小浣熊烤肉味（3D 版）	1938	
4152894	小浣熊系列羊肉串 60G 小浣熊羊肉串体育战队促销版	1203	
4152895	小浣熊照烧猪排（3D 版）	733	
4152896	小浣熊香辣鸡翅（3D）	232	
4152898	60G 小浣熊奇奇怪怪口味	779	
4152904	统一汤达人日式豚骨袋面	216	
4152905	统一汤达人酸辣豚骨袋面	264	
4152906	统一汤达人日式豚骨拉面五合一	128	
4152907	统一汤达人酸辣豚骨面五合一	133	
		21861	

库存数量假设如表 9.3 所示：

表 9.3　　　　　　　　　　　　　**库存数量架设表**

物料代码	物料描述	系统箱数
4000016	统一绿茶茉莉花味 PET1L＊8	993
4000017	450 鲜橙加蜜桃	3411
4240042	统一多果汁蜜桃（slim250）	5885
4240045	统一多果汁鲜橙（slim250）	4292
4240130	统一多果汁（鲜橙）PET2L	8748
4241412	统一番茄汁（CAN335）	604
4260055	统一多果汁蜜桃（PET1.5L）	2237
4261334	统一多果汁鲜橙 10%（PET1.5L）	1011
4261361	统一绿茶 + 鲜橙（PET2L）两连装	2563
4261432	茶里王纯正无糖绿茶（PET560）	703
4261433	茶里王清香低糖绿茶（PET560）	1924
4261448	统一多果汁蜜桃（PET2L）	2438
4261541	统一鲜橙多 + 冰红（PET2L）组合装	6501
4261603	统一矿物质水（PET600＊12）新配方塑膜	759
4261605	统一矿物质水（PET600＊15）新配方塑膜	1478
4261638	统一多果汁水晶葡萄（PET450ML）	1853
4261639	统一多果汁紫玉葡萄（PET450ML）	1035
4261717	多果汁水晶葡萄（PET1.5L）	5251
4261718	多果汁水晶葡萄（PET2L）	2225
4261726	多果汁蜜桃（开盖普奖版）PET450ML	3408
4000001	450 鲜橙	211
4261742	多果汁鲜橙（开盖普奖版）PET450ML	4525
4261759	ALKAQUA 水	434
4261811	统一冰红茶柠檬（PET1.5L）新装	10
4261812	统一冰红茶（PET2L）新包装	3808
4261816	统一冰绿茶（PET500）新版	7415
4261819	统一冰红茶（SLIM250）新版	743
4261826	统一绿茶 PET2L08 年新版	4439
4261828	TP250 绿茶新包装（24＊250）	6602
4261906	统一绿茶茉莉花味 SP 普奖版（09 促销装）	4894

物料代码	物料描述	系统箱数
4261909	统一冰红茶柠檬 1L＊8	999
4261917	500 红茶低奖	8673
4328021	（AHA）咖啡（调和）	316
4343479	A－HA 奶特 TPA250	740
4741415	全裹包统一奶茶（麦香）（ET500）新版冷灌	280
4741416	全裹包统一奶茶（巧克力）（250＊24ET500）新版冷灌	220
4741417	全裹包统一奶茶（草莓味）（250＊24ET500）新版冷灌	548
4741432	01 雅哈调和	491
4741433	01 雅哈经典	287

库存具体描述如表9.4所示：

表 9.4　　　　　　　库存物品具体描述

物料描述	箱
统一中华名面老北京炸酱面原味汇总	483
统一中华名面老北京炸酱面香辣味汇总	792
统一炸酱袋面100G＊27 汇总	665
统一炸酱面五合一100G＊5＊12 汇总	690
来一桶红烧牛肉桶面110G＊12 汇总	551
来一桶红椒牛肉桶面110G＊12 汇总	489
来一桶西红柿110G＊12 汇总	431
来一桶香辣牛肉桶面汇总	526
葱爆牛肉味袋面110g＊24 汇总	33
葱爆牛肉五合一110g＊5＊12 汇总	1853
经典西红柿五合一100G＊5＊12 汇总	1138
西红柿打卤袋面110G＊24 汇总	88
早餐面木耳鸡汤味五合一102G＊5＊12 汇总	230
早餐面海带排骨味五合一106G＊5＊12 汇总	434
来一桶老坛酸菜牛肉面满足版12 人汇总	1058
好劲道－骨气王砂锅面当红香辣牛骨汇总	60
好劲道－骨气王砂锅面老北京羊肉汤汇总	159

物料描述	箱
野山菌炖鸡汤味五合一汇总	107
骨气王老北京羊肉汤味五合一汇总	545
统一100老坛酸菜袋面116G＊24汇总	373
统一100老坛酸菜五合一汇总	754
统一系列日式豚骨拉面汇总	1029
统一系列酸辣豚骨面汇总	1339
小浣熊系列香辣蟹60G小浣熊香辣蟹（3D版）汇总	1804
小浣熊烤肉味（3D版）汇总	1880
小浣熊系列羊肉串60G小浣熊羊肉串体育战队促销版汇总	1150
小浣熊照烧猪排（3D版）汇总	729
小浣熊香辣鸡翅（3D）汇总	224
60G小浣熊奇奇怪怪口味汇总	772
统一汤达人日式豚骨袋面汇总	214
统一汤达人酸辣豚骨袋面汇总	262
统一汤达人日式豚骨拉面五合一汇总	119
统一汤达人酸辣豚骨面五合一汇总	142
圆满礼盒汇总	0
肉品统一满汉肉品礼盒鸿福金禧汇总	0
肉品大礼包汇总	0
总计	21123

9.3.3　商品在库房货架的摆放原则

为了方便查点和寻找等，商品的摆放都需要一定的原则，具体原则如图9.7所示：

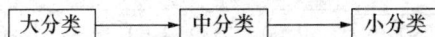

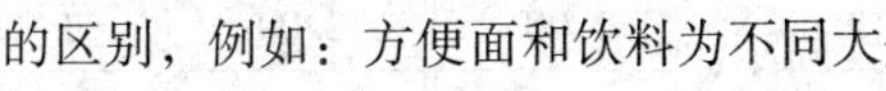

图 9.7　商品货架摆放原则

大分类指的是物品本质的区别，例如：方便面和饮料为不同大分类。

中分类细化了大分类，例如：果汁饮料和可口可乐为不同中分类。

小分类细化了中分类，例如：300ML可口可乐和2L可口可乐为不同小分类。

9.3.4   两种不同的分拣策略

1. 播种式拣选

播种式拣选是指将订单整合，将所有订单中每种货物的数量分别汇总，再逐个进行分拣。

2. 摘果式拣选（订单别拣选）

摘果式拣选针对每一份订单拣选，其特点是每人每次只能处理一份订单。

9.4   仿真的执行

9.4.1   建模要点

建模的要点在于位置表与全局表的设定。

1. 位置表（局部）（如表 9.5 所示）

表 9.5   局部位置表

	PartName	LocationID	Rack	Bay	Level	InitIny	CurInv
1	4000178.00	1.00	1.00	1.00	1.00	100.00	79.00
2	4000178.00	2.00	1.00	1.00	2.00	100.00	100.00
3	4000178.00	3.00	1.00	1.00	3.00	100.00	100.00
4	4000179.00	4.00	2.00	1.00	1.00	100.00	70.00
5	4000179.00	5.00	2.00	1.00	2.00	100.00	100.00
6	4000179.00	6.00	2.00	1.00	3.00	100.00	100.00
7	4000180.00	7.00	1.00	2.00	1.00	100.00	83.00
8	4000180.00	8.00	1.00	2.00	2.00	100.00	100.00
9	4000180.00	9.00	1.00	2.00	3.00	100.00	100.00
10	4000182.00	10.00	2.00	2.00	1.00	100.00	81.00
11	4000182.00	11.00	2.00	2.00	2.00	100.00	100.00
12	4000182.00	12.00	2.00	2.00	3.00	100.00	100.00
13	4000215.00	13.00	1.00	3.00	1.00	100.00	55.00
14	4000215.00	14.00	1.00	3.00	2.00	100.00	100.00

续表

	PartName	LocationID	Rack	Bay	Level	InitIny	CurInv
15	4000215.00	15.00	1.00	3.00	3.00	100.00	100.00
16	4000229.00	16.00	2.00	3.00	1.00	100.00	56.00
17	4000229.00	17.00	2.00	3.00	2.00	100.00	100.00
18	4000229.00	18.00	2.00	3.00	3.00	100.00	100.00
19	4000308.00	19.00	1.00	4.00	1.00	100.00	86.00
20	4000308.00	20.00	1.00	4.00	2.00	100.00	100.00
21	4000308.00	21.00	1.00	4.00	3.00	100.00	100.00
22	4000490.00	22.00	2.00	4.00	1.00	100.00	90.00
23	4000490.00	23.00	2.00	4.00	2.00	100.00	100.00
24	4000490.00	24.00	2.00	4.00	3.00	100.00	100.00
25	4150616.00	25.00	1.00	5.00	1.00	100.00	69.00
26	4150616.00	26.00	1.00	5.00	2.00	100.00	100.00
27	4150616.00	27.00	1.00	5.00	3.00	100.00	100.00
28	4150617.00	28.00	2.00	5.00	1.00	100.00	84.00
29	4150617.00	29.00	2.00	5.00	2.00	100.00	100.00
30	4150617.00	30.00	2.00	5.00	3.00	100.00	100.00
31	4150618.00	31.00	1.00	6.00	1.00	100.00	75.00
32	4150618.00	32.00	1.00	6.00	2.00	100.00	100.00
33	4150618.00	33.00	1.00	6.00	3.00	100.00	100.00
34	4151257.00	34.00	2.00	6.00	1.00	100.00	85.00
35	4151257.00	35.00	2.00	6.00	2.00	100.00	100.00
36	4151257.00	36.00	2.00	6.00	3.00	100.00	100.00
37	4152448.00	37.00	1.00	7.00	1.00	100.00	56.00
38	4152448.00	38.00	1.00	7.00	2.00	100.00	100.00
39	4152448.00	39.00	1.00	7.00	3.00	100.00	100.00
40	4152884.00	40.00	2.00	7.00	1.00	100.00	41.00

2. 全局表（局部）

全局表为两张表，一张为摘果式的全局表（如表9.6所示），另一张是播种式拣选的全局表（如表9.7所示）。

表 9.6　　　　　　　　　　　　　　　　摘果式全局表

	TripID	LocationID	PartName	Amount
1	1.000	1.000	4000178.000	21.000
2	1.000	2.000	4000178.000	0.000
3	1.000	3.000	4000178.000	0.000
4	1.000	4.000	4000179.000	30.000
5	1.000	5.000	4000179.000	0.000
6	1.000	6.000	4000179.000	0.000
7	1.000	7.000	4000180.000	17.000
8	1.000	8.000	4000180.000	0.000
9	1.000	9.000	4000180.000	0.000
10	1.000	10.000	4000182.000	19.000
11	2.000	11.000	4000182.000	0.000
12	2.000	12.000	4000182.000	0.000
13	2.000	13.000	4000215.000	45.000
14	2.000	14.000	4000215.000	0.000
15	2.000	15.000	4000215.000	0.000
16	2.000	16.000	4000229.000	34.000
17	2.000	17.000	4000229.000	0.000
18	2.000	18.000	4000229.000	0.000
19	2.000	19.000	4000308.000	14.000
20	3.000	20.000	4000308.000	0.000
21	3.000	21.000	4000308.000	0.000
22	3.000	22.000	4000490.000	10.000
23	3.000	23.000	4000490.000	0.000
24	3.000	24.000	4000490.000	0.000
25	3.000	25.000	4150616.000	31.000
26	3.000	26.000	4150616.000	0.000

表 9.7　　　　　　　　　　　　　　　　播种式拣选全局表

	TripID	LocationID	PartName	Amount
1	1.000	1.000	4000178.000	8.000

	TripID	LocationID	PartName	Amount
2	1. 000	2. 000	4000178. 000	0. 000
3	1. 000	3. 000	4000178. 000	0. 000
4	1. 000	4. 000	4000179. 000	8. 000
5	1. 000	5. 000	4000179. 000	0. 000
6	1. 000	6. 000	4000179. 000	0. 000
7	1. 000	7. 000	4000180. 000	0. 000
8	1. 000	8. 000	4000180. 000	0. 000
9	1. 000	9. 000	4000180. 000	5. 000
10	1. 000	10. 000	4000182. 000	0. 000
11	1. 000	11. 000	4000182. 000	0. 000
12	1. 000	12. 000	4000182. 000	0. 000
13	1. 000	13. 000	4000215. 000	10. 000
14	1. 000	14. 000	4000215. 000	8. 000
15	1. 000	15. 000	4000215. 000	0. 000
16	1. 000	16. 000	4000229. 000	10. 000
17	1. 000	17. 000	4000229. 000	5. 000
18	1. 000	18. 000	4000229. 000	0. 000
19	1. 000	19. 000	4000308. 000	6. 000
20	1. 000	20. 000	4000308. 000	5. 000
21	1. 000	21. 000	4000308. 000	0. 000
22	1. 000	22. 000	4000490. 000	0. 000
23	1. 000	23. 000	4000490. 000	0. 000
24	1. 000	24. 000	4000490. 000	0. 000
25	1. 000	25. 000	4150616. 000	10. 000
26	1. 000	26. 000	4150616. 000	2. 000
27	1. 000	27. 000	4150616. 000	0. 000
28	1. 000	28. 000	4150617. 000	5. 000
29	1. 000	29. 000	4150617. 000	0. 000
30	1. 000	30. 000	4150617. 000	0. 000

	TripID	LocationID	PartName	Amount
31	1.000	31.000	4150618.000	10.000
32	1.000	32.000	4150618.000	0.000
33	1.000	33.000	4150618.000	0.000
34	1.000	34.000	4151257.000	6.000
35	1.000	35.000	4151257.000	0.000
36	1.000	36.000	4151257.000	0.000
37	1.000	37.000	4152448.000	10.000
38	1.000	38.000	4152448.000	0.000
39	1.000	39.000	4152448.000	0.000
40	1.000	40.000	4152884.000	50.000
41	1.000	41.000	4152884.000	0.000
42	1.000	42.000	4152884.000	0.000

9.4.2　建模成果

建好的模型如图9.8所示：

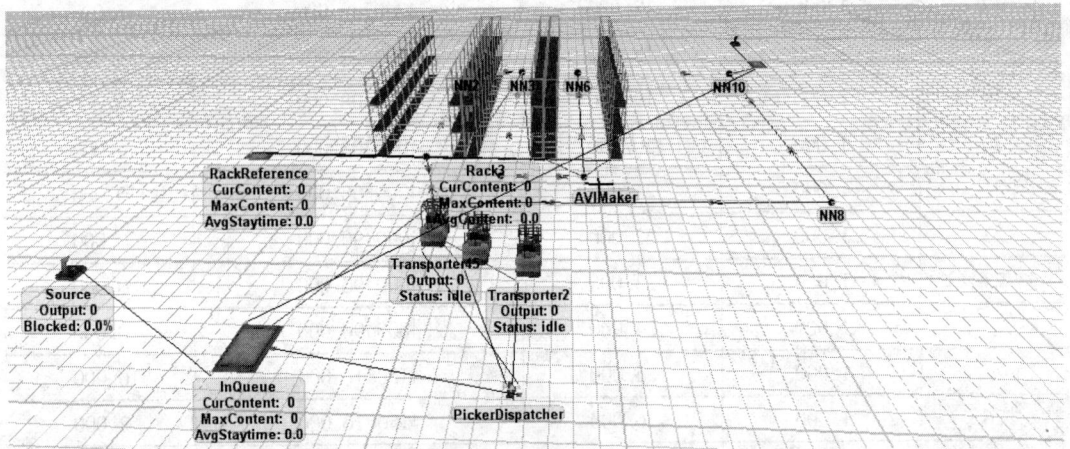

图9.8　模型图

9.5 仿真运行与结论

9.5.1 仿真运行结果

摘果式拣选仿真时间为：1167s。

三个叉车效率如表9.8所示。

表 9.8　　　　　　　　　　　　　摘果式拣选叉车运行效率

Transporters	idle	Travel_ empty	Tranvel_ loaded	Offset_ travel_ empty	Offset_ travel_ loaded	loading
Transporter1	0.1%	1.6%	3.8%	0.8%	92.8%	1.0%
Transporter2	1.3%	1.6%	3.7%	0.8%	91.6%	0.9%
Transporter3	3.3%	1.5%	3.7%	0.8%	90.7%	0

其中，叉车3（Transporter3）的运行效率如图9.9所示。

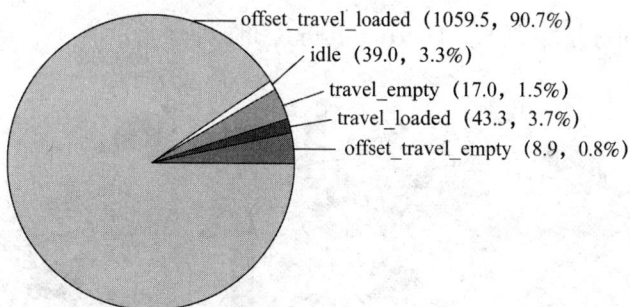

offset_travel_loaded (1059.5, 90.7%)
idle (39.0, 3.3%)
travel_empty (17.0, 1.5%)
travel_loaded (43.3, 3.7%)
offset_travel_empty (8.9, 0.8%)

图 9.9　运行效率图一

9.5.2 仿真模型优化

订单分批是为了提高拣货作业的效率而将多张订单合并成一批，进行批次拣取作业，其目的在于缩短拣取时平均行走搬运的距离及时间。若再将每批次订单中的同一品项加总后进行拣取，然后把货品分类至每个不同的顾客，就形成了订单的批量拣取。这样，不仅缩短了拣取时平均行走搬运的时间，也减少了储位重复寻找的时间，进而提升拣货的效率。

拣选所用时间：286.66s；三个叉车效率分别如表9.9所示。

表 9.9　　　　　　　　　　　　播种式拣选叉车运行效率

Transporters	idle	Travel_ empty	Tranvel_ loaded	Offset_ travel_ empty	Offset_ travel_ loaded	loading
Transporter1	0.3%	13.4%	27.7%	5.2%	47.1%	6.3%
Transporter2	6.7%	13.2%	28.3%	5.1%	40.3%	6.3%
Transporter3	18.2%	9.9%	26.3%	4.7%	40.8%	0

其中，叉车 3（Transporter3）的运行效率如图 9.10 所示。

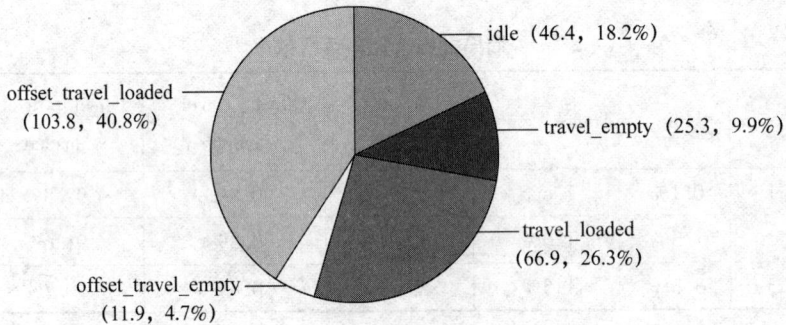

图 9.10 运行效率图二

拣选完司机分货时间：227.91s。其仿真如图 9.11 所示。

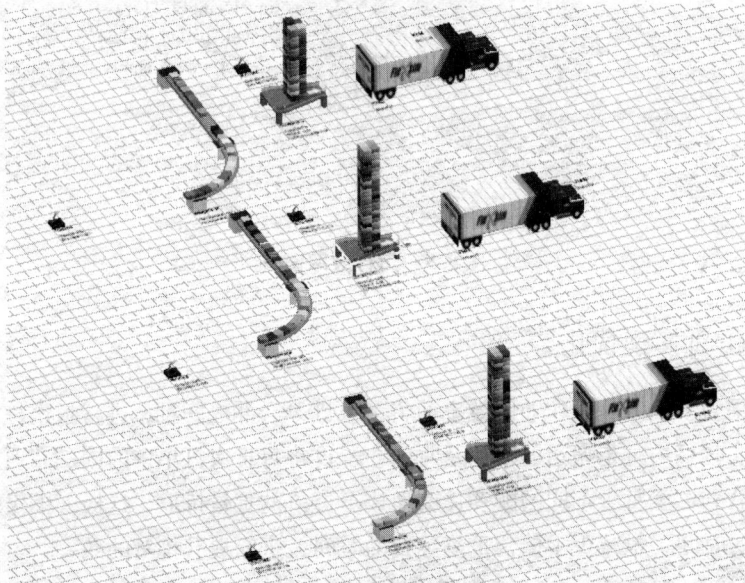

图 9.11　仿真图

这样任务完成共计 $286.66s + 227.91s = 514.57s$。

9.5.3 仿真结论

通过仿真可以得出这样的结论：由于摘果式拣选的作业时间为1167S，而播种式拣选仿真的时间为514.57S，播种式（将订单汇总）拣选的效率要优于摘果式（按单拣选）。

第 *10* 章
系统仿真在农产品物流配送中的应用

我国是一个农业大国，农业初级产品的生产、流通、消费一直占据着较大的比重，近年来各类大宗农产品交易额不断增加。然而，农产品流通过程的物流总额占全社会物流总额的比重呈现出不断下降的趋势。这一趋势表明农产品在流通过程中因各种原因而损失了一部分。从我国农产品物流配送的实践来看，存在的主要问题包括配送渠道混乱、配送环节多、时间长、配送成本高、配送效率低等。因此，优化农产品物流配送系统，提高农产品物流配送效率，对农产品企业维持合理的库存量水平、降低库存成本、减小库存量波动幅度具有重要意义。

本章以系统动力学理论为支撑，结合我国农产品物流配送的发展现状，针对农产品物流配送过程中存在的问题，对我国目前自营配送模式下的农产品企业物流配送过程进行了分析和建模。首先，分析我国农产品企业物流配送系统的影响要素及各要素间的因果关系与相互作用，构造我国农产品企业物流配送的因果关系图，并进一步绘制物流配送系统流程图以及构建了相应的方程体系。然后，以具体的农产品企业为研究对象，构建该农产品企业物流配送系统动力学模型，并对模型进行仿真模拟与结果分析。

10.1   农产品物流配送理论概述

10.1.1   物流配送理论概述

根据中国国家标准《物流术语》的规定，物流就是物品从供应地到接收地的实体流通过程，根据实际需要，物流的各项基本功能（包括运输、存储、装卸搬运、包装、流通加工、配送、信息处理等）实现有机组合。配送是指在供应方和接收方均可接受的经济合理的区域范围内，根据客户的实际需求，对物品进行拣选、加工、包装、分拣、装配等作业，并将货物送达接收地的物流活动。

从物流与配送的定义可以得出，配送是物流中的一种特殊的综合活动形式。首先，物流配送是以响应客户订单需求为基本前提，将正确的货物及其数量在客户指定时间送达正确的地点，并保证服务质量达到客户的期望。但是，在物流配送过程中，配送的范围需要根据接收地的分布，以经济合理、低成本运作为目标进行划分的，同时也跟供应地的位置有很大关系。另一方面，物流配送不只是简单的"短途运输"，其功能还包括对货物分拣、加工、包装、装配等作业，通过物流管理信息系统（包括射频识别系统、电子数据交换系统、GPS 等），分别管理不同的客户订单并实施配送计划。

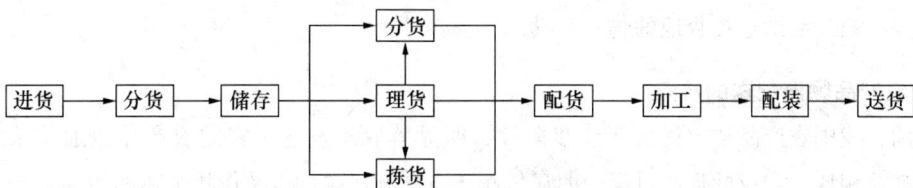

图 10.1　物流配送的一般流程

一般地，物流配送流程如图 10.1 所示，主要包括以下几个方面。

①准备货物。准备货物是物流配送作业的基础，主要包括：寻找货源、预定或购买货物、进货及质量检查、交接单据、结算货款等。准备货物是关系着物流配送成功与否的前端作业，倘若准备货物的作业成本耗费过高，将不利于物流配送的经济效益。

②仓储管理。货物入库后即可按照订货计划对入库货物进行分类和储位安排，以便后续作业。在仓库中使用现代化、信息化的设施设备和科学技术，可以大大提高仓储管理的效率，更便于配送流程的其他作业。

③分拣与配货。分拣与配货是物流配送中极其重要的两个作业，是物流配送过程中的支撑性工作。与准备货物一样，分拣与配货同样是物流配送的准备性工作。分拣与配货的高效有助于不同物流配送企业在配送时赢得市场竞争优势，提高经济效益。分拣与配货作业的效率决定了物流配送服务水平，是整个物流配送过程中的关键要素。

④加工与配装。在物流配送流程当中，加工要素并不是所有产品都必备的作业，但它通常都发挥着重要的作用。通过配送流程中的加工作业，有助于提高客户的满意度。就配装而言，如果单个客户购买的商品数量不能达到配送车辆的有效载运负荷时，配装就将发挥作用。配装就是集中不同客户的订购商品，进行搭配装载以充分利用运力，实现降低物流成本、提高经济效益。

⑤配送。配送处于物流流程的末端，是把商品送到目的地的最后一个环节。配送往往因为距离较短，多采用小规模、高频率的物流形式，汽车运输是较为普遍的运输方式。城市配送过

程中由于客户较多，交通路线复杂，因而如何设计最佳的行驶路线，以保证配装和路线有效搭配，是配送过程中的一大难题。配送中的送达商品和用户交接非常重要，有效地、方便地处理相关手续，是大有讲究的最末段管理。

10.1.2　农产品物流配送概述

农产品物流配送的概念是由美国人约翰·格罗威尔（John. F. Growell）于 1901 年首次提出的。根据我国的国家物流标准，农产品物流配送可以理解为：在供应方和接收方均可接受的经济合理的区域范围内，根据客户的实际需求，对农产品进行拣选、加工、包装、分拣、装配等作业，并将农产品送达接收地的物流活动。

1. 农产品物流配送的特点

目前，我国农产品物流尚处于起步阶段，明显落后于发达国家的农产品流通体系。与工业、服务业相比，农业的生产过程中明显依赖于自然环境条件以及作物个体的生命周期。农产品本身具有鲜活性，并且农产品生产的具有显著地季节性、区域性、分散性特点。同时，农产品属于人类生活的生活必需品，对农产品的消费具有弹性小的特点。因而，大宗农产品物流、农产品加工配送过程均与工业产品物流和其他消费品包装物流具有显著的不同。农产品的物流配送与工业产品、其他消费品相比，具有多次装卸搬运、不均衡运输以及技术性较高的运输要求等特点。具体表现在以下几个方面。

（1）农产品时效性强、品种多样

大众消费者对农产品要求安全、新鲜、健康、快捷、品种多样、营养、方便。据有关部门 2005 年的统计，粮食超过 5.4 亿吨，糖料超过 1 亿吨，棉花 620 万吨，油料 3025 万吨，蔬菜超过 6 亿吨，烤烟 290 万吨，茶叶 89 万吨，水果超过 2 亿吨，肉类总产量 7230 万吨，水产品 5126 万吨。为了满足连锁超市鲜活交易区的需求，在完善的农产品加工配送中心管理模式中，农产品加工配送中心需要做到高频次、小批量、品种多样、响应时间短。由于农产品流通过程中物流量大，且农产品本身具有很强的时效性，合理的对各类农产品组织进行规划和布局，有助于农产品物流的畅通。

（2）农产品配送的要求较高的技术性

由于农产品具有易腐性，为了确保鲜活优质的农产品进入消费市场，在农产品流通过程中必须实施一系列行之有效的措施。农产品物流配送企业的发展需要构建完善的冷链物流基础设施，包括加工车间、制冰车间、冷藏冷冻库、冷藏运输车等，以保证农产品在整个流通过程中始终处于全程控温状态。另外，由于部分农产品在流通过程中需要使用特殊的容器和设备进行储藏，因此农产品流通过程的冷链物流设施具有较强的资产专用性，冷链物流的成本也更高。

只有对农产品物流的路径进行科学有效的规划，才能防止诸如对流、迂回、倒流等运输不合理的情况出现。

（3）配送范围的限制性

农产品配送范围的局限性主要体现在较高标准的配送条件上。由于农产品生产区域性与人们日常多样性的生活需求之间的矛盾存在，因而农产品流通过程通常都是跨区域进行的，以便实现区域间农产品多样性的互补。但是，考虑到农产品流通的成本以及农产品的质量，农产品跨区域流通往往存在一定的流通半径。农产品流通半径的大小主要取决于农产品本身的储存周期以及运输工具的效率。即便农产品在流通过程中采用了特殊的储存方式，也会由于其他原因造成一定程度的损失，并且这个损失的比例与农产品的流通半径存在着正相关。

（4）农产品配送风险大，食品安全问题突出

目前，品质优良的农产品逐渐成为各类超市、卖场的主要推崇经营产品，但其物流配送所有商品中流通要求最高、风险最大的。农产品物流风险主要来自于以下三个方面：一是农产品生产与消费的跨区域性，使得农产品供应链上的环节、参与者众多，市场信息分散，消费者与农产品经营者都无法全面了解市场供求信息；二是农产品上市具有很强的季节性，如果农产品上市时无法及时调节，会造成市场上出现较大的价格波动，这一现象在我国农产品交易市场出现较多；三是部分农产品要求保持鲜活，而农产品的跨区域性、季节性特点限制了鲜活农产品的及时调节，大大增加了农产品物流和农产品加工配送环节的风险。

由于我国在农产品的加工、储存、配送等环节尚未使用统一的温度控制标准，造成有害物质滋生以及"二次污染"，农产品大量腐败变质，食品安全问题屡次出现，严重威胁消费者的生命安全。

2. 农产品物流配送的主要模式

目前，我国农产品大多遵循"农产品生产者→中间批发商→产地批发市场→销地批发市场→批发终端或零售终端→农产品消费者"的跨地区销售模式。但是，由于信息不对称、交通运输不便、地区市场保护封锁等因素，以至于农产品跨区域流通的环节逐级增多，如图 10.2 所示。

过多的物流环节一方面增加了农产品物流配送的复杂性，另一方面使得农产品在流通过程中大量损耗、成本随之增加，更严重的，导致农产品生鲜度降低、品质污染等问题。因此，为避免或降低这些问题带来的损害，一些配送主体积极探索精简、高效的农产品配送模式。目前主要的农产品配送模式有以下三种。

①自营配送模式。自营模式目前被一些比较大型的农产品企业广泛采用，占有较大的比例。企业实行自营模式可以对整个农产品供应链起到较大的控制权，也就是能够保证农产品流

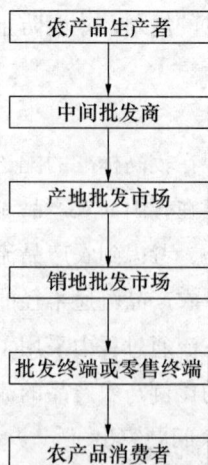

图 10.2　我国农产品供应链的一般环节

通过程中产品的质量。这样，可以提供给消费者健康、品质好的产品，以达到使消费者满意，抓住市场，发展品牌的目的。

②共同配送模式。各农产品企业为了使自身的物流配送更加合理，在互惠互利的基础上，共同投资建设配送中心，共同经营管理，为各个投资企业实行统一的物流配送服务。由于共同配送模式集中了多家农产品企业的业务，因此配送业务量增大，容易形成规效应，从而降低了整体物流配送的费用。这种模式比较适合单体、经营规模较小的农产品企业。

③第三方配送模式。目前，我国全社会物流配送的观念发生转变，流通行业变得更加规范。数量众多的第三方物流配送企业发展迅速，主要以零售店、超市、大卖场等销售终端为服务对象，提供全面的物流配送服务。目前，第三方配送模式占的比例还很小，但却是今后的一种发展趋势。

3. 农产品物流配送流程

农产品的种类很多，作为农产品都有一定的储藏周期，并且不同种类的农产品存在不同的储藏周期。因而，依据农产品储藏周期的不同可以将农产品配送划分为以下三种工艺流程。

流程一是：在进货之后紧接分拣、配货等工序，中间没有存储环节。也就是货物到达后不存储入库，而直接进行分拣、配货作业，然后配装、送货。一般情况下，像肉制品、水产品、点心等这类储藏周期较短、保鲜要求较高的农产品通常依据上述流程进行配送。其配送工艺流程如图 10.3 所示。

图 10.3　配送作业流程 I

流程二是：在进货之后加入存储作业，然后再依次进行分拣、配货、装配、送货等作业。一些储藏周期较长的农产品基本上依据上述流程进行配送。其操作程序大致是：货物进货之后，先入库进行存储，然后再依据客户的订单需求进行分拣、配货，待车辆配装满载以后，向指定客户送货。这种带有存储工序的农产品配送流程如图 10.4 所示。

進货 → 存储 → 分拣 → 配货 → 配装 → 送货

图 10.4   配送作业流程 Ⅱ

流程三是：在完成农产品集货之后，先进行农产品的加工处理，紧接着根据客户订单进行存储、分拣、配装以及送货作业。这种带有加工工序的配送流程其顺序如图 10.5 所示。

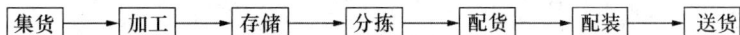

集货 → 加工 → 存储 → 分拣 → 配货 → 配装 → 送货

图 10.5   配送作业流程 Ⅲ

一些新鲜的水果、蔬菜、肉类以及鲜活水产品等储藏周期较短的农产品往往选择上述带有加工工序的农产品物流配送流程。加工工序的主要作业内容包括：货物分装（大包装与小包装之间的变换）、货物分等级、产品去杂质、制成半成品等。

10.2   系统动力学相关理论概述

10.2.1   系统动力学基本原理

系统动力学（System Dynamics，SD）是 20 世纪 60 年代由美国麻省理工学院的教授福斯特先生（Jay W. Forrester）创立的。系统动力学初期主要应用于工业企业管理，研究生产、库存与销售波动问题，即牛鞭效应。系统动力学是一门通过系统科学理论结合计算机仿真技术来研究系统反馈结构与行为的科学，是管理科学与系统科学的一个重要分支。系统动力学认为，系统内部的结构决定着系统的行为模式与特性。反馈是指 X 影响 Y，而 Y 直接或间接通过一系列的因果关系链条来影响 X。同时，通过 X 与 Y 之间的联系来孤立地分析系统的行为，而不将整个反馈系统综合起来研究往往无法得到正确的结论。系统动力学通过定性与定量相结合、系统综合推算分析的方法研究处理复杂系统问题，其建模过程伴随反复的学习、调查与研究过程。系统动力学中有关物质流与信息流的概念非常便于描述供应链问题，物流与信息流的协调程度决定了供应链的效率，因此在供应链动态模拟分析、协调、优化与决策研究中是一种行之有效的方法。

1. 系统动力学方法基本概念

系统动力学方法是一种以反馈控制理论为基础，以计算机仿真技术为手段，研究复杂系统问题的定性与定量相结合的方法。系统动力学方法中包含以下几个核心基本概念。

①因果反馈。如果事件 A 引起事件 B，则事件 A 与事件 B 具备因果关系。若 A 增加引起 B 增加，则称 AB 构成正因果关系，即正反馈；若 A 增加引起 B 减少，则称 AB 构成负因果关系，即负反馈。反馈回路由两个以上因果关系链首尾相连构成，包括正、负反馈回路。

②存量与流量。如果用浴缸里的水来解释存量与流量，存量就是浴缸里的水量，流量包括从浴缸上面的水龙头流入的水量和浴缸下面的排水口流出的水量。流量使存量发生变化，流量是速率量，它表征存量变化的速率。

③延迟。延迟是一个过程，它的输出以某种模式落后于它的输入，且任何一个延迟一定至少包括一个存量来累积输入与输出之间的差别。延迟包括物资延迟和信息延迟，前者描述物料（信件或原材料）的物理流动，后者描述感知或认定（CPI 或通货膨胀率）的逐渐调整。

2. 系统动力学模型的特点

①适用于研究周期性的问题。已有不少系统动力学模型对人的生命周期、自然界的生态平衡和社会问题中的经济危机等呈现周期性规律的复杂问题做出了较为科学的解释。

②适用于研究数据不足的问题。在建模过程中往往出现数据不足或某些数据不便于量化的问题，系统动力学可以利用有限的数据以及系统内部各要素之间的因果关系进行分析研究。

③适用于处理复杂社会经济精度要求不高的问题。一般利用运筹学方法构建模型解决复杂社会经济问题的过程要求数据的要有足够的精度，而且应用数学方法求解的难度很高。系统动力学可以利用计算机仿真技术的手段获得一部分主要信息。

④强调有条件预测。运用系统动力学方法对复杂系统未来的发展趋势进行预测，需要有限的数据、掌握系统内部各要素之间的因果关系、相互作用影响以及一定的结构才能进行推算分析。

10.2.2　系统动力学建模的一般步骤

系统动力学建模的过程有一个大致的步骤。首先是对现实系统进行观测，并提炼出具有代表性的数据和信息，然后根据问题假设得到模型结构框架，即建立基本的"定性"模型。进一步，需要对问题进行细化，也就是对系统的约束和边界条件进行界定，并采集必要的数据，实现具体的模型。这时的模型已经具有实际的数据支撑，可以分析得到相应的模型演化动态结果，即建立"定量"模型。在这个步骤中，由于可以分析和观测得到模型的演化动态结果，就可以与现实系统进行对照和比较，并根据对比结果，对模型进行相应的调整。整个建模过程是一个不断往复螺旋前进的过程。

所有成功的系统动力学建模包含以下五个步骤：明确地表达要解决的问题，确定系统的边界；提出关于问题因果关系的一个动态假说或理论；写方程来测试动态假说；测试模型直到满意，模型已经达到目标；政策设计和评估。表 10.1 列出了这些步骤，同时给出每步包含的某些问题和使用的主要工具。

表 10.1　　　　　　　　　　　　系统动力学建模的一般步骤

建模的步骤	问题和工具
1. 明确问题，确定系统的边界	选择问题：提出问题以及之所以成为问题的原因 关键变量：关键变量包括哪些，并考虑与之相关的概念 时限：问题的根源应追溯过去的时长，应考虑未来的时长 参考模式：关键变量的历史行为，以及未来行为的发展趋势
2. 提出动态假说	当前的理论解释：对存在的问题的行为当前的理论解释 聚焦于系统的内部：提出一个由于系统内部的反馈结构导致动态变化的假设 绘图：根据初始假设、关键变量、参考模式和其他可用的数据建立系统的因果结构图，可以使用因果关系图、存量流量图等工具
3. 写方程	明确决策规则 确定参数、行为关系和初始化条件 测试目标和边界的一致性
4. 测试	与参考模式比较：模型能否反映系统的历史行为模式 极端条件下的强壮性分析：在极端条件下，模型的运行结果是否符合系统现实的状态 灵敏度：模型的各个参数、初始化条件、模型边界等的灵敏度 其他测试
5. 政策设计和评估	具体化方案：可能产生什么样的环境条件 设计政策：在现实世界中我们可以实施哪些新的决策规则、策略和结构，以及它们如何在模型中表示 "如果—则"分析：如果实施这些政策，其效果如何 灵敏度分析：不同的方案和不确定性条件下，各种政策的强壮性如何 政策的耦合性：这些政策是否相互影响，是否相互抵消

10. 2. 3　Vensim 软件仿真工具

Vensim 可提供一种简易而具有弹性的方式，建立因果循环、存货与流程图等相关模型。Vensim PLE 即 Vensim 系统动力学模拟环境个人学习版，是 Vensim 软件的一种，是为了更便于学习系统动力学而设计的。

1. Vensim PLE 软件的特点

Vensim PLE 主要有以下几个特点：

①利用图示化编程建立模型。在使用 Vensim PLE 的过程中，并不需要进行真正意义上计算机编程，而只需要根据系统中的因果反馈画出流图并输入方程式，再取合理的参数值即可对模型进行模拟。

②提供多种模型分析方法。Vensim PLE 提供对于模型的结构分析和数据集分析。其中结构分析包括原因树分析（逐层列举作用于指定变量的变量）、结果树分析（逐层列举该变量对于其他变量的作用）和反馈列表。

③真实性检验。根据现有模型运行时出现与预先提出的假设（真实性约束）之间的差异，判断现有模型的合理性、真实性，进而对模型进行调试与修改，直至符合真实性约束。

2. 使用 Vensim PLE 软件处理问题的一般过程

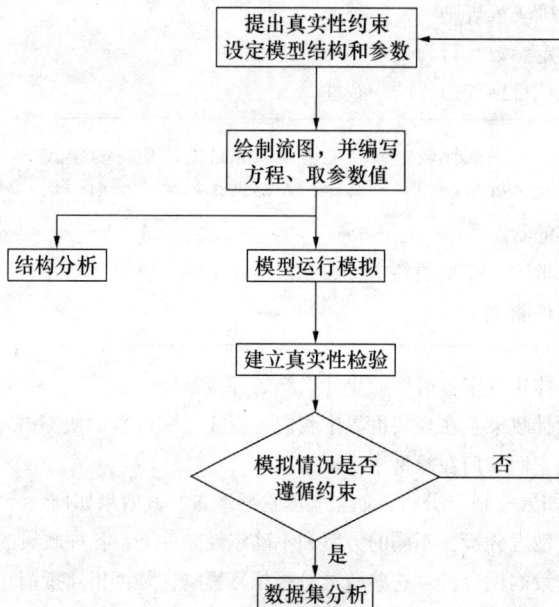

图 10.6　使用 Vensim PLE 处理问题的一般过程

10.3　农产品物流配送系统动力学分析

10.3.1　农产品物流配送现状及问题

对于农产品企业而言，为客户提供优质产品、提升服务质量同时降低自身综合成本是赢得市场竞争的关键，这就要求具备高效的物流配送模式。我国农产品物流的发展还比较落后，"重生产，轻流通"的思想严重，农产品物流配送方面也还存在诸多问题，物流配送现状相对于发达国家比较严峻。

（1）信息化程度普遍较低，信息不对称，造成农产品市场秩序混乱

我国农产品物流发展相对较晚，物流信息技术的各个方面相对落后，信息网络不健全，信息在各个环节之间无法快速传递，导致市场严重的信息不对称。市场真实的需求信息从消费末端沿着供应链朝上游不断地被过度夸大，农产品生产主体感知到的是放大很多倍的农产品需求量，最终导致市场供应过剩，农产品价格过低，给农产品生产者、参与者造成了大量的损失。由于农产品批发市场配送信息的不透明、滞后和缺乏相应的协调机制，常常使得农产品积压过多或者短缺，从而造成市场上供过于求而价格极低或者供不应求而"哄抬物价"等现象。一些投机者利用信息不对称，一方面压低农产品的收购价格，另一方面抬高农产品的销售价格，获取不合法的中间利润，"蒜你狠"、"姜你军"、"苹什么"、"唐高宗"等事件的本质就是恶性哄抬物价造成的。此外，由于缺乏信息交流平台，使得农产品供应的各个环节间各自为政，没有形成统一协作的实时联动机制，不利于优化、修改物流方案，制定相关决策以及及时的解决相应问题。

（2）缺乏农产品追溯查询手段，农产品质量安全问题严重

一些生产商、销售商受利益的驱使，为了降低农产品投入成本，通过往农产品中添加各种色素、激素或者有毒药品来延长农产品保存时间，使农产品"卖相"更好、口味更佳，从而提高农产品的销售价格。由于检测手段的落后、检测设施的不完善，没有建立追溯查询体系，使得在这分散销售的市场结构下，根本无法查询配送终端、跟踪流通过程、追溯农产品产地，导致这种不法行为愈发猖獗，农产品质量存在严重的安全隐患。从"陈化量毒米"、"塑料猪耳"、"瘦肉精"、"苏丹红"到牛奶中的三聚氰胺、鱼肉类的抗生素、有毒添加剂、农药超标等物质，食品安全得不到有力的保证，已经严重威胁到普通大众的健康和生命安全。我国已经出台了《中华人民共和国农产品质量安全法》，但要想很好地实施并不是一朝一夕之事，需要借鉴国外的技术经验，引入有效的先进设备。

（3）缺乏科学的监测手段，农产品运输在途损耗严重

在农产品物流链上，绝大部分是没有加工至少是未深加工的鲜销农产品，这些农产品有着量大、来源广、品种多、时效性强、易腐坏、难保存等特点。然而，目前绝大多数企业物流方面技术装备还处于比较低的水平，缺乏专业化的农产品运输车辆。大约七成物流配送车辆都是敞篷卡车，无法做到全程控温，因而农产品的损耗自然而然会比较大，只有不到一成的配送车辆备有制冷机械，鲜销农产品的运输大多只能采用暴露在空气中的常温物流或自然物流形式。由于技术设备落后而又缺乏有效的监测手段，无法实现全程对温度、湿度等储存环境的实时监控和智能调整，导致大多数农产品因运价高、运力低、交通基础状况较差、产品保鲜技术落后而腐烂、变质。有数据表明，相比于发达国家5%以下的果蔬损失率，每年我国25%～30%的水果蔬菜等农副产品在采摘、运输、储存等物流环节上损耗、变质，其中，在运送路上腐烂的果蔬每年就有3.7万吨，可供2亿人的生活所需。

（4）配送效率低，配送成本居高不下

从前文可知，我国农产品流通渠道经历了从农户到产地批发市场再到销地批发市场的漫长过程。中间代理商、批发商数目过多，造成层级复杂、货物种类繁杂、货运点多、道路网络复杂、配送服务区域内配送网点分布不均等，增加了物流配送的复杂程度；再者，企业物流管理理念与配送技术落后，一般对具体的路况信息、车辆信息和配送货运信息无法及时了解，因而无法科学合理地制定配送方案、选择配送路径；部署配送站点也多是基于经验和习惯完成，造成配送路径选择不优，物流环节衔接不畅，使物流配送延误加大，配送效率降低。同时，配送过程中的道口检查、高速路口收费等也会加大农产品配送的延误，延长配送时间，降低配送效率，增加配送成本。这种状况随着消费者对农产品个性化、新鲜化、多样化和无害化的需求服务的提高，表现得尤其突出。

10.3.2　系统动力学研究农产品物流配送问题的可行性

系统动力学方法从系统的角度出发，考察系统内各个要素之间的逻辑关系及相互作用，采用定性分析与定量研究相结合的方法，分析系统的结构和功能以及系统在动态环境中的变化情况，适合分析和解决农产品物流配送系统这一复杂系统的动态模拟问题。

①农产品物流配送系统是一个有机整体，系统内部各个要素之间存在逻辑联系和相互作用，各要素在互相作用的同时影响着系统的状态、反过来系统状态对各要素也起着作用，可用系统动力学理论分析和研究其系统性和复杂性。

②农产品物流配送系统是一个动态的系统，是一个运行中的物流过程，系统中的某些要素的状态随着时间的推移，物流配送过程的进行而发生变化，如供应链上各个节点的库存量。同时，在物流过程中，还会因为部分因素出现物料延迟现象，这也是系统动力学模型体现之一。

因此，可以运用系统动力学的理论和方法对农产品物流配送系统中各要素的逻辑关系及相互作用进行仿真建模分析，并且可以调节某些辅助变量以对系统状态变量进行优化模拟实验。

③农产品物流配送系统中各要素之间存在因果反馈关系，要素间的因果反馈关系决定了配送系统的状态，农产品物流配送系统就是一个由因果反馈回路构成的系统。而系统动力学通过构造系统各要素之间的因果反馈图和流图来实现对系统进行分析，因此农产品物流配送系统的因果反馈机制正适合于借助系统动力学模型来研究。

④农产品物流配送系统是一个十分复杂的系统，系统内包含很多难以准确估量、量化的参数，不便于系统的研究。但农产品物流配送系统中各要素之间的逻辑关系是比较明确的，这正好与系统动力学方法的特点相协调，系统动力学着重于系统各要素间逻辑联系和因果作用，通过分析系统因果反馈关系来研究系统，并不要求掌握系统运行的所有参数和数据。因此，应用系统动力学来研究农产品物流配送系统，通过明确因果反馈图和系统流程图，在无需掌握全部数据的情况下，就可以对模型进行模拟实验结果。

综上所述，应用系统动力学方法来研究农产品物流配送问题是十分可行的，而且具有很高的实践意义和可操作性。

10.4 我国农产品物流配送 SD 模型分析

10.4.1 农产品物流配送建模目的

基于上文对于我国当前农产品物流配送的现状分析，可以清楚了解到我国农产品企业物流配送存在的诸多问题，改善这些问题以优化我国农产品物流配送意义重大。因此，本文基于系统动力学方法，对农产品物流配送过程进行建模仿真模拟与结果分析，以寻求优化物流配送的策略。具体来说，本文建立农产品物流配送系统动力学模型的主要目的如下。

①通过对我国当前比较典型的自营物流配送模式下的农产品企业的物流配送流程分析，研究其物流配送系统中包含的各个要素，以及各要素间的因果关系、各要素对物流配送过程的影响、各要素与系统整体的逻辑关系等。

②构建我国自营配送模式下的农产品物流配送系统动力学模型，并应用 VENSIM PLE 软件对农产品企业的整个物流配送过程进行系统化、抽象化的仿真模拟。

③以有代表性的农产品企业为研究对象，进行实例仿真模拟，将该农产品企业的实际运行情况和相关数据代入所构建的模型当中，对该农产品企业的某些状态变量的变化情况进行研究和分析。

④针对该农产品企业运营现状的仿真模拟结果，找出影响该农产品企业物流配送效率的关键性变量，调整关键变量的取值并制订出新的物流配送方案，对模型进行优化模拟及分析，寻求最佳的物流配送方案，以达到优化该农产品企业物流配送效率的目的。

10.4.2 农产品物流配送 SD 模型界限设定与基本假设

本文以我国大型的农产品生产企业为研究对象，并确定其经营模式为最普遍的自营配送模式，即农产品生产企业的产品物流配送业务流程可以分为三大块：农产品供应、农产品企业自营的配送中心以及农产品销售。农产品供应主要包括来源于农产品批发市场、农产品定点生产企业、农产品粗加工企业的各类产品。各类产品进入大型农产品企业的自营配送中心，经过检验、精制加工、分拣、配货、配装、送货等作业流程，进入各个代理商的仓库或较为集中的配送点，最后在各个零售店、超市、大卖场将农产品销售到消费者手中。本章讲述的物流过程经过节点如图 10.7 所示。

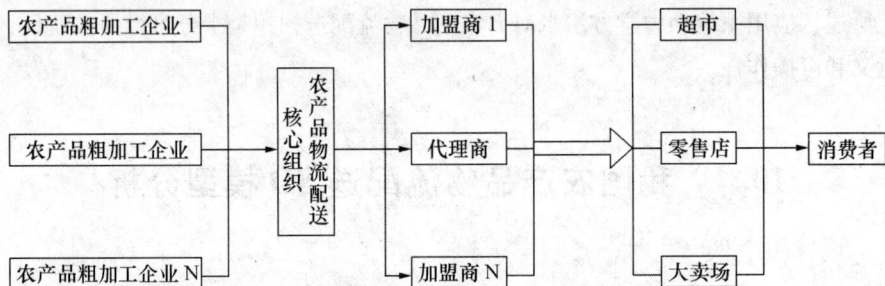

图 10.7 自营配送模式下农产品企业物流节点过程

根据农产品物流配送系统各元素之间的因果反馈关系，本文研究的大型农产品企业的农产品物流配送系统动力学模型主要包括库存量管理、订货管理、发货管理三个方面的内容。

根据前面的理论基础，可以对模型的界限进行如下设定：

①库存量管理方面包括：农产品企业库存量、代理商库存量、零售店库存量、农产品企业库存调节率、代理商库存调节率、零售店库存调节率、农产品企业库存偏差、代理商库存偏差、零售店库存偏差、农产品企业库存调节时间、代理商库存调节时间、零售店库存调节时间、农产品企业目标库存、代理商目标库存、零售店目标库存。

②订货管理方面包括：农产品企业订货率、代理商订货率、零售店订货率、市场需求率。

③发货管理方面包括：农产品加工厂发货率、农产品企业发货率、代理商发货率、零售店销售率。

对模型构建的假设条件进行如下设定：

①假设整个物流配送过程中的农产品都是合格产品，无劣质品退货情况，即本文所研究的

农产品物流配送系统动力学模型不考虑逆向物流问题。

②假设农产品粗加工企业的加工能力无限，不会因为加工能力不足而出现货物短缺等供应问题。

③配送过程中的分拣、装卸、配装等作业时间均计算在延迟时间内。

④配送过程中，所有农产品不分批次品类，可以统一配送。

10.4.3 农产品物流配送因果关系分析

在完成系统动力学建模的前期准备工作之后，为了反映系统各要素之间的因果关系和反馈情况，就可以着手绘制农产品物流配送的因果反馈关系图，这也是构建系统动力学模型的基础。假设延迟时间 T1 表示产品从农产品粗加工厂到农产品企业途中由于运输时间等因素造成的滞延，它主要是由于农产品加工厂和农产品企业之间的信息共享程度不高，农产品企业订货之后，农产品粗加工厂无法做到及时反应并进行加工生产而形成的。延迟时间 T2 是指农产品企业接到订货要求之后，发货配送到代理商途中过程，由配送计划不合理、备货装卸时间延误、配送路线的规划不合理等原因造成的滞延。延迟时间 T3 是指从农产品代理商到农产品零售店的滞延，同样由于配送效率低而出现的时间延迟。农产品物流配送的因果反馈关系图，如下图 10.8 所示：

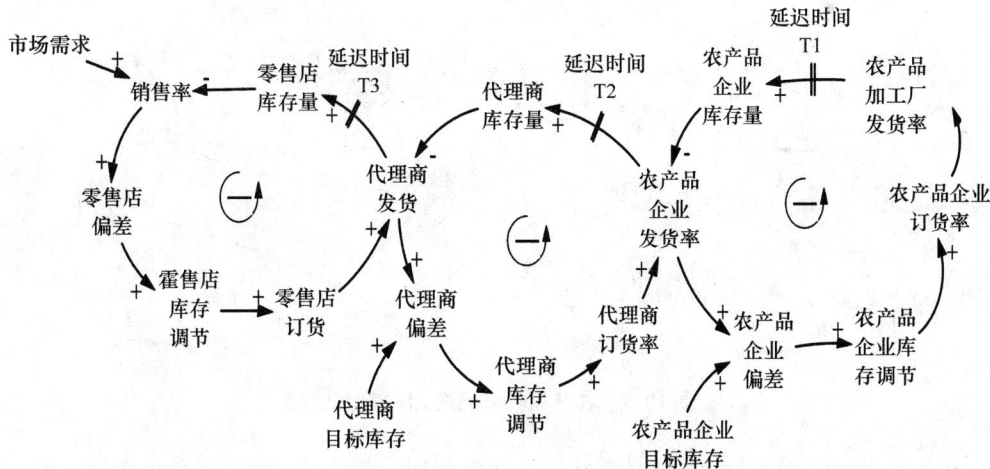

图 10.8 农产品物流配送的因果关系图

从图 10.8 可以知道，市场需求，也就是消费者需求，在农产品物流配送的整个过程中，是影响系统状态最主要的因素。图 10.8 描述的就是消费者的市场需求拉动了农产品供应链上农产品加工厂、核心企业、代理商、零售商的农产品物流过程。市场需求在一定程度上影响了零售店的农产品销售率。零售店依据农产品的销售率以及当前自身的库存量水平来调节库存，以确保零售店的库存量维持在一个适合的水平，并据此发出订货请求。而当零售店的库存量由于销售率的下降或订货率的上升积累到较高水平时，零售店会通过加大销售力度或减少订货率的方法来调节自身的库存量，以使其回归到目标库存水平。农产品代理商会依据其供应链下游的零售店的订货率按照准确的数量、准确的时间向零售店配送货物，同时通过当前自身的库存量水平来调节库存，以确保其库存量水平维持在一个相对合适的状态，并结合下游零售店的订货量向其供应链上游的农产品企业发出订货要求。农产品代理商的库存量变化与其订货量（或农产品企业的发货量）正相关，当代理商的库存量超过一定水平时，代理商会通过减少订货量的方法以保证其库存量维持在合理的水平。同样，农产品企业通过类似的库存管理方法使其库存量水平维持在一个合理的范围。图 10.8 所示的因果关系图中包含了三个因果反馈回路，且均为负反馈回路，其功能是维持系统状态的稳定性，保证农产品企业、代理商、零售店的库存量水平不会出现较大幅度的波动。

10.4.4　农产品配送流程分析

根据上文绘制的农产品物流配送的因果关系图，建立起农产品物流配送的系统动力学模型流程图，如图 10.9 所示。

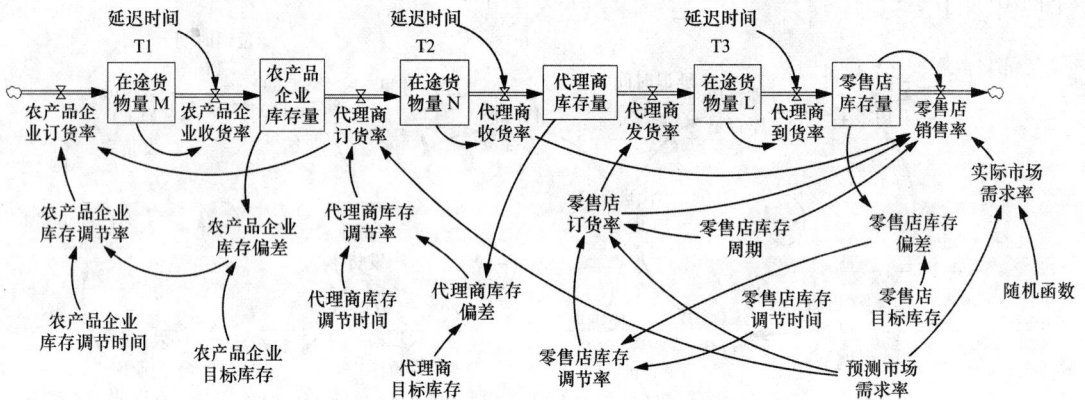

图 10.9　农产品物流配送 SD 模型流程图

观察图 10.9 农产品物流配送的系统动力学流程图，并结合本章对于系统变量的解释，可总结出图中一共有 33 个变量，其中 6 个存量变量、7 个流量变量、9 个辅助变量、11 个参数常量。

存量变量包括：农产品企业库存量、代理商库存量、零售店库存量、农产品在途货物量 M、在途货物量 N、在途货物量 L。

流量变量包括：农产品企业订货率、代理商订货率、农产品企业收货率、代理商收货率、代理商发货率、代理商到货率、零售店销售率。

辅助变量包括：农产品企业库存调节率、代理商库存调节率、零售店库存调节率、实际市场需求率、随机函数、农产品库存偏差、代理商库存偏差、零售店库存偏差、零售店订货率。

参数常量包括：延迟时间 T1、延迟时间 T2、延迟时间 T3、农产品企业库存调节时间、代理商库存调节时间、零售店库存调节时间、零售店库存周期、农产品企业目标库存、代理商目标库存、零售店目标库存、预测市场需求率。

10.4.5 农产品物流配送 SD 模型方程体系构建

根据上文中的农产品物流配送系统动力学模型流程图和因果关系图，进一步分析系统变量之间的逻辑联系和相互作用，并根据 Vensim PLE 软件的提示，将系统中的变量关系转化为数学公式（即 DYNAMO 语言方程），建立起相关的 DYNAMO 方程体系，便于进行计算机仿真模拟和定量分析。方程体系中包括存量变量方程、流量变量方程、辅助变量方程和参数常量等。

1. 存量变量方程

农产品企业库存量 = INTEG（农产品企业收货率 − 代理商订货率，农产品企业库存量初始值）

代理商库存量 = INTEG（代理商收货率 − 代理商发货率，代理商库存量初始值）

零售店库存量 = INTEG（代理商到货率 − 零售店销售率，零售店库存量初始值）

在途货物量 M = INTEG（农产品企业订货率 − 农产品企业收货率，0）

在途货物量 N = INTEG（代理商订货率 − 代理商收货率，0）

在途货物量 L = INTEG（代理商发货率 − 代理商到货率，0）

2. 流量变量方程

农产品企业订货率 = PULSE TRAIN（0，0，7，60）∗（7 ∗ 代理商到货率 + 农产品企业库存调节率）

农产品企业收货率 = DELAY1（在途货物量 M，延迟时间 T1）

代理商订货率 = PULSE TRAIN（0，0，7，60）∗（7 ∗ 预测市场需求率 + 代理商库存调节率）

代理商收货率 = DELAY1（在途货物量 N，延迟时间 T2）

代理商到货率 = DELAY1（在途货物量 L，延迟时间 T3）

代理商发货率 = 零售店订货率

零售店销售率 = MIN（零售店库存量/零售店库存周期 + 零售店订货率，实际市场需求率/零售店库存周期）

3. 辅助变量方程

农产品企业库存偏差 = 农产品企业目标库存 – 农产品企业库存量

代理商库存偏差 = 代理商目标库存 – 代理商库存量

零售店库存偏差 = 零售店目标库存 – 零售店库存量

农产品企业库存调节速率 = 农产品企业库存偏差/农产品企业库存调节时间

代理商库存调节速率 = 代理商库存偏差/代理商库存调节时间

零售店库存调节速率 = 零售店库存偏差/零售店库存调节时间

零售店订货率 = 预测市场需求率/零售店库存周期 + 零售店库存调节率

实际市场需求率 = 预测市场需求率 + 随机函数

随机函数 = RANDOM UNIFORM（min，max，seed）

4. 参数常量

延迟时间 T1 = 某一常数，视运营情况赋初始值

延迟时间 T2 = 某一常数，视运营情况赋初始值

延迟时间 T3 = 某一常数，视运营情况赋初始值

农产品企业库存调节时间 = 某一常数，视运营情况赋初始值

代理商库存调节时间 = 某一常数，视运营情况赋初始值

零售店库存调节时间 = 某一常数，视运营情况赋初始值

零售店库存周期 = 某一常数，视运营情况赋初始值

农产品企业目标库存 = 某一常数，视运营情况赋初始值

代理商目标库存 = 某一常数，视运营情况赋初始值

零售店目标库存 = 某一常数，视运营情况赋初始值

预测市场需求率 = 某一常数，视运营情况赋初始值

选中需要输入的模型变量或参数，并点选绘图列中的 Equations（方程式键），将上文设定的 DYNAMO 语言方程式依次输入模型当中，如有实例可将实际数据代入相关参数数据中，为下一步测试和模拟实验做准备。

10.5　我国农产品物流配送 SD 模型测试

本章构建的我国农产品企业物流配送系统的 SD 模型，是对我国典型的采用自营配送模式下的农产品企业物流配送现实状况的仿真和抽象。通过对构建的 SD 模型进行动态模拟，同时

保证模型对现实情况反映的真实性和准确度,实现研究现实系统的目的。因此在进行模拟实验之前,必须对所建模型进行严格仔细地检查,确保模型结构以及模型变量和参数常量等相关因素的正确无误。本章主要通过测试模型的边界适当性、量纲一致性和模型与现实的一致性三方面来进行模型检验。

10.5.1　模型测试的目的

模型是为客户服务的,构建模型的过程中需要对复杂的现实系统进行理想性的假设,因而模型是在一定条件下对现实世界的抽象和简化。为了让客户相信模型是有用的,模型的测试就是帮助客户理解、分析和解决问题。通过模型中的各要素关系是否符合现实中观察到的规律和法则可以验证模型的有效性。确认的途径是运用正规的或不正规的方法来比较模型表现与检验指标是否符合。比较的方法有:观察一系列的数据结果,看设立的条件是否符合关于问题的定性描述,对模型假设进行敏感性分析,以及对模型特性及特征模式的来源进行测试。模型测试具有证伪性,因此模型测试是贯彻始终的,从模型建立之初直到完成模型,模型测试在建模过程中必须同时进行,而不是在完成模型之后才开始。

10.5.2　系统边界适当性测试

系统边界适当性测试主要是检查系统中重要的概念和变量是否是内生变量,同时测试系统的行为对系统边界假设的变动是否敏感。系统边界的确定主要取决于所研究和关心的变量,以及时间的跨度。进行系统边界的测试,一方面可以同专家会谈、向客户咨询和交谈,也可以对系统实施考察,根据专家、客户的意见和观点来进一步了解所要研究的系统,进而确定哪些因素应该包括在所研究的系统中;另一方面可以通过添加或去掉某个变量,观察系统是否能够形成闭合的回路。

10.5.3　量纲一致性测试

在确保量纲具有现实意义的前提下,还要能保证方程内部的量纲是统一的。因此,以人作为计量单位的变量就不能与一个以件数为计量单位的变量进行求和运算。量纲一致性测试有两种方法:一方面可以通过逐一核对每一个方程的量纲;另一方面可以通过模型软件自身携带的功能,自行测试并报错。

10.5.4　农产品物流配送模型与实际系统一致性检验

系统动力学模型结构与实际农产品物流配送运行情况的一致性检验包括对模型外观一致性的检验和对模型参数一致性的检验。

首先应检验模型外观是否符合实际农产品物流配送系统的结构和物流流程，然后检查模型中的逻辑是否与实际情况相符合。本文所构建的模型，是根据对我国典型的采用自营配送模式下的农产品企业物流配送流程的分析来建立的，系统逻辑关系严格按实际情况来设定，因此模型"外观"与实际系统相符合。然后检验模型内包含的参数变量与实际物流配送过程中所涉及的因素是否相符合、是否恰当。上文所建立的模型中包含的参数范围合理、描述准确，可以正确地反映实际系统中的信息反馈情况和系统运作情况。

农产品物流配送模型的有效性检验主要是针对系统模型的完整性来进行的。在 VENSIM PLE 软件中，对系统动力学模型有着严格的要求，其软件功能也包括对模型的有效性和完整性的检验。点选 VENSIM PLE 功能列表中的 Model 功能，选中 units check 即实现对模型中变量和参数的单位检查，点选 check model 则自动实现对模型的整体检查，VENSIM PLE 会自动提示出现短缺或出现错误的地方，并对方程式有缺陷的变量进行反白显示，以方便修改和完善。

10.6 农产品物流配送 SD 模型实例仿真模拟

10.6.1 农产品物流配送 SD 模型在 ZP 公司的应用

1. ZP 公司农产品物流配送流程分析

在前面本章针对我国典型的采用自营配送模式下的农产品企业物流配送现状，构建了自营配送模式下的农产品物流配送的系统动力学模型。因为所构建的模型是针对我国大多数大型的农产品企业的物流配送流程，因此模型具有较为普遍的适用性。然而，在将上述构建的农产品物流配送 SD 模型应用于实际案例的过程中，还需要进一步对具体案例的实际情况加以分析，以便提高模型的仿真模拟精度。因此，本章选取具有代表性的典型农产品企业，分析其物流配送流程，并应用所构建的系统动力学模型进行实例仿真分析。

本文选取郑州市 ZP 农产品公司作为研究案例。ZP 公司与我国目前大多数农产品企业一样，采用自营物流配送模式，农产品生产企业的产品物流配送业务流程可以分为三大块，即农产品供应、农产品企业自营的配送中心以及农产品销售。农产品供应主要包括来源于农产品定点生产企业、农产品粗加工厂的各类产品。各类产品进入大型农产品企业的自营配送中心，经过检验、精制加工、分拣、配货、配装、送货等作业流程，直接配送到各个零售店，并在各个零售店将优质农产品销售到消费者手中。与一些大型的农产品企业相比，ZP 公司的物流配送

节点少了中间代理商这个节点，有助于 ZP 公司的配送效率。其产品物流配送的主要过程如图
10.10 所示。

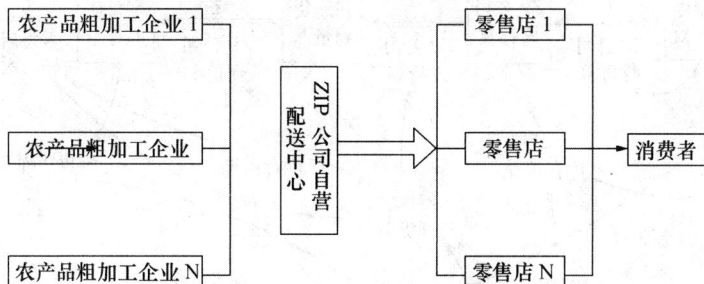

图 10.10　ZP 公司农产品物流配送过程

2. ZP 公司农产品物流配送 SD 模型构建

根据前一章节的研究，分析 ZP 公司的农产品物流配送过程，并研究 ZP 公司农产品物流配送系统中各元素的逻辑联系以及相互影响，可以绘制出 ZP 公司物流配送过程的因果反馈关系图，如图 10.11 所示。

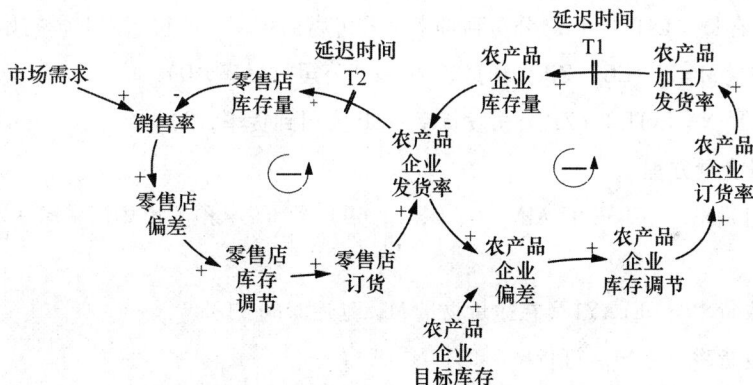

图 10.11　ZP 公司农产品物流配送因果关系图

利用系统动力学建模仿真工具 VENSIM PLE 软件，引入存量变量、流量变量、辅助变量、常量等概念，进一步分析 ZP 公司农产品物流配送因果关系图中系统变量之间的逻辑联系，构建 ZP 公司农产品物流配送流程图，如图 10.12 所示。

根据上文中的农产品物流配送 SD 模型因果关系图和流程图，以 ZP 公司的实际经营情况，选取 ZP 公司下游的其中一个零售店 N 为例，分析系统各个变量之间的逻辑联系和相互影响，并利用 SD 模型仿真工具 Vensim PLE 软件，将系统中的变量之间的逻辑关系转化为数学公式（即 DYNAMO 语言方程），建立 DYNAMO 方程体系，以便进行仿真模拟和定量分析。方程体系中包括存量变量方程、流量变量方程、辅助变量方程和参数常量。

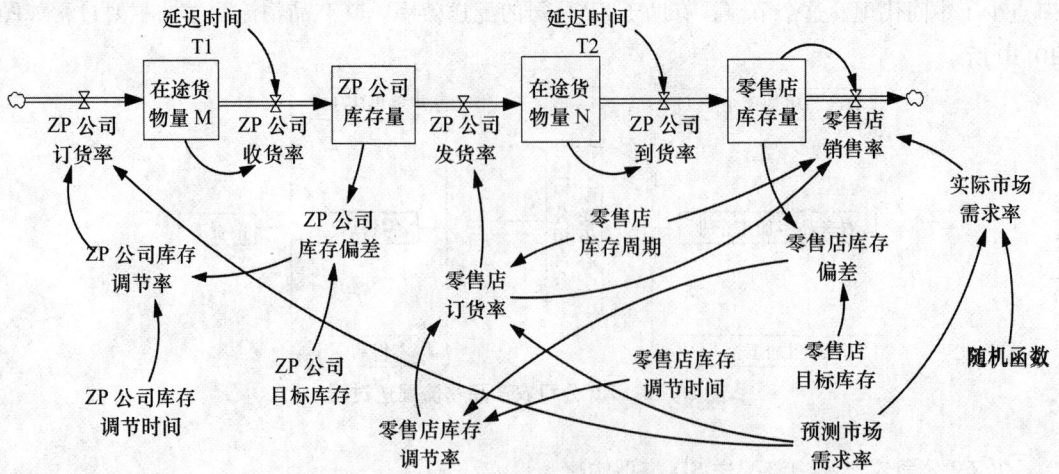

图 10.12 ZP 公司农产品物流配送流程图

（1）存量变量方程

ZP 公司库存量 = INTEG（ZP 公司收货率 – ZP 公司发货率，ZP 公司库存量初始值）

零售店库存量 = INTEG（ZP 公司到货率 – 零售店销售率，零售店库存量初始值）

在途货物量 M = INTEG（ZP 公司订货率 – ZP 公司收货率，0）

在途货物量 N = INTEG（ZP 公司发货率 – ZP 公司到货率，0）

（2）流量变量方程

ZP 公司订货率 = PULSE TRAIN（0，0，7，60）＊（7＊预测市场需求率 + ZP 公司库存调节速率）

ZP 公司收货率 = DELAY1（在途货物量 M，延迟时间 T1）

ZP 公司发货率 = 零售店订货率

ZP 公司到货率 = DELAY1（在途货物量 N，延迟时间 T2）

零售店销售率 = MIN（零售店库存量/零售店库存周期 + 零售店订货率，实际市场需求率/零售店库存周期）

（3）辅助变量方程

ZP 公司库存偏差 = ZP 公司目标库存 – ZP 公司库存量

零售店库存偏差 = 零售店目标库存 – 零售店库存量

ZP 公司库存调节速率 = ZP 公司库存偏差/ZP 公司库存调节时间

零售店库存调节速率 = 零售店库存偏差/零售店库存调节时间

实际市场需求率 = 预测市场需求率 + 随机函数

（4）参数常量

延迟时间 T1 = 某一常数，视运营情况赋初始值

延迟时间 T2 = 某一常数，视运营情况赋初始值

ZP 公司库存调节时间 = 某一常数，视运营情况赋初始值

零售店库存调节时间 = 某一常数，视运营情况赋初始值

零售店库存周期 = 某一常数，视运营情况赋初始值

ZP 公司目标库存 = 某一常数，视运营情况赋初始值

零售店目标库存 = 某一常数，视运营情况赋初始值

预测市场需求率 = 某一常数，视运营情况赋初始值

随机函数 = RANDOM UNIFORM（0.1，0.8，0.3）

根据所列的各类变量的参数方程，利用系统动力学模型的仿真工具 Vensim PLE 软件，在软件所绘制的因果关系图、存量流量图（流图）中对各个变量设置其对应的方程式，构成整个方程体系，待引入相关初始化数据之后，对所构建的模型进行仿真模拟及其结果分析。

10.6.2　ZP 公司农产品物流配送 SD 模型仿真模拟及分析

1. 模型数据初始化

由于农产品本身具有较强的季节性，并且农产品作为易腐品，难以长时间保存。ZP 公司农产品流通过程采用全程控温，主要包括冷冻产品和冷藏产品，其中冷冻产品储存期较长，为一年左右；冷藏产品储存期较短，仅为一周左右。本文设定模型仿真时间为两个月即 60 天，仿真运行步长为 0.25 天，模型设置如图 10.13 所示。

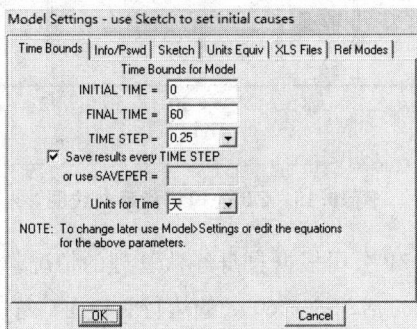

图 10.13　SD 模型仿真模拟设置

根据 ZP 公司面向其下游的零售店 N 的实际运行情况，引入所构建模型中各个变量的初始化数据，包括 ZP 公司农产品库存量、零售店 N 库存量的初始值，以及各个常量的初始化赋值，

初始化数据如表 10.2 所示。

2. ZP 公司订货率

根据上述提供的初始化数据，对模型进行量纲一致性测试、现实性测试等，确保所构建的 SD 模型是合理的。在此基础之上，对模型进行仿真模拟，首先考察 ZP 公司的农产品订货率、收货率和发货率的情况，ZP 公司订货率曲线如图 10.15 所示。

表 10.2   ZP 公司农产品物流配送 SD 模型初始化数据

变量	初始化值	变量	初始化值
ZP 公司库存量	32 吨	零售店 N 库存量	1.5 吨
ZP 公司目标库存	40 吨	零售店 N 期望库存	2.5 吨
ZP 公司库存调节时间	2 天	零售店库存调节时间	1 天
延迟时间 T1	3 天	零售店库存周期	5 天
延迟时间 T2	0.5 天	随机函数	RANDOM UNIFORM (0.1, 0.8, 0.3)
预测市场需求率	3 吨		

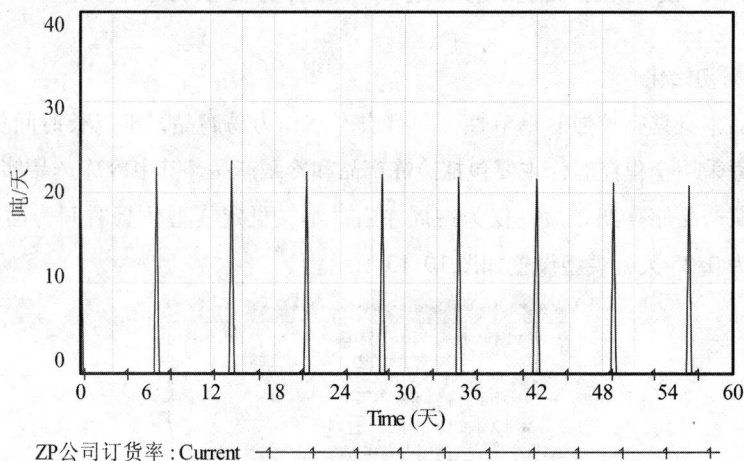

ZP公司订货率 : Current
图 10.15   ZP 公司订货率曲线图

从图 10.15 中可以得出，ZP 公司根据自身经营管理的情况，其订货随时间呈现规律性波动，即采取每 7 天进行一次订货活动。在 60 天的运行时长内，每次的订货量在 20 吨到 23 吨之间，其中第一次订货量为 25 吨，并且呈现逐次减少的状况。

3. ZP 公司库存量

ZP 公司库存量的变化是一个重点研究的变量，它包括对影响其变化的流量，即发货率和收货率的研究。对 ZP 公司农产品库存量的变化情况进行仿真模拟，得出如图 10.16 所示的 ZP 公司库存量及流量变化曲线图。

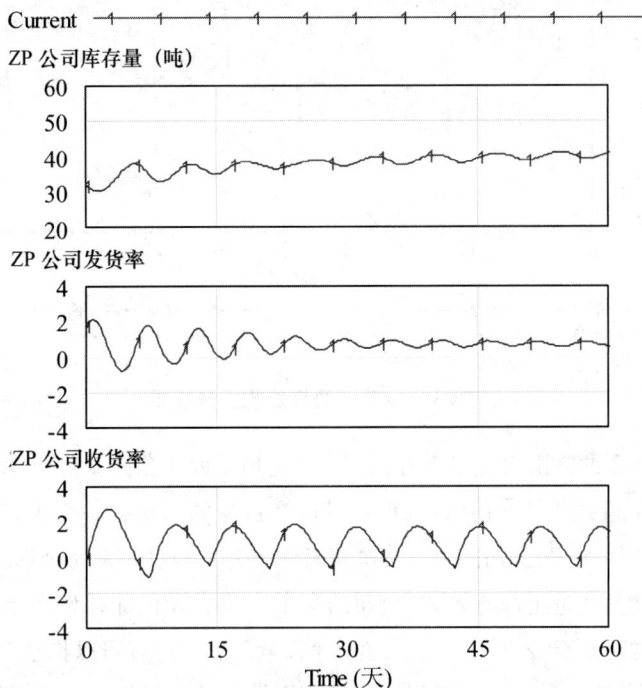

图 10.16　ZP 公司库存量及流量变化曲线图

从图 10.16 可以得出 ZP 公司库存量及影响其变化的流量（ZP 公司收货率和 ZP 公司发货率）随时间波动的状况。从图中可以看出，ZP 公司收货率的变化曲线呈现周期性波动，其原因主要是由于 ZP 公司的订货率呈现每 7 天重复一次的规律。而 ZP 公司发货率变化曲线，在经历了初期 2 ~ 3 周的较大幅度的波动后，曲线起伏逐渐趋于平稳。这是由于在模型模拟的起始阶段，受到运营初期在途货物延迟到达的影响，ZP 公司无法及时将零售店所订购的农产品送达。随着物流配送的进行，大约 3 周以后，ZP 公司发货率的曲线波动逐渐减缓，其发货量维持在每天 2.5 吨左右。综合上述情况可以看出，ZP 公司农产品物流配送的过程是比较稳定的。

4. ZP 公司订货收货情况

接着，对 ZP 公司订货、收货及其库存量运行状况进行模拟，得出如图 10.17 所示的 ZP 公司订货收货曲线图。

从图 10.17 中比较 ZP 公司库存量、订货率以及在途货物量的变化曲线，可以得出相互之间的关联。图中，曲线 1 开始阶段以向上的趋势稳步波动，之后会沿着某条直线平衡上下波

系统仿真及其在物流领域中的应用

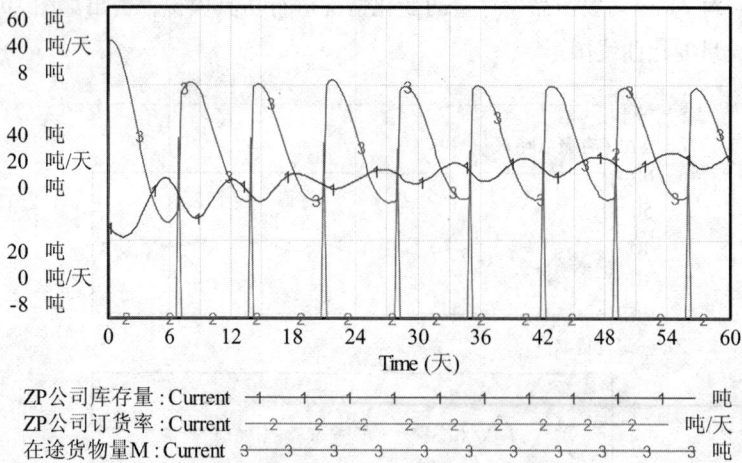

图 10.17　ZP 公司订货收货曲线图

动；曲线 3 随着曲线 2 的突出而直线上升到某一固定值，而当曲线 2 位于 0 轴上时，曲线 3 开始下滑。曲线的变化趋势可以表述为：ZP 公司根据自身的情况，每 7 天产生一次订货行为，致使从农产品加工厂运往 ZP 公司的在途货物量直线上升。经过 3 天（延迟时间 T1）后，本次订货行为产生的在途货物量全部进入 ZP 公司的仓库，ZP 公司的库存量大量增加，再经历 2 天（ZP 公司库存调节时间）ZP 公司库存量到达一个波峰。整个过程可以描述 ZP 公司库存量增加的趋势，即 ZP 公司的库存量随着订货行为而呈现周期性波动增加，并且由于初期由于订货率大而增加的幅度较大，之后随着配送的正常运作，逐渐趋于较为稳定的平衡波动。

5. 零售店到货及库存量

接下来，对零售店库存量及对其正反馈的在途货物量 N、ZP 公司到货率三者进行模拟仿真与分析，得出如图 10.18 所示的零售店到货及库存量变化曲线图。

从图 10.18 中可以看出，曲线 1 在初始阶段波动幅度较大，并且一度下降到 0，随着时间的推移，曲线 1 的波动幅度依次降低，大约 30 天后，曲线 1 的开始沿着某一直线平稳波动；曲线 2 和曲线 3 波动周期、波动幅度各方面均高度一致，但两条曲线有一段间隔，且曲线 3 领先于曲线 2；当曲线 3、曲线 2 相继到达一个波峰后，间隔一段时间，曲线 1 也到达波峰，而当曲线 3、曲线 2 相继处于一个波谷后，间隔同样时间，曲线 1 也处于波谷。曲线的变化趋势可以表述为：ZP 公司到货率与 ZP 公司运往零售店的在途货物量联系紧密，二者从数量上来说，是一致的，也就是说，在途货物量 N 确定了到货率。因此，二者的曲线变化在幅度和周期方面是相同的，只是由于在途货物进入零售店仓库的过程中存在延迟时间 T2（即曲线的间隔），所以在途货物量 N 的曲线先于 ZP 公司到货率的曲线波动。在二者的曲线均达到波峰后，即一个

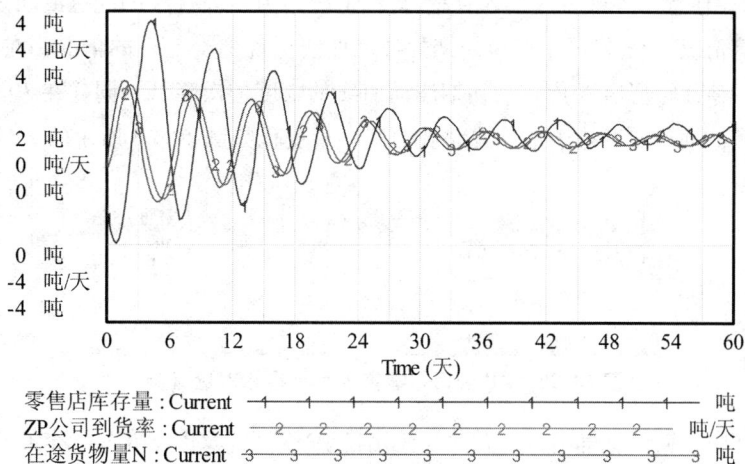

图 10.18　零售店到货及库存量变化曲线图

周期内的在途货物量全部进入零售店仓库，此时零售店的库存量大量增加；又经历一段时间间隔，即零售店库存调节时间后，零售店的库存量达到波峰，也就是一个周期内处于最大值。

6. ZP 公司与零售店 N 库存量对比

最后，对 ZP 公司库存量与零售店 N 库存量进行对比仿真模拟，分析二者之间的数量关系，得出如图 10.19 所示的 ZP 公司与零售店 N 库存量曲线图。

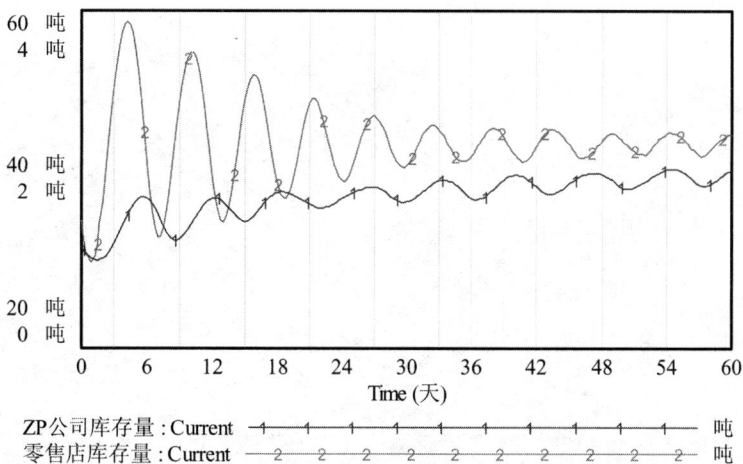

图 10.19　ZP 公司与零售店 N 库存量曲线图

观察并比较图 10.19 中的 ZP 公司库存量与零售店 N 的库存量变化曲线，可以发现，两条曲线在模型模拟的初期阶段均有较大的波动幅度，但两者均未出现库存量为 0 及以下的情况，说明 ZP 公司的库存量、零售店 N 的库存量以及 ZP 公司为零售店 N 的配送活动是比较合理的，并未出现缺货等情况。ZP 公司库存量初期的波动曲线呈现梯次上升的情况，在大约 30 天后，波动曲线趋于平稳；零售店 N 库存量初期波动曲线的幅度依次降低，同样在 30 天后，曲线沿着某一直线平衡波动。二者趋于平稳波动后的库存量变化如图 10.20 所示的 ZP 公司与零售店 N 库存量对比图。

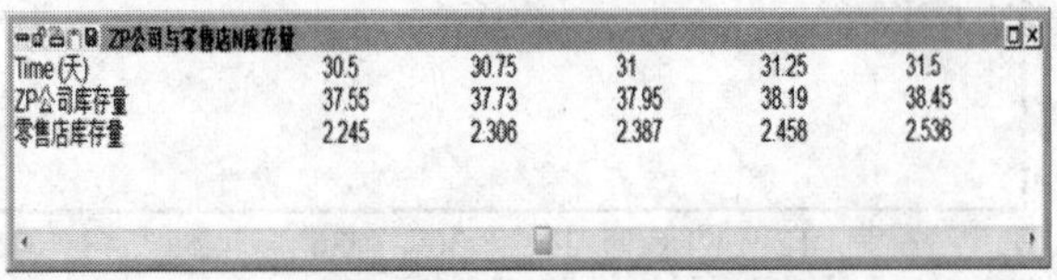

ZP公司与零售店N库存量					
Time（天）	30.5	30.75	31	31.25	31.5
ZP公司库存量	37.55	37.73	37.95	38.19	38.45
零售店库存量	2.245	2.306	2.387	2.458	2.536

图 10.20　ZP 公司与零售店 N 库存量对比（吨）

从图 10.20 中数据可以得出，二者曲线变化趋于平稳后，ZP 公司库存量在 37 吨到 41 吨之间，波动幅度在 4 吨左右；零售店 N 的库存量在 2.2 吨到 2.6 吨之间，即波动幅度在 400 公斤左右。二者曲线趋于平稳后，库存量的波动幅度仍然比较大，还可以进一步优化。

参考文献

［1］ 马向国，刘同娟．现代物流系统建模、仿真及应用案例．北京：科学出版社，2012

［2］ 丁立言，张铎．物流系统工程．北京：中国物资出版社，2004

［3］ 董绍华，周晓光，赵宁等．物流系统仿真．北京：北京邮电大学出版社，2008

［4］ 顾启泰．离散事件系统建模与仿真．北京：清华大学出版社，1999

［5］ 肖田元，范文慧．离散事件系统建模与仿真．北京：电子工业出版社，2010

［6］ Jerry Banks，John S. Carson Ⅱ，Barry L. Nelson，David M. Nicol 等著．肖田元等译．离散事件系统仿真．北京：机械工业出版社，2007

［7］ 张晓萍，石伟，刘玉坤．物流系统仿真．北京：清华大学出版社，2008

［8］ 张克明，宋伯慧．物流系统仿真．北京：北京交通大学出版社，2004